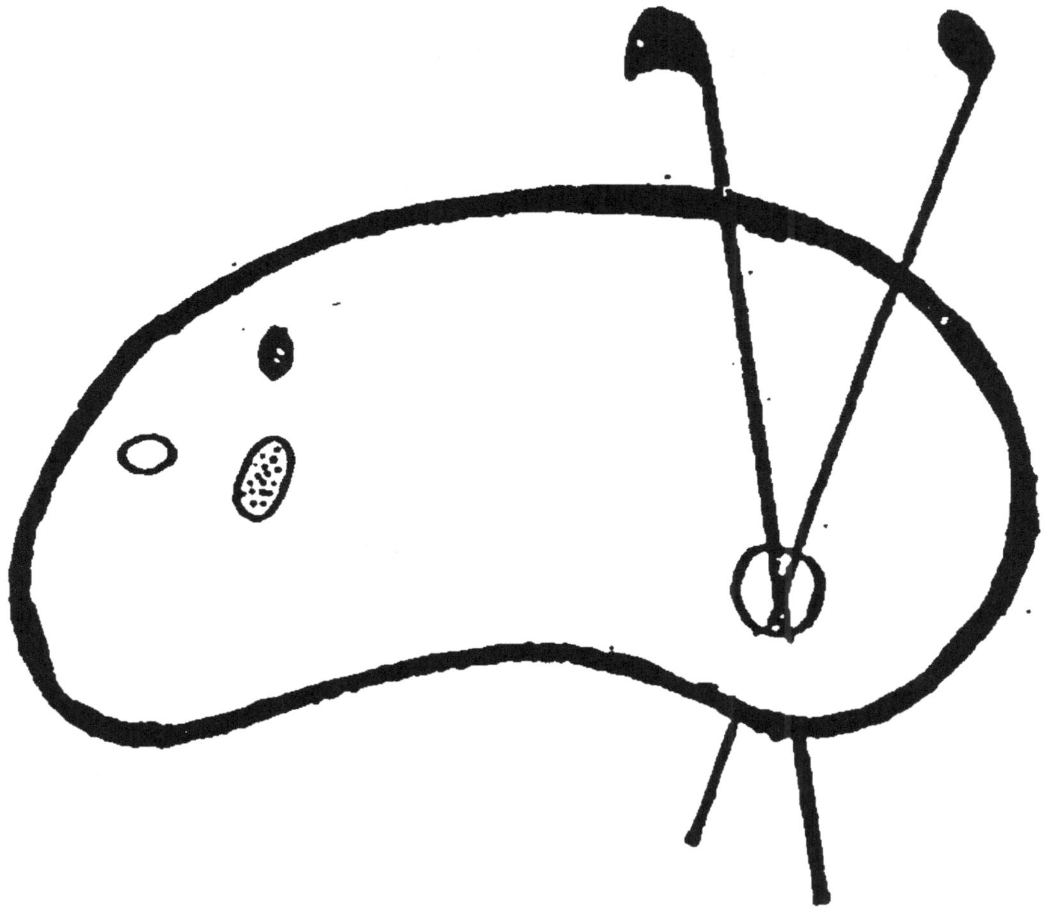

# PHILOSOPHIE

DE LA

# SCIENCE ÉCONOMIQUE

CONCEPT, DÉFINITION, DÉNOMINATION,
RAPPORTS, QUALIFICATION, CLASSIFICATION, MÉTHODE, HISTOIRE,
ÉCOLES ET CRITIQUE DE L'ÉCONOMIE POLITIQUE

D'APRÈS LES PRINCIPAUX ÉCONOMISTES

PAR

MARIANO CARRERAS Y GONZALEZ

Professeur à l'Institut de Saint Isidre, de Madrid.

AVEC UN PROLOGUE DE

JOAQUIN M. SANROMA

ancien Conseiller d'État,
Professeur à l'École superieure de Commerce

*Laissez faire, laissez passer.*

MADRID
LIBRAIRIE DE FERNANDO FÉ
C.ª DE SAN JERÓNIMO, 2

PARIS
LIBRAIRIE DE GUILLAUMIN ET COMP.ᵉ
RUE RICHELIEU, 14

1881

## OUVRAGES SCIENTIFIQUES DU MÊME AUTEUR,

ÉCRITES EN ESPAGNOL.

**Philosophie de l'intérêt personnel,** ou traité didactique d'Économie politique.—Un volume grand in 8.º—3.ª édition.

**Traité élémentaire de Statistique,** en collaboration avec Mr. J.-M. Piernas y Hurtado, professeur d'Économie politique et de Statistique à l'Université de Saragosse.—Un volume in 8.º

**Cours de Geographie et de Statistique industrielles et commerciales.**—Un volume in 8.º—3.ª édition.

**Éléments du droit commercial d'Espagne.**—Un volume in 8.º—3.ª édition.

**L'Espagne et l'Angleterre agricoles,** à l'Exposition universelle de Lóndres (1862).—Mémoire présentée à la Diputacion provincial (Conseil du Département) de Saragosse.—Un cahier in 16.º—2.ª édition.

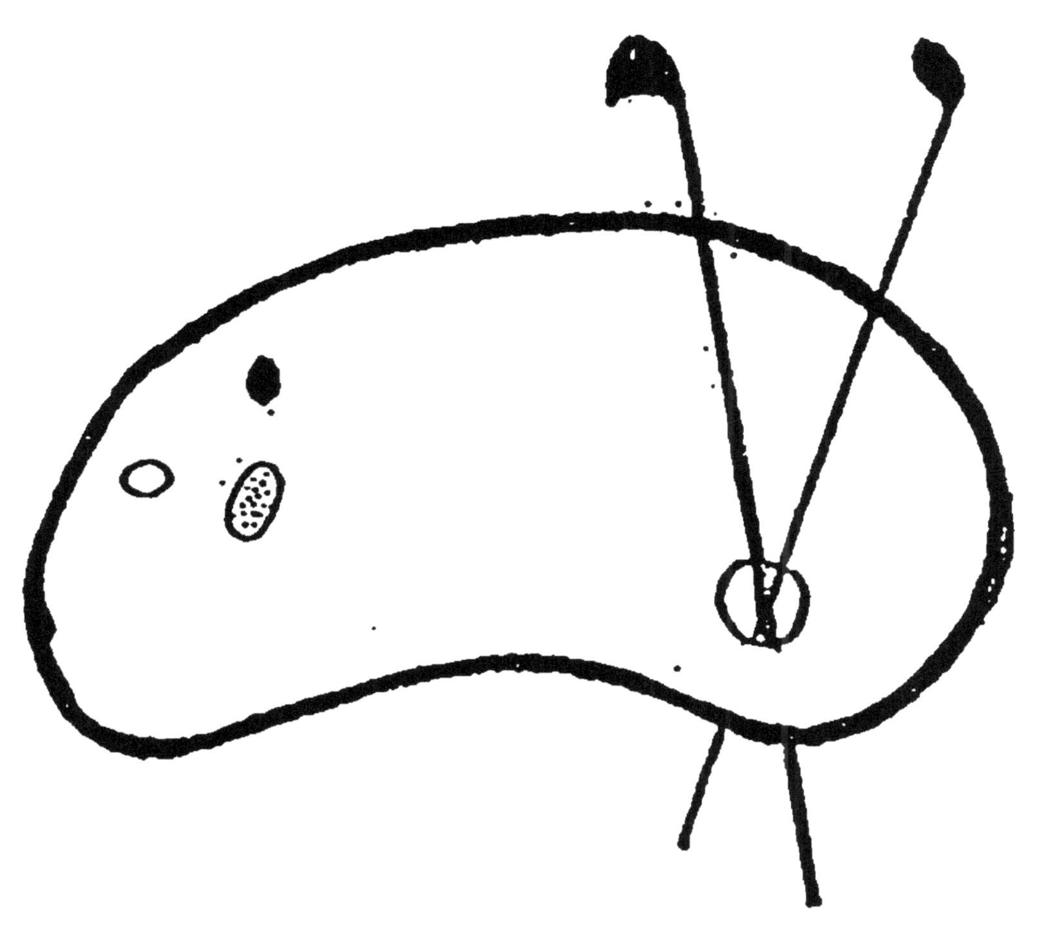

FIN D'UNE SERIE DE DOCUMENTS
EN COULEUR

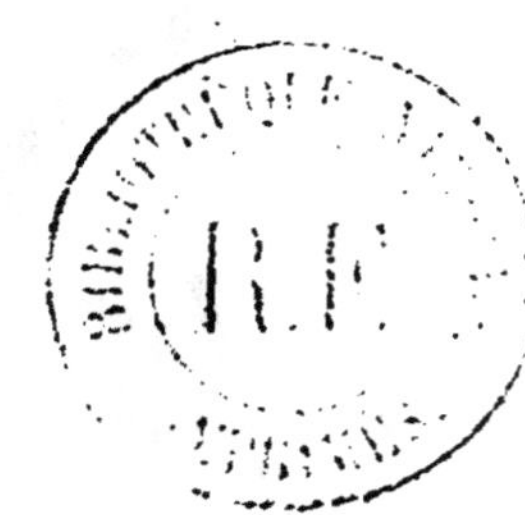

# PHILOSOPHIE
## DE LA
# SCIENCE ÉCONOMIQUE

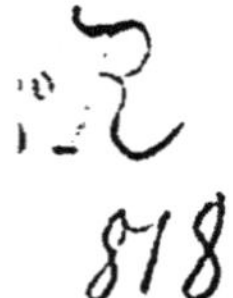

# PHILOSOPHIE

DE LA

# SCIENCE ÉCONOMIQUE

CONCEPT, DÉFINITION, DÉNOMINATION, RAPPORTS, QUALIFICATION, CLASSIFICATION, MÉTHODE, HISTOIRE, ÉCOLES ET CRITIQUE DE L'ÉCONOMIE POLITIQUE

D'APRÈS LES PRINCIPAUX ÉCONOMISTES

PAR

MARIANO CARRERAS Y GONZALEZ

Professeur à l'Institut de Saint Isidre, de Madrid.

AVEC UN PROLOGUE DE

JOAQUIN M. SANROMÁ

ancien Conseiller d'État,
Professeur à l'École supérieure de Commerce.

*Laissez faire, laissez passer.*

MADRID
LIBRAIRIE DE FERNANDO FÉ
C.ª DE SAN JERÓNIMO, 2

PARIS
LIBRAIRIE DE GUILLAUMIN ET COMP.ª
RUE RICHELIEU, 14

1881

MADRID, 1881.—Typographie de Manuel G. Hernandez,
16 bis, Rue de la Libertad.

## A. Mr. J.-M. Piernas y Hurtado

PROFESSEUR D'ÉCONOMIE POLITIQUE ET DE STATISTIQUE

À L'UNIVERSITÉ DE SARAGOSSE.

*Mon cher ami et collègue: vous avez donné lieu à la naissance et à la publication de cet ouvrage; vous en êtes l'occasion, sinon la cause.*

*Mon disciple autrefois, ce dont je suis vraiment fier, aujourd'hui brillant professeur, vous avez abandonné quelques-unes des doctrines fondamentales que vous aviez apprises dans ma chaire, et vous enseignez du haut de la votre, vous répandez dans vos leçons et dans vos écrits, d'autres que je tiens pour inexactes et dangereuses.*

*Je ne vous en blâme pas; je respecte vos convictions, autant que j'estime votre noble caractère et que j'honore vos indisputables talents.*

*Mais ces mêmes circonstances augmentent le regret que j'éprouve en vous voyant converti, d'aide et d'appui que vous étiez pour moi, en adversaire redoutable.*

*Ces mêmes circonstances m'obligent, dans l'intérêt de la vérité, telle que je la comprend, à opposer une digue, si faible qu'elle soit, à la propagande, que vous avez commencé de faire, rallié à quelques autres professeurs, non moins distingués.*

*C'est l'objet de ce livre. Il vous appartient par son origine;*

*je vous le dédie. Heureux si je pouvais ainsi effacer les différences qui malheureusement nous séparent, et contribuer aux progrès de la science.*

*De toutes sortes, recevez-le comme un témoignage de la haute estime et de l'affectueuse amitié que depuis longtemps vous a voués*

Votre ancien professeur

MARIANO CARRERAS Y GONZALEZ.

# AVERTISSEMENT DE L'AUTEUR

J'ose présenter au monde savant le livre que voici; mais c'est avec la crainte et l'anxiéte qu'éprouve le coupable devant le tribunal qui va le juger.

Je sens, en effet, que j'ai fait une œuvre bien médiocre, de quelque côté qu'on la considère.

D'abord, elle ne répondra pas, elle ne répond assurément à l'importance du sujet. Cela dépend de l'insuffisance des talents, et non de l'intention ni des efforts de l'auteur. Il a fait de son mieux; il a mis à profit toute sa capacité et le fruit des études de toute sa vie, hélas! trop longue déjà; il a beaucoup médité; il a travaillé sans relâche pendant trois ans, au milieu de graves préoccupations domestiques, de revers de la fortune, de malheurs de famille. J'espère qu'on lui tiendra compte de ces circonstances.

De plus, ce livre contient des fautes d'expression, de style et même de grammaire, qui ajoutent à sa défectuosité scientifique. Ces fautes n'ont pas été tout à fait inaperçues, comme le prouve la *note d'errata* mise à la tête de l'ouvrage, et elles ont aussi une excuse. L'auteur est espagnol et il a écrit en français.

Pourquoi cela? Est-ce par dédain pour sa langue native? Nullement. Il aime cette langue de tout son cœur de patriote; il l'a cultivée beaucoup comme littérateur et comme publiciste; il croit la connaître assez pour en faire un usage discret; il la connaît sans doute bien mieux que la langue française; mais il voulait être lu—ambition très-excusable—non-seulement dans son pays, mais dans toute l'Europe, et il fallait pour cela parler un langage plus répandu dans cette partie du Monde que ne l'est malheureusement celui de Cervantes, de Solís et de Jovellanos. En Espagne tous les hommes studieux comprennent la langue française; dans les autres nations européennes c'est à peine si l'on trouve quelque érudit qui connaisse la langue espagnole.

D'ailleurs, l'auteur n'a pas été le premier à employer ce procédé. D'autres écrivains lui en ont donné l'exemple. Pompeyo Gener, son compatriote, vient de publier en français aussi un ouvrage remarquable, sous le titre de *Le diable et la mort*. L'illustre ingénieur et philosophe espagnol, Méliton Martin, l'avait précédé par la publication dans la même langue de son beau livre *Le travail humain*. J'ai reçu ces dernières années plusieurs ouvrages, écrits également en français par des auteurs russes, danois, suédois et finlandois, que j'ai eu l'honneur de connaître dans mes voyages.

Les livres scientifiques n'ont dans chaque pays qu'un marché restreint; pour qu'ils trouvent des débouchés étendus, comme il est à désirer, non-seulement dans l'intérêt des auteurs, qui n'est pas méprisable, mais encore et surtout dans l'intérêt de la science elle-même, il faut les mettre à la portée du plus grand nombre de lecteurs, tant nationaux qu'étrangers. C'est pour cela que ces livres s'ecrivaient jadis en latin, qui était alors la langue universelle. Le latin proscrit aujourd'hui, à tort ou à raison, tout porte à croire que le français est appelé à le remplacer. Et, en effet, c'est en français que les gouvernements des divers États se communiquent leurs décisions; c'est en français que les savants échangent leurs idées; c'est en français qu'on parle dans les congrès internationaux, dans les excursions à travers l'Europe, dans tous les cas où deux sujets des differentes nations européennes se rencontrent sur leur chemin.

Qu'on me pardonne, donc, d'avoir fait comme tout le monde.

J'ai trouvé pour cela de complaisants auxiliaires, dont je ne saurais sans ingratitude passer en silence les noms et les services qu'ils m'ont prêtés.

Ainsi, mon illustre ami et collègue, Mr. Sanromá, a daigné écrire le brillant article qui sert de prologue à cet ouvrage.

L'excellent professeur de français à l'Institut du Cardinal Ximénès de Cisneros, Mr. G. de Modino, s'est chargé de revoir mon manuscrit et d'y redresser les torts que j'avais commis contre la langue de Racine et de Victor Hugo. Ce n'est pas sa faute, mais la mienne, si dans l'impression il s'est encore glissé quelque erreur de ce genre, car ses nombreuses occupations ne lui ont pas permis de corriger les épreuves typographiques, et j'ai été forcé de prendre cette tâche ennuyeuse sur moi-même.

Enfin, je dois cette impression à l'un des typographes les plus habiles et les plus consciencieux de Madrid, mon bon ami Mr. Manuel G. Hernandez, qui a fait preuve de patience dans son travail et qui a mis à ma disposition ses nombreuses ressources, tellement que sans lui il m'aurait été impossible de publier mon ouvrage.

Je m'empresse de remercier ici ces messieurs de leur bienveillant concours, et je finis cet écrit en demandant encore une fois l'indulgence de la critique, dont j'attends humblement l'arrêt souverain.

*Madrid avril 1881.*

# *ERRATA*

| Page. | Ligne. | Au lieu de | Lisez |
|---|---|---|---|
| 4 | 20 | déraisonables | déraisonnables |
| 5 | 6 | accepté | acceptée |
| 9 | 34 | donné | donnée |
| 10 | 4 | donné | donnée |
| 12 | 3 | spécial | spéciale |
| 13 | 25 | social | sociable |
| 14 | 10 | discuté | discutée |
| 22 | 29 | adopté | adoptée |
| 36 | 21 | comnaissances | connaissances |
| 68 | 20 | dan | dans |
| 107 | 18 | ces | ses |
| 126 | 7 y 8 | soutenu | soutenue |
| 140 | 17 | reconnaissant | reconnaissante |
| 141 | 14 | pour | par |
| 159 | 10 | inmédiates | immédiates |
| 160 | 15 | las | les |
| 162 | 30 | n'a pas avec les autres | n'a avec les autres |
| 165 | 4 | à tous | à tout |
| 166 | 35 | finit pour | finit par |
| 172 | 4 | acts | actes |
| 172 | 6 | pour | par |
| 189 | 10 y 11 | commencent pour | commencent par |
| 191 | 1 | prête | prêtée |
| 202 | 9 | réelles | réels |
| 210 | 17 | d'oò | d'où |
| 224 | 5 | s'ils | si elles |
| 235 | 15 | ses actions | leurs actions |
| 235 | 15 | ses œuvres | leurs œuvres |
| 238 | 30 | sociale | social |
| 241 | 20 | pas des débouchés | pas de débouchés |
| 288 | 30 | est ront | sont tout |

# PROLOGUE

Depuis quelque temps on remarquait une grande lacune dans notre *littérature économique*; ce libre est venu la combler.

Certes que les ouvrages élémentaires d'Économie politique abondent chez nous, peut-être un peu plus qu'il ne serait à désirer. L'aspect historique de la science a été aussi étudié en Espagne par quelque auteur diligent, avec autant de finesse d'esprit que d'abondance de notices. Des monographies espagnoles sur le crédit, sur les Banques, sur les systèmes commerciaux, sur des matières financières, et surtout sur la question ouvrière, sont étalées dans les armoires de nos librairies, au grand avantage de la jeunesse studieuse, qui de jour en jour devient plus experte dans ces importantes branches du savoir humain.

Mais, tandis que dans d'autres nations les études supérieures de la science économique ont été sérieusement cultivées, ou par des philosophes de profession, ou par des économistes à hautes vues; tandis que les plumes d'élite ont consacré de gros volumes à poser et à résoudre les profonds problèmes de cet ensemble de connaissances qui a été parfois appelé *Métaphysique de l'activité*; ici les travaux économiques ont pris une direction plus analytique que synthétique, plus attentive aux détails qu'au concept général, soit parce que notre éducation philosophique est malheureusement encore peu avancée, soit, et cela est le plus probable, par le naturel désir des économistes espagnols d'exposer des doctrines immédiatement applicables à la vie réelle.

Ce n'est pas dire que notre pays soit resté tout à fait étranger à la culture de la *Philosophie économique*. On pourrait, sans de grands efforts, trouver, dans des journaux et des revues, nombre d'articles sur les sujets trascendentaux qui sont traités dans ce livre, et si notre langue n'avait pas le malheur d'être si peu connue en Europe, si nos éditeurs comptaient avec des moyens de publicité plus nombreux et plus efficaces, je n'hésiterais pas à affirmer que ces articles seraient cherchés et lus avec empressement, même après avoir savouré les productions analogues des autres pays.

Il y aurait, donc, un grand mérite dans le simple fait de réunir les écrits dont il s'agit, aujourd'hui épars et disséminés, et de les tirer, au profit de la science, de la profonde obscurité où ils se trouvaient ensevelis. Mais Mr. Carreras a entrepris une tâche beaucoup plus vaste et plus difficile, et il l'a menée heureusement à terme. Tout en profitant, avec une rare adresse, de ce que la presse nationale lui offrait d'utile à ses projets scientifiques, il a su le combiner avec les meilleurs produits du dehors, tellement qu'il est parvenu à obtenir un corps de doctrine philosophico-économique, non seulement nouveau en Espagne, mais des plus complets et des plus remarquables qui ont paru à l'étranger. Et qu'on ne croie pas pour cela qu'il se soit borné à *rentraire* les pensées d'autrui; car, s'il fait des fréquents emprunts aux maîtres de la science, c'est pour prouver la légitimité de ses idées, en sorte que le livre tout entier reflète la personnalité de l'auteur, qui s'y révèle dans toutes les pages par un style brillant, une vaste érudition et un critérium propre.

D'ailleurs, l'occasion d'entreprendre une œuvre du genre de celle que nous offre Mr. Carreras était très-opportune. En effet, lorsqu'une science s'est élevée aussi haut que l'Économie politique l'a fait dans le bref délai d'un siècle, elle est en mesure de se reposer un moment, pour parcourir d'un regard serein, du sommet où elle se trouve, toute l'étendue de ses domaines, et pour contempler le magnifique panorama qui se déroule à ses pieds. La science, qui au XVIIIe siècle osait à peine bégayer la théorie du produit net; qui plus tard, par une fortune si rapidement acquise, a été appelée aux conseils de la sagesse humaine pour résoudre les grands problèmes sociaux; qui a revêtu des formes si variées, sans subir d'altération sensible dans son essence; aristocratique et agricole sous les physiocrates, industrielle et divitiaire avec A. Smith, analitique avec Ricardo et Malthus, syncrétique avec Rossi, J.-B. Say et Dunoyer, propagandiste avec Bastiat et Cobden, positiviste avec Stuart Mill et Carey de Philadelphie, critique et démagogique avec Proudhon, gouvernementale et césariste avec les nouveaux docteurs allemands; cette science, disons-nous, avait le droit et le devoir de nous montrer ce qu'elle est, d'où elle vient, quel nom elle doit porter, quels rapports l'unissent avec les autres manifestations de l'esprit, le cours de son développement, la nature de ses connaissances, les procédés qu'elle emploie dans ses recherches, les diverses manières dont elle est considérée par ses adeptes et par ses adversaires, enfin les biens et les maux qui découlent respectivement de l'observance et du mépris de ses lois. Or, c'est ce qu'a fait pour elle Mr. Carreras, et l'Économie politique apparaît, sous la plume de ce publiciste distingué, dans son état actuel, avec sa riante physionomie, avec son esprit vivace et fécond, avec sa merveilleuse unité.

Orgueil de la science, s'il vous plait, mais orgueil légitime; car elle a la conscience de sa force, et cette force a été reconnue, bon gré, mal gré, par ceux-mêmes qui s'obstinent à refuser à l'Économie tout caractère scientifique, et par ces autres qui, moins hardis mais plus présomptueux, la qualifient de vaine, de stérile ou bien de funeste et dangereuse. Tous, en effet, tandis qu'ils repoussent ou dédaignent les études économiques, se sont fait une Économie politique pour leur plaisir ou pour leurs intérêts personnels. Hier c'était l'Économie chrétienne de Villeneuve-Bargemont et celle de Périn, au service des hypocrites et des fanatiques, ou l'Économie nationale de List, *ad usum germanorum*; aujourd'hui c'est une Économie césariste ou camérale, pour flatter les vues de quelque chancelier fortuné, et toujours une Économie mercantiliste, proteccionniste, communiste, collectiviste, anarchiste, internationaliste, en un mot spoliatrice et tyrannique, inventée pour exploiter l'égoïsme de certaines classes sociales ou les passions des masses ignorantes et affamées.

Tant mieux pour la science; car cette coïncidence des écoles si opposées à affirmer d'un côté ce qu'elles nient de l'autre, prouve, non-seulement la réalité scientifique de l'Économie, mais encore le grand besoin que de ses lumières et de ses conseils éprouve la société moderne. Si l'invention de la poudre à canon coïncide avec la création des armées permanentes, celle de la boussole avec les grandes découvertes géographiques et celle de l'imprimerie avec l'émancipation de la pensée par la Réforme religieuse, la naissance et le développement de l'Économie politique viennent de même coïncider avec l'invention de la vapeur, de l'électricité et de tous ces agents physiques, chimiques ou mécaniques qui constituent le caractère industriel de notre siècle. On dira, peut-être, que ces merveilles ne sont pas des effets ou des résultats, mais des causes et des mobiles des recherches économiques. Question d'appréciation, ou pour mieux dire de point de vue. Qu'il suffise pour le moment de constater le rapport de simultanéite qu'il y a entre les progrès de nos doctrines et ceux de l'industrie, et laissons aux érudits le soin d'examiner, avec leur habituelle prolixité, si les inventeurs modernes se sont inspirés, ou non, d'une science qui a fini avec les corporations privilégiées d'arts et métiers, rongé le régime colonial, ruiné le système prohibitif, détruit les majorats et les substitutions, et qui, sans donner de trêve à la pensée, a découvert la loi de la concurrence, la solidarité des marchés et la force créatrice du crédit.

C'est de ces faits, et des idées qu'ils soulèvent dans l'esprit, que l'on doit partir, selon nous, dans toute dissertation sur le concept, la dénomination, la définition, les rapports, la qualification, la classification, la méthode, le procès historique, les écoles et la critique de l'Économie, des matières qui sont traitées dans le livre de Mr. Carreras avec tant d'étendue et de profondeur. Notre avis est qu'avant tout et surtout l'Économie politique porte l'empreinte de son époque, empreinte qui ne consiste pas dans la lutte pour un dogme au profit de certaines réligions positives, comme au commencement du Christianisme ou aux XIIIe et XVIe siècles, ni dans la culture de l'art, comme dans la Grèce de Periclès ou dans l'Europe de la Renaissance, ni dans l'ardeur pour les spéculations philosophiques qui caractérise le dernier siècle. Le notre peut être qualifié à juste titre de siècle *politique-industriel*; car, si d'un côté il se préoccupe sans cesse des questions relatives à l'organisation et aux atributions de l'État, de l'autre il ne prend pas moins de souci pour analyser le corps social, et y découvrir les lois du travail, source de tous les progrès et facteur nécessaire de toute espèce de valeurs, tant morales que matérielles. Ce dernier côté est le côté économique, et voilà pourquoi, dans notre jeunesse, sans nous arrêter à des élucubrations métaphysiques, pour lesquelles nous ne nous sentons pas de goût, nous soutenions que l'Économie politique s'occupe des lois *générales* du travail, définition dont celle de Mr. Carreras se rapproche beaucoup, et que nous confirmons aujourd'hui; car si cette science, considérée tout simplement comme la théorie de l'industrie, peut se confondre avec d'autres branches du savoir, il n'en est pas ainsi lorsqu'on la fait présider aux fonctions générales du monde industriel, sans distinction de sphères ou d'applications.

Quoi donc! Au point où l'Économie est arrivée, serait-ce encore un motif de grave scandale l'idée de regarder comme des capitaux moraux ou immatériels, la sûreté, la justice, la tempérance, l'ordre, l'instruction, l'honnêteté ou les garanties des libertés publiques? Toutes ces choses, ne sont-elles pas autant de valeurs? Et ces valeurs, ne sont-elles pas produites, accumulées, échangées et consommées, en vertu des mêmes lois que toutes les valeurs, même les plus matérielles? Ne sont-elles pas *exploitées*, soit individuellement, soit par des associations, plus ou moins nombreuses, publiques ou privées, parfois sous des noms sacrés, parfois sous les dénominations les plus vulgaires? N'ont-elles pas, enfin, pour instrument le travail, pour aiguillon ou pour modérateur la concurrence, pour terme de leur évolution un besoin social ou individuel satisfait? Qu'importe que la rétribution de leurs agents s'appelle bénéfice, revenu ou salaire? Qu'importe que cette rétribution appartienne à un individu ou à une entreprise particulière, comme prix de ses efforts personnels, ou bien que, sans échoir à une personnalité determinée, elle soit incorporée à la richesse sociale, au profit de la Nation ou de la communauté?

Encore une fois, il y a des hommes qui nient la réalité de l'Économie politique; mais il y en a aussi qui, sans aller si loin, prétendent vivre, à cause des professions qu'ils exercent, hors des lois économiques. Votre science, disent-ils, existe réellement, nous en convenons; mais sachez qu'elle n'a pas de jurisdiction sur nous. Et comme, par respect pour les susceptibilités de l'honorable classe sacerdotale, on a avancé souvent l'opinion, consentie complaisamment par Mr. Carreras, mais que nous me partageons pas, d'éliminer du nombre des fonctions industrielles le sacerdoce, il suffit de gratifier de ce titre une profession quelconque pour la soustraire aux tyrannies de l'Économie. C'est ainsi qu'on a inventé le *sacerdoce* de la presse, le *sacerdoce* de l'art, le *sacerdoce* du barreau, le *sacerdoce* médical, et même—nous l'avons lu en caractères typographiques — le *sacerdoce* de la pharmacie!

A toutes ces naïves ou ridicules révoltes contre l'autorité de l'Économie répond victorieusement Mr. Carreras, en déterminant d'une manière précise, à la lueur des principes philosophiques, le concept fondamental et le caractère de cette science. Pour lui, comme pour nous-mêmes, l'Économie est une science anthropologique, qui étudie, non pas une partie de l'homme, mais tout l'être humain, sous un de ses aspects. Quelles que soient les conditions de race, de classe, de climats ou d'état social, aucun homme n'échappe aux lois économiques tant qu'il agit pour se procurer le bien-être ou pour satisfaire les besoins de sa nature. Est-ce donner à l'Économie une tendance absorvante? Est-ce prétendre subordonner à ses principes ceux qui servent de fondement à l'ordre physique ou à l'ordre moral, dans leurs diverses sphères? Point du tout. On peut, et Mr. Carreras le démontre parfaitement dans son ouvrage, soigner le corps sans comprimer l'essor de l'esprit; on peut donner satisfaction à l'intérêt propre sans nuire aux intérêts d'autrui; on peut céder au sentiment du beau sans lui sacrifier le juste et l'utile; on peut, enfin, rendre culte à la divinité sans tomber dans le misticisme, ni prendre pour modèle un *yoghi* ou un Siméon Stilite.

Ces aberrations ne sont pas les seules qui se sont produites dans le cours des siècles. L'Histoire nous apprend, qu'en invoquant des intérêts ou des sentiments plus ou moins respectables, il y a eu toujours des classes exploitantes et des classes exploitées. Mais c'est ici que la doctrine des économistes libéraux, si éloquemment défendue par Mr. Carreras, brille dans toute sa pureté et dans toute sa droiture, en opposition à celle des autoritaires. Car, tandis que ceux-ci subordonnent les fonctions de la vie industrielle à des vues personnelles ou egoïstes, et s'efforcent de faire pencher la balance de la justice du côté de certaines convenances de classe ou de parti politique, ceux-là, prenant la liberté, selon le constate justement Mr. Carreras, non pas comme but, mais comme moyen de réaliser le but économique et tous les buts de la vie, livrent cette réalisation à l'action naturelle de la concurrence. D'où résultent cette communauté d'intérêts, ces harmonies économiques, non pas inventées, mais fidèlement observées par J.-B. Say et brillamment décrites par F. Bastiat, communauté et harmonies si efficaces et si spontanées qu'il suffit d'écarter ou de neutraliser les causes perturbatrices pour que la justice, l'équité, l'ordre le plus parfait, règnent dans toutes les sphères de l'activité humaine.

Celui qui, comme notre honorable confrère, sera bien pénétré de ces vérités, ne trouvera pas de difficulté à résoudre la question, qu'il traite aussi en maître, de la classification de la science économique; car, si le travail, tant individuel que collectif, fonctionne dans la Société et avec le concours de la Société; si, pour être fécond, il a besoin de grands ressorts moraux, c'est pour nous évident que l'Économie figure *de plein droit* parmi les sciences morales et politiques, et qu'elle est une branche de la Sociologie, étudiée, soit sous le point de vue rationnel et abstrait des penseurs allemands, soit sous l'aspect expérimental et pratique du positivisme anglais, dont Herbert Spencer s'est fait l'apôtre.

La délimitation de la science économique est un autre point que Mr. Carreras examine avec un grand talent dans les longues pages qu'il lui consacre. Il y recherche les rapports qui unissent cette science avec ses proches, et surtout avec l'Éthique et le Droit. Là est, en effet, le nœud de la question, car la Morale, le Droit et la Politique sont les systèmes de connaissances qui disputent le plus souvent à l'Économie ses domaines.

Or, pour ce qui a trait au troisième, excepté les physiocrates et les socialistes, aucune école économique ne prétend donner aux peuples des formules déterminées de gouvernement. Est-ce à dire que l'Économie renonce à toute influence sur les affaires publiques? Au contraire. Les économistes orthodoxes soutiennent, à notre avis très-sagement, que pour le plein et fécond exercice des fonctions industrielles, il faut des garanties sociales qui se trouvent seulement dans certaines constitutions politiques. Ils font une critique sévère des États historiques, sous le point de vue des intérêts économiques, et dans l'examen des attributions des gouvernements, ils séparent d'abord celles qui envahissent le champ de l'activité privée de ces autres qui tendent à la rendre plus efficace, en laissant tout à fait libres son initiative et ses propres efforts. C'est ainsi que procède notre auteur, à l'aide et avec l'appui des maîtres de la science, dont il se montre ici, comme partout, le fidèle interprète. Mais de cela à la Politique il y a encore une grande distance; car c'est à la Politique de pourvoir à l'organisation de l'État, de définir ses attributions, en vue, non seulement des intérêts économiques, mais de tous les intérêts, et, à part cette limitation naturelle, de créer les pouvoirs publics, de déterminer leurs liens et leurs relations, d'établir et de distribuer les garanties sociales, tout en partant de principes rationnels et sans écarter ses regards des accidents historiques de la nation, dont nous n'avons pas à nous occuper dans ce moment.

Quant aux différences entre la Morale et l'Économie, il y a des philosophes qui les font consister dans les mobiles, opinion que Mr. Carreras discute très-prolixement et très-spirituellement. Ces philosophes livrent à l'Économie l'intérêt personnel, et réservent pour la Morale la pureté des motifs. Mais cette distinction, aujourd'hui en vogue dans nos écoles, se prête à des interprétations erronées. Il faut s'expliquer. Est-ce que la pureté des motifs et l'interêt personnel se rattachent à des actes différents? Alors la Morale et l'Économie ne se *compénètrent* point; elles sont deux directions diverses, deux lignes toujours parallèles, qui se perdent dans l'infini. Alors nous comprenons parfaitement les incessants anathèmes des *mistiques* contre l'ordre économique. Du côté de la Morale, la noblesse, l'abnégation, l'héroïsme, les vertus les plus sublimes; du côté de l'Économie, tout ce qu'il y a de plus bas, de plus grossier, de plus sordide, la cupidité ou l'égoïsme. Sur ce ton on a écrit et l'on écrit encore des milliers de pages. Est-ce, au contraire, que l'économique et le moral peuvent et doivent se rencontrer dans un seul acte? Alors la question change; alors l'économique et le moral ne sont pas deux directions distinctes, mais deux phases d'une même direction; alors on pourra faire le bien pour le bien, sans démériter par la justice de la récompense; alors aucun acte ne sera pleinement économique s'il n'est pas en même temps pleinement moral, et vice-versa, aucun acte n'obtiendra la sanction de la Morale s'il n'obtient pas de même l'approbation de l'Économie.

On voit que nous allons ici plus loin que Mr. Carreras, qui accorde à l'Éthique une sphère beaucoup plus étendue qu'à la science économique, et dont les idées sur ce point sont d'ailleurs exposées avec tant de clarté et d'éloquence.

Et qu'on n'accuse pas notre concept de vague. S'il n'est pas plus précis, c'est parce que la notion de la Morale a été faussée trop souvent par les intérêts égoïstes de classe. Rien de plus facile, sans doute, que de marquer les limites entre la Religion et la Morale. Et toutefois, après des disputes passionées, soutenues pendant des siècles, il y a encore des gens qui voudraient subordonner la Morale aux préceptes d'une religion positive, tandis que d'un autre côté nombre de penseurs pretendent réduire la Religion à un simple chapitre de la morale universelle.

La délimitation entre l'Économie et le Droit, que Mr. Carreras fait dans son livre si adroitement, a donné aussi lieu à de grandes disputes. On a voulu résoudre le problème s'élevant à l'union du juste et de l'utile, mais sans y réussir, parce qu'il y a deux écoles remarquables qui confondent d'ordinaire ces notions, et parce que la plupart des hommes n'aime pas à monter si haut. Quant à nous, nous avancerons une opinion qui peut-être paraîtra un blasphème aux yeux des légistes; c'est que le Droit est une science purement *adjective*, dont le fondement et la substance se trouvent dans le contenu des autres sciences morales et politiques. Et certes, si le Droit est chargé de déterminer les conditions nécessaires pour la réalisation de nos buts, il est évident qu'il doit les chercher dans le fond, dans la substance même de ces buts. Il empruntera, par exemple, à la Métaphysique le concept général de la justice, à la Morale les rapports de famille, à l'Économie politique le mécanisme de l'échange, l'organisation et les mouvements de la propriété, et ainsi de suite, en sorte que toutes les branches du Droit demanderont leur inspiration aux divers systèmes de connaissances sur les buts de l'homme, pour tâcher de realiser ces buts dans le milieu social. Qu'est ce que le Droit a fait par rapport à la liberté? Pendant des siècles les juristes ont soutenu qu'elle découlait de la loi, et en effet l'Histoire nous montre la liberté vivant toujours des concessions arrachées à l'Autorité, dues à la prédominance momentanée ou permanente de certains intérêts, et souvent fondées sur des subtilités juridiques. Mais la science moderne a fait de la lumière dans ce chaos, et aujourd'hui c'est une chose avérée que la liberté découle de la nature et des destinées humaines, et que tous les organes du Droit, à commencer par l'État, qui en est le plus élevé de tous, doivent se borner, comme le déclare hautement Mr. Carreras, d'accord avec les plus illustres économistes, à la reconnaître et à la garantir pour que les buts de l'homme se réalisent, chacun dans sa propre sphère.

Ce n'est pas rabaisser la mission du Droit. Au contraire, elle en résulte encore plus étendue et plus haute; car, pour la remplir, il faut que le Droit préside à tous les mouvements de la vie sociale, et l'on pourrait dire de cette science, mieux que d'aucune autre, qu'il n'y a rien d'humain qui lui soit étranger. Malheureusement, les dernières tendances des écoles juridiques s'écartent assez de ces idées, et elles visent à troubler, plutôt qu'à régulariser, les rapports entre l'Économie et le Droit. Malheureusement, ni les théories les plus récentes du Droit s'inspirent des saines doctrines économiques, ni les études de droit positif sont poussées dans cette direction, ni l'enseignement de l'Économie politique dans les Facultés de Droit porte l'empreinte spéciale qu'il faudrait lui donner pour élever des hommes destinés à exposer la loi, à l'interpréter et à l'appliquer. Loin de là, notre droit positif civil est encore calqué sur les deux législations les plus anti-économiques que l'on ait connues, la législation romaine et le droit canon. Les ouvrages mêmes de Philosophie du Droit, à quelques écoles qu'elles appartiennent, sont pleines d'erreurs sur l'échange, sur la propriété, sur l'association des forces, sur le capital, sur le revenu, sur le salaire, sur le profit, sur tous les grands phénomènes économiques. Et quant aux textes, parmi le nombre d'excellents traités d'Économie politique, dus à des professeurs éminents, nous manquons, après tant d'années que l'on cultive la science économique, d'un ouvrage de cette science, *appliquée au Droit*, ouvrage consacrée spécialement aux étudiants de jurisprudence, et qui serait d'une valeur inestimable, s'il mettait sous les yeux du lecteur les saines doctrines économiques vis-à vis des institutions juridiques, tant nationales qu'étrangères, que l'on présente dans les classes comme le symbole de la raison écrite. Mr. Carreras nous a promis, depuis long temps (1), un livre de ce genre: il est à regretter que d'autres travaux scientifiques, non moins nécessaires et non moins utiles, ne lui aient pas encore permis de tenir sa parole.

Mais, laissant de côté cette question, disons quelques mots sur celles des méthodes et des écoles de l'Économie, qui se lient étroitement, et auxquelles notre auteur consacre deux des plus remarquables chapitres de son ouvrage. Il y discute amplement la valeur respective des méthodes dites historique et rationnelle, et il y donne un résumé très-exact des doctrines des diverses écoles

---

(1) Avertissement à la première édition de son "Traité d'Économie politique."—Madrid, 1865.

économiques, et surtout de celles du socialisme de la chaire, jusqu'ici seulement connues en Espagne par l'exposition qu'ont faite quelques auteurs étrangers et par un beau travail de notre éminent économiste Mr. Gabriel Rodriguez. Quant à la première de ces questions, nous conviendrons avec Mr. Carreras que le meilleur procédé consiste à combiner les deux méthodes susdites; mais il faut faire sur ce point de prudentes réserves. Presque tous les économistes orthodoxes ont adopté la méthode rationnelle, en dérivant les lois économiques d'une étude attentive de la nature et des destinées humaines, après quoi il ont pris l'histoire comme base de vérification, pour démontrer que le monde industriel fait des progrès à mesure qu'il se rapproche des idéaux scientifiques. D'après cela, le servage, les corporations privilégiées des arts et métiers, la réglementation autoritaire de l'industrie, peuvent être regardés comme des progrès par rapport aux époques antérieures, mais l'idéal économique ne se réalise que dans la liberté du travail. De même on peut prendre le système protecteur, les monopoles officiels et la douane nationale pour autant de démarches faites dans le but d'émanciper par dégrés la circulation des valeurs, mais c'est seulement la liberté des échanges qui doit communiquer à cette circulation l'élan et la fécondité dont elle est capable.

La tendance des économistes autoritaires est bien autre, et sous ce nom nous les comprenons tous, depuis les conservateurs, qui se disent les représentants légitimes de l'école historique, jusqu'aux adeptes du socialisme démagogique, qui veulent confier à un *État plébéien* les destinées des nationalités. L'École historique n'a pas d'idéaux; elle assiste impassible au développement des phénomènes sociaux dans le temps et dans l'espace, et tout ce qui arrive lui semble bon, par la seule raison d'*avoir été* ou d'*être*, en supposant que la vie dans l'Histoire est un produit ou une résultante de certaines conditions externes de latitude, de climat, de tradition ou de race, ainsi que d'autres conditions internes, déterminées par un aveugle fatalisme ou par une Providence qui se soustrait à toute critique. On voit très-bien qu'en suivant cette voie, on ne parviendra pas à une doctrine sérieuse ni à un critérium fixe. Lisez Roscher, le chef des économistes historiques, et quelque admiration que vous éprouviez pour sa vaste érudition, dites-nous s'il est possible d'extraire de ses écrits un véritable système doctrinal, applicable à tous les ordres du travail. Lisez Taine, le chef des positivistes politiques, et dites-nous si, en le voyant se prosterner devant les magnificences de l'ancien régime, tandis que d'un autre côté il montre un certain penchant pour les glorieux souvenirs du 93, on peut déduire logiquement, de l'amas indigeste de notices et de dates qui constitue son ouvrage, les sources et les causes de la révolution française.

Eh bien, le socialisme contemporain procède de la même manière. Jadis, à une époque pas très-éloignée de nous, il se distinguait par un ultra-rationalisme, qui ressemblait beaucoup à la folie. Les socialistes ne prenaient pas l'homme, tel qu'il est ou tel qu'il apparaît formé par les lois morales, psychiques et physiologiques; mais tel qu'il devrait être, d'après leurs caprices ou leurs préjugés. Aujourd'hui ces sectaires ont changé de méthode. Ils s'inspirent de préférence dans l'esprit de l'école historique. Qu'est-ce que le socialisme de la chaire, sinon l'apologie du césarisme ou du gouvernement personnel, c'est-à-dire la consécration de l'État historique, interventionniste et réglementaire, au profit d'un pouvoir traditionnel et des classes qui lui sont adictes? Qu'est-ce que le socialisme collectiviste, sinon la théorie d'une organisation également artificielle et factice, maintenue par les mêmes moyens employés par les anciennes classes gouvernantes, mais dans l'intérêt des masses populaires?

Les formes varient, mais le but reste. C'est toujours le sacrifice de la liberté sur les autels des idoles; c'est une démocratie hibride qui, ayant perdu la foi dans les principes, fatiguée par la lutte ou desespérée par la persécution, quitte la voie du progrès, lorsqu'elle s'y trouvait si avancée, et demande pour son usage le fouet de ses anciens maîtres, dans la croyance qu'elle vivra éternellement à force de violences, comme ils ont vécu de longs siècles à force d'autorité.

Telle est aussi la conclusion qui résulte du beau livre de Mr. Carreras. L'auteur s'y montre toujours fidèle au grand principe de la liberté économique, déjà proclamé par les physiocrates sous les mots de *laissez faire, laissez passer*. C'est une consolation pour tout esprit libéral dans ces temps de défaillances et de désertions, survenues dans le champ même de la science. C'est encore un bel exemple à suivre et qui, nous l'espérons, sera suivi, en effet, par la jeunesse studieuse, malgré les séductions dont l'entoure la sirène de la réaction autoritaire, pour l'attirer vers ses dangereux abîmes.

Ainsi Mr. Carreras nous donne, en économiste savant et convaincu, la clef d'un secret qui compte à l'heure qu'il est très peu d'initiés; c'est que, parmi tous les sociologues connus jusqu'ici, les économistes sont les *seuls* logiquement libéraux.

JOAQUIN MARÍA SANROMÁ.



---

# PHILOSOPHIE

DE LA

# SCIENCE ÉCONOMIQUE



## I.

## INTRODUCTION.

S'il est une science qui mérite, non seulement le respect, mais encore l'estime et les sympathies de tous les hommes qui aient la conscience de leur dignité, c'est sans doute l'Économie, parce que, plus qu'aucune autre, elle a consacré dans le Monde le principe de la liberté, qui constitue notre premier titre de noblesse et de suprématie à l'égard des autres créatures animées. Nous parlons surtout de la liberté morale et civile; quant à la liberté politique, il ne faut la regarder que comme une garantie des autres libertés, et certainement sans celles-ci elle ne serait pour les peuples que le droit d'élire leurs tyrans.

La liberté humaine, en effet, la libre activité, cette précieuse faculté en vertu de laquelle l'homme peut penser et agir, sous sa propre responsabilité, selon que la raison le lui conseille; cet attribut essentiel de notre esprit, cette souveraineté, cet empire, cette majesté auguste et sacrée, que l'homme a reçue de Dieu et qui le fait maître de lui-même, juge et exécuteur de ses déterminations, arbitre et seigneur de ses destinées; la liberté humaine, disons-nous, quoique découverte par la Psychologie et reconnue d'abord par l'Éthique, n'a été sanctionnée et proclamée dans toute son intégrité que par l'Économie.

Laissons de côté les sciences naturelles. La Minéralogie, la Zoologie, la Botanique, la Physique, la Chimie, l'Astronomie, les Mathématiques, qu'ont-elles de commun avec la liberté? Elles ne connaissent qu'un monde où tout est fatal, où tout se meut par l'impulsion d'une force irrésistible et indéclinable; elles regardent avec un suprême mépris ou avec une indifférence philosophique tout ce qui n'est pas dû à cette force, et se portent toujours à nier les faits ou les phénomènes qui se produisent sans son intervention. Voilà pourquoi il y a parmi les naturalistes tant de stoïciens qui demeurent impassibles devant les misères de l'Humanité, les regardant comme inévitables; tant de matérialistes qui ne voient dans l'homme qu'un être soumis aux mêmes lois qui régissent tous les êtres finis; tant d'épicuriens pour lesquels nous sommes seulement un organisme sensible, qui s'éteint et disparaît dans la mort. Certes, les sciences naturelles ne se piquent pas d'être libérales ni même humanitaires, et elles mettent volontiers la force explosive de la poudre et de la dynamite au service de la liberté, comme à celui du despotisme et de la tyrannie.

Ce n'est pas le caractère des sciences anthropologiques, ni surtout des psychiques, qui constituent une de leurs branches les plus importantes. Elles regardent d'abord l'homme, non pas comme une partie, comme une roue ou une dépendance de la grande machine de l'Univers, mais comme un *micro-cosmos*, comme un petit-monde, comme un résumé, comme une copie ou réduction photographique de la Création entière; elles font de lui un être intermédiaire entre Dieu et ses œuvres, véritable échelle mystique, qui d'un côté s'appuie sur la terre et de l'autre touche au Ciel; elles découvrent dans l'organisme humain quelque chose de plus que l'argile dont toutes les créatures sont formées, un esprit, une âme, un *psycos*, un souffle de la Divinité qui agite tout, qui informe tout, qui pénètre et humanise toutes les choses. Mais voici que les maîtres de ces sciences, après avoir élevé l'homme à l'égard des autres créatures, le rapetissent et l'annulent souvent aux yeux de lui-même; après lui avoir donné la souveraineté de tout, ils lui refusent sa propre souveraineté; après l'avoir fait roi de la Création, ils lui ravissent son sceptre ou le lui changent en un roseau dérisoire, et le transforment en un simple vassal ou en un misérable esclave. Vainement la Psychologie, où ils puisent leurs connaissances, leur dit que l'homme est le seul être rationnel; qu'il a seulement, après Dieu, la raison de ses déterminations, et que par conséquent on ne peut invoquer aucune raison contre la sienne: les logiciens et les moralistes, tributaires de cette même Psychologie, recherchent froidement la connaissance du vrai et du bien absolu, et si les derniers admettent la libre activité comme un élément constitutif de notre esprit, c'est pour l'oublier fréquemment, tandis que les experts du Droit, fils aîné de l'Éthique, né expressément pour garantir la liberté, la renient pendant plusieurs siècles et il y en a encore qui doutent de la légitimité de ses titres. Oui, la liberté a bien de griefs contre l'Éthique et même contre la Science du Droit: nombre d'illustres moralistes, nombre de savants jurisconsultes, tant de l'Antiquité que des temps modernes, se sont montrés réfractaires à ce fécond principe, lorsqu'ils ne l'ont pas absolument méconnu.

Il fallait que l'Économie vînt au Monde pour que l'esprit humain prît possession de tous ses privilèges naturels, et que l'homme fût déclaré libre, non seulement dans les domaines de la raison, mais encore dans ceux de la volonté active; non seulement dans le champ des spéculations scientifiques, mais encore dans la sphère de la réalité et des faits. Elle naît en effet, et elle arbore aussitôt le drapeau de la liberté, proclamant par l'organe des physiocrates la célèbre maxime de: *laisser faire, laisser passer,* dont elle n'a pas renié, dont elle ne reniera jamais, et sous son influence la Morale et le Droit se libéralisent, et on voit tomber et disparaître pour toujours les derniers restes du féodalisme et du servage, les maîtrises, les prohibitions commerciales, les guerres mercantiles, le système colonial, les compagnies privilégiées de commerce, les lois somptuaires, la taxe de l'usure, la traite et l'esclavage des nègres; en résumé, toutes ou presque toutes les doctrines restrictives, toutes ou presque toutes les institutions tyranniques qui deshonoraient l'Antiquité et le Moyen âge, ainsi que l'ère des monarchies absolues et du droit divin des rois.

De combien de bienfaits lui est redevable l'Humanité! Combien de titres n'a-t-elle pas à la gratitude des hommes! Et cependant, il n'est point une science qui ait été l'objet de plus d'attaques, de plus de persécutions, de haines les plus déraisonables et les plus injustes. Déjà à son origine, vers le milieu du XVIII siècle, elle fut rudement combattue par Voltaire, Rousseau, Diderot et quelques autres savants de cette époque. Certes qu'alors elle n'était qu'un mélange confus de vérités et d'erreurs, qui prêtait beaucoup à la critique; mais elle s'est épurée après par l'observation et l'analyse, parvenant à constituer un système de principes, tels que souvent on les qualifie avec dédain de *truismes*, ou de vérités évidentes *per se,* comme si cela pouvait être un défaut, et cependant elle se voit toujours également attaquée et persécutée. Les uns l'accusent de matérialiste, supposant qu'elle attire les âmes vers des objets indignes de leur sublime essence; les autres voudraient la proscrire comme dissolvente, ou tout au moins comme perturbatrice des rapports sociaux; ceux-ci la présentent comme l'avocat des riches et l'ennemie des classes ouvrières; ceux-là la méprisent comme un sujet d'études stériles, ou lui refusent toute condition scientifique; et chose singulière, les partis les plus opposés, les écoles les plus contradictoires, les néo-catholiques comme les athées, les autoritaires aussi bien que les anarchistes, les réactionnaires et les démagogues, sous la dénomination générique de socialistes, qu'ils se donnent à eux-mêmes ou qu'ils ont accepté volontiers, tous se sont conjurés contre l'Économie.

La science, cependant, avait déjà réfuté victorieusement toutes ces accusations, et elle poursuivait, tranquille et paisible, à la lumière de la raison et de l'expérience, la marche toujours ascendante et progressive de ses investigations, lorsque de son sein même s'est élevée une secte de pseudo-économistes, appelée en Allemagne *katteder socialisten* ou *socialistes de la chaire,* et qui, se revêtant d'un certain appareil d'érudition et d'esprit, barrent le passage à l'*Économie orthodoxe,* attaquent ses doctrines fondamentales et ne prétendent à rien moins qu'à refaire entièrement la science, en lui donnant une direction nouvelle et surtout en la moralisant et en y introduisant *l'élément éthique,* dont ils la supposent complètement dépourvue. La dévise de ces sectaires, comme celle de tous les prétendus novateurs, est, à ce qu'il paraît, *recedant vetera, nova sint omnia.* A bas, crient-ils, *l'école smithienne* et *manchesterienne,* c'est-à-dire l'Économie traditionnelle, fondée par Adam Smith, propagée par Cobden et les autres économistes de Manchester, l'Économie individualiste et du libre-échange. Sans comprendre peut-être, ou feignant ignorer au moins, que dans ce cri il n' y a rien de nouveau; qu'ils ont été devancés par List, Proudhon et tous les protectionnistes et les socialistes, et que toutes les accusations, toutes les diatribes qu'ils profèrent contre la science économique, au nom de la Morale et du Droit, ne sont qu'un faible écho de celles de Karl Marx, Lassalle et les autres coryphées de l'Internationalisme.

Quoiqu'il en soit, on voit que les principes de l'Économie sont méconnus ou niés par une partie, la plus petite sans doute, de ceux qui la professent, lorsque ces principes semblaient définitivement acquis pour la science. Il faudra, donc, les examiner de nouveau, pour savoir jusqu' à quel point ils sont certains et fondés. Á cet effet, rien de plus à propos que d'étudier le concept philosophique de l'Économie et ses rapports avec les autres branches du savoir humain, et voilà ce que nous allons faire dans ce livre, tout en traitant de quelques autres points secondaires qui ne sont pas étrangers au sujet, tels que la qualification, la classification, la méthode, le procès historique, les écoles et la critique de la science.

Nous n'y dirons rien de nouveau; nous ne ferons que reproduire, souvent mot à mot, pourqu'on ne puisse pas douter de l'exactitude de nos citations, ce qu' ont dit les principaux économistes. C'est la seule manière de présenter l'Économie telle qu'elle est, et de mettre tout le monde à même d'en juger en pleine connaissance de cause.

Nous entreprenons cette tâche en répondant aux vœux que faisait déjà Minghetti, il y a plus de vingt ans, dans la préface de ses *Rapports de l'Économie publique avec la Morale et le Droit*. C'est à lui que nous empruntons le titre de *Philosophie de la science économique*, que nous donnons à cet ouvrage. C'est sans doute un titre audacieux; mais nous espérons qu'on nous le pardonnera par respect à l'illustre publiciste qui l'a proposé le premier, et dont nous ne faisons que suivre les traces, sans prétendre cependant ni le devancer ni même l'atteindre dans sa marche brillante à travers le champ de la science.

# II.

## CONCEPT PHILOSOPHIQUE DE L'ÉCONOMIE.

¿Quel est le vrai concept de la science économique?

Pour répondre à cette question, il faut d'abord déterminer ce que l'on entend par concept. Pour résoudre un problème, il faut avant tout bien préciser ses termes.

Or, nous entendons par concept d'une personne l'idée générale de celle-ci, la notion des notes ou des caractères qui la distinguent des autres; nous entendons par concept d'une science l'idée générale de son contenu ou de son objet, qui est ce qui lui donne son caractère, ce qui la constitue et l'individualise.

De quoi s'occupe, donc, l'Économie? de quoi connaît-elle?

Parcourez les livres de cette science; consultez les enseignements et les doctrines des maîtres; interrogez même l'opinion publique, et tous vous diront que l'Économie ne connaît que des œuvres ou des actes humains. En cela les savants et les ignorants, les doctes et les indoctes, les économistes et le vulgaire sont d'accord.

Que sont, en effet, les phénomènes économiques? La production, la distribution, la circulation et la consommation, les quatre grandes théories, dans lesquelles on divise l'Économie pour l'étude; le travail, le capital, le produit, la richesse, l'échange, le crédit, l'épargne, les salaires, l'intérêt, les revenus, les dividendes, les profits, tout ce que l'économiste examine, tout ce qui attire son attention, à quoi cela se réduit-il en dernière analyse si ce n'est à des actions humaines ou à leurs résultats? Le mot même d'*économie*, dans son acception vulgaire, ne veut-il pas dire une série, un ensemble ordonné et succesif d'actes de l'homme?

Il n'y a pas de doute: l'économique est avant tout et surtout quelque chose qui n'existe que par l'homme et pour l'homme, quelque chose qui a dans l'activité humaine son origine et son but, sa cause et sa destinée. Supprimez cette activité, et le reste de la Création, les êtres finis, leurs propriétés naturelles, leurs rapports, l'harmonie admirable de l'Univers, l'essence divine qui le maintient, tout subsistera de soi-même; ce qui ne subsistera pas, ce qui aura disparu pour toujours, parce qu'il n'aura aucune raison d'être, c'est ce que nous appelons *l'économique*.

Première note ou caractère distinctif de l'Économie: *science de l'activité humaine*.

Mais cela ne suffit pas, car il y a d'autres sciences qui s'occupent de l'activité, et elles ne sont pas assurément comprises dans l'Économie: il y a plusieurs actes de l'homme qui ne sont pas économiques par eux-mêmes, et que personne ne prétend qu' on les regarde comme tels. Poursuivons, donc, notre analyse jusqu'à ce que nous découvrions ceux qui aient exclusivement ce caractère.

Dans tout acte humain il faut considérer l'objet, le but ou la fin, et le mobile ou le motif de l'activité d'où il provient.

Or, quel est d'abord l'objet des actes économiques? Sur quoi s'exerce l'activité de cet ordre? Est-ce sur tous les objets de la Création, sans en excepter l'homme qui en fait partie, ou seulement sur le monde physique, sur le monde matériel, sur ce qu'on appelle la Nature? En d'autres termes: agit-elle seulement sur les choses, ou bien sur les choses et sur les personnes? Voilà une question qui divise encore les économistes; car tandis que les uns soutiennent que tous les produits, c'est-à-dire toutes le œuvres économiques, sont matériels, les autres affirment qu'ils peuvent être matériels de même qu' immatériels. Mais cette dissidence est plus apparente que réelle, car les deux écoles reconnaissent qu'on ne peut exercer l'activité économique, ou travailler avec économie, ni par conséquent obtenir aucun produit ou faire aucune œuvre économique, sans avoir quelques aptitudes ou qualités personnelles, telles que le savoir-faire, la probité, le zèle, qui s'acquièrent seulement par l'éducation, par un apprentissage dû au travail ou à l'exercice de l'activité; d'où il s'en suit que ces aptitudes et l'activité même qui les crée sont aussi économiques, à moins que l'on n'admette dans l'effet quelque chose qui n'existe pas dans la cause, ce qui est absurde. L'erreur que l'on commet à cet égard, dit très-bien Molinari [1], provient de ce que l'activité qui agit sur la matière lui donne un caractère économique, une valeur visible, partant directe et immédiate; tandis qu'il n'en est pas tout à fait ainsi pour l'activité qui agit sur l'homme. «Défrichez une terre, par exemple, et vous y ajouterez une plus-value que vous pourrez immédiatement réaliser en vendant la terre; élevez du bétail, construisez des machines, et vous pourrez de même en réaliser la valeur. Mais si vous élevez un homme et si vous développez ses facultés de manière à en faire un instrument de production, de plus en plus parfait (c'est-à-dire un agent économique), vous ne pourrez pas apprécier aussi bien la plus-value que vous lui aurez donné. Pourquoi?

---

[1] Cours d'Économie politique, première partie, huitième leçon.

Parce que, dans nos sociétés civilisées, l'homme est un agent productif qui ne se vend point. Sans doute la plus-value qu'une éducation appropriée à la nature de ses facultés lui aura donné, finira par se manifester dans le prix de ses services, mais ce dernier phénomène sera lent à se prodnire et l'on ne s'y arrêtera point.» Il n'en faut pas davantage pour reconnaître que le travail ou l'activité qui a créé cette plus-value possède un caractère économique, et partant que l'activité de cet ordre peut s'exercer sur les personnes de même que sur les choses. Mais nous reviendrons sur ce point.

Deuxième note ou caractère dictinctif de l'Économie: *science de l'activité humaine agissant sur tous les objets de l'Univers.*

Voyons maintenant le but des actes économiques. Nous avons dit que ces actes sont essentiellement humains, qu'ils se réalisent par l'homme et dans l'homme; partant leur but ne peut être autre que celui de l'homme lui-même, savoir, le bien ou le développement entier et harmonique de la nature humaine, qui constitue notre but ou notre destinée. Et, en effet, l'économique est avant tout et surtout quelque chose qui est bon, qui, selon l'expression vulgaire, nous convient, c'est-à-dire quelque chose qui sert à notre bien ou qui lui profite, car c'est cela ce que le mot *convenir* signifie, *venire cum*, suivre le même chemin, la même direction, avoir le même but. Mais l'homme offre deux aspects ou deux caractères: celui d'individu, c'est-à-dire d'être un et distinct des autres êtres, et celui de membre ou partie intégrante de ce grand tout, de ce grand ensemble d'hommes liés entre eux et avec l'Univers entier, qui s'appelle Humanité. Par conséquent, le bien humain, le bien total et absolu de l'homme, peut être considéré sous deux points de vue: comme bien de l'individu et comme bien de l'Humanité; il y a un *bien individuel* et un *bien social*. Lequel de ces deux biens poursuit l'activité économique? En d'autres termes, lorsqu'un homme agit économiquement, le fait-il pour soi-même ou pour les autres? Formuler cette question c'est la résoudre; car il est évident que les œuvres d'abnégation, de charité, de philantropie, en un mot, tous les actes humains qui supposent le sacrifice ou tout au moins le renoncement du bien de soi-même, pour ne tenir compte que du bien d'autrui, ne sont pas regardés comme économiques. Un seul économiste, à notre connaissance, Mr. Piernas y Hurtado, prétend qu'ils le soient, s'écartant en cela, comme en d'autres points importants, de tous les maîtres de la science, et affirmant [1] que «la donation, l'héritage, le secours mutuel, sont aussi nécessaires dans les rapports économiques que dans tous les autres qui unissent les hommes entre eux.» Mais c'est confondre les divers aspects du bien, et partant les diverses sciences qui s'en occupent. La science est une, et leurs parties diffèrent seulement, selon l'heureuse expression de Carey [2], comme les couleurs du spectre solaire, mais produisant, ainsi que le rayon du soleil lorsqu'on ne l'a pas décomposé, une lumière blanche et éclatante. De même le bien est un, comme l'activité qui le crée, comme la nature de l'homme où celle-ci réside, et partant l'individu humain, sans aucun rapport avec ses semblables ni avec les autres êtres de l'Univers, n'existe pas dans la vie réelle, n'a pas une existence objective. Mais rien n'empêche d'étudier séparément l'homme individuel, laissant de côté les rapports qui l'unissent avec l'Humanité et avec la Nature entière, ou bien ces mêmes rapports sans faire attention à l'individu d'où ils proviennent et où ils finissent. C'est ainsi que toutes les sciences procèdent, par des abstractions, et ce procédé, fondé sur la limitation de notre intelligence, qui ne saurait connaître de plusieurs objets à la fois, n'est qu'une méthode pour chercher la vérité, une application de la divi-

---

[1] Vocabulario de la Economía, art. Intérêt personnel.

[2] Principles of Sociale science, Chap. I, § 7.

sion du travail, que l'Économie recommande, de même que la Logique.

«L'étude spécial, dit Mr. G. Rodriguez [1], de chacun des divers aspects des rapports humains, constitue les sciences sociales particulières, qu'on appelle aujourd'hui morales et politiques, Chacune de ces sciences *abstrait* du rapport total l'aspect qui lui appartient et en détermine les lois spéciales; mais le rapport, dans la vie de l'homme et de la Société, ne perd pas pour cela son caractère de complexité, ni manque de se réaliser totalement, avec l'intervention de tous les principes et de toutes les lois de divers ordres. La séparation des aspects des rapports existe dans la raison et dans la science, mais non pas dans la vie, où chaque acte est la résultante de l'ensemble de tous ces éléments, que la science sépare seulement pour l'étude.»

«C'est clair, dit aussi Mr. Azcárate [2], que si dans la poursuite de chacun de ces buts (les divers buts humains), domine une faculté spéciale, elle n'existe nullement isolée et comme séparée des autres activités humaines. L'homme, en tant qu' être rationnel, est surtout un, et partant là où son activité se montre, là elle est avec toutes ses essences, sans d'autre différence que celle de la faculté qui prédomine selon les cas. Et c'est pour cela que sont également dans l'erreur ceux qui méconnaissent les rapports immédiats qui unissent tous les buts partiels de l'homme, et ceux qui prétendent, par l'unique raison que ces buts existent, les absorver les uns par les autres.»

L'économiste, donc, n'admet comme économique, ou comme soumis à sa jurisdiction, que le bien individuel de l'homme, sans méconnaître pour cela qu' il y a un bien

---

[1] El socialismo de la cátedra, conference faite à l'Institution libre d'Enseignement, février 1878.

[2] Estudios económicos y sociales.—Sur l'objet de la science économique, § 2.

social, avec lequel le premier est en rapport, et un bien absolu, qui comprend ces deux biens partiels; de même que le physicien examine seulement les qualités extérieures de la matière sans nier les éléments dont elle est formée, ou que le phisiologue étudie l'organisme du corps humain sans nier non plus l'existence de l'âme, etc., etc. Certes que l'Économie ne dédaigne pas absolument les actions faites par l'individu au profit exclusif de son prochain, et qu' on trouve souvent dans les livres de la science des questions sur la bienfaisance légale, et en général sur la pratique de la charité; mais c'est seulement pour savoir l'influence que les institutions charitables exercent sur le but économique, sans oublier cependant qu' elles n'ont pas ce but spécial, puisque leurs fondateurs, tout en employant l'activité, n' y cherchent jamais leur bien individuel, qui est le but dont il s'agit. Alors, dira-t-on, pourquoi quelques économistes, comme L. Walras, Ciconne, Skarbeck, etc., semblent regarder l'Économie comme une branche de la Sociologie et lui donnent le nom de *théorie* ou *science des richesses sociales?* Parce que, comme nous le verrons plus tard, ils confondent le moyen avec le but et prennent indistinctement l'un pour l'autre. Le bien individuel se réalise, en effet, et il ne pourrait se réaliser qu' au moyen de la Société, puisque l'homme est un être naturellement social et qui vit en rapports avec ses semblables. Mais il ne faut pas croire pour cela que la Société constitue le but économique; au contraire, ce but, réduit à ses termes les plus simples, s'accomplirait, comme dit parfaitement Bastiat, dans un seul homme, dans l'individu isolé, *Robinson*. Du reste, on peut très bien étudier, et l'on étudie souvent l'activité exercée, ou par la société humaine en général, ou par les diverses associations partielles qui se forment dans son sein pour réaliser le bien de chacune d'elles, et considérer ces associations comme autant d'individus ou d'*entités économiques*, de même que dans la Science du Droit on les considère comme autant de personnes ou d'*entités juridiques*.

Cependant, et tout en admettant que le bien individuel constitue le but économique, sera-t-il vraîment économique tout ce bien, ou seulement celle partie du même qui touche le corps, avec abstraction complète de l'esprit? En d'autres termes, faudra-t-il reconnaître comme économique l'activité qui s'exerce pour satisfaire à tous les besoins de l'homme, tant physiques qu'spirituels, ou seulement celle qui tend à la satisfaction des besoins physiques?

On confond souvent cette question avec celle que nous avons discuté déjà sur la sphère d'action de l'activité économique, que les uns prétendent borner aux œuvres ou produits matériels, tandis que les autres la font extensive à toute espèce de produits, tant matériels qu'immatériels [1]. Mais au fond elles sont très différentes: car s'il est des produits matériels ne servant que pour le bien physique ou du corps, comme les aliments, les habits et le logement, il y en a d'autres qui servent seulement pour le bien de l'âme, comme les livres, les tableaux, les statues, etc., etc., et si l'on refusait à cette dernière classe de bien, [ou aux besoins spirituels, le caractère économique, il faudrait le refuser aussi aux produits qui y pourvoient, sur quoi l'Économie resterait réduite à des limites encore plus étroites que celles que lui assignent les économistes qui excluent de son domaine les produits immatériels.

Or, même les partisans de cette doctrine n'ont pas un concept si mesquine de la science, puisqu'ils regardent comme économiques tous les biens que l'on vend [2], et

---

[1] Ahrens et Azcárate encourent dans cette confusion, comme on peut s' en convaincre en lisant attentivement les études qu' ils consacrent au sujet si débattu des limites de l' Économie.—Voir la Philosophie du Droit, du premier, vol. II, págs. 114 et 131, et les Estudios económicos y sociales, du second, págs. 85-87.

[2] Notre science ne traite que des biens qui sont susceptibles de commerce ou qui du moins peuvent lui profiter, c'est-à-dire des biens économiques. — Roscher, Principes d'Économie politique, Introduction, chap. I, § 2.

dans ce cas se trouvent tous les produits matériels, soit qu'ils servent au bien du corps ou à la satisfaction des besoins physiques, soit qu'ils s'emploient au bien de l'âme ou à la satisfaction des besoins spirituels.

Et en effet, il est très difficile, pour ne pas dire impossible, de distinguer les uns des autres, le bien du corps étant en réalité inséparable du bien de l'âme, puisque tout ce qui conduit au premier conduit pareillement au second et vice-versa. *Mens sana in córpore sano.*

Aussi il n'est presque pas d'économiste qui regarde seulement comme économiques les besoins physiques [1], et même ceux qui n'attribuent le caractère économique qu'aux produits matériels s'accordent à le leur reconnaître également lorsqu'ils satisfont, soit aux dits besoins, soit aux besoins spirituels [2].

C'est donc tout le bien de l'individu, et non pas seulement le bien physique, qui constitue le but économique ou de l'activité économique, et nous avons ici une troisième note ou caractère distinctif de l'Économie: *science du bien individuel.*

Il nous reste, toutefois, à rechercher le mobile des actes économiques. On entend par mobile ou motif ce qui met en mouvement la volonté humaine, ce qui la fait agir ou la transforme en activité. Or, tous les motifs de notre volonté se réduisent au sentiment, soit d'attraction, soit de répulsion, que nous inspirent les divers buts vers lesquels elle peut tendre. Lorsqu'un but nous convient ou est conforme à notre bien, la volonté se sent attirée vers lui et le cherche; lorsqu'il ne nous convient pas, la volonté le repousse et le fuit. Cela s'exprime en disant que l'homme, par sa nature, aime le bien et se refuse au mal, au moins tels qu'il les comprend. Le but économique est

---

[1] Sismondi et quelque autre partagent seulement cette opinion.

[2] Voir notamment Piernas, Vocabulario de la Economía, art.. Economie.

un bien, puisqu'il consiste dans le bien individuel; donc nous devons l'aimer et nous l'aimons effectivement. Cet amour du bien individuel, ou amour de soi-même, se montre dans l'homme, soit d'une manière inconsciente ou irréfléchie, c'est-à-dire comme sentiment exclusivement animal, et partant commun aux autres animaux, soit d'une manière raisonnée ou consciente, c'est-à-dire comme sentiment rationnel et partant essentiellement humain. Dans le premier cas, on le nomme *instinct de conservation*; dans le second, *intérêt personnel*. De sorte que l'intérêt personnel est l'amour du bien individuel, non pas exclusivement sensible, non pas aveugle et passioné, non pas instinctif comme celui de la brute, mais raisonné, spirituel et partant très distinct de l'égoisme avec le quel on le confond souvent. Tous les hommes sont intéressés, tous sont plus ou moins accessibles à l'intérêt personnel, parce que tous aiment leur bien individuel, et ce sentiment se trouve si enraciné dans notre nature que personne n'en est depourvu, personne ne se fait de mal à soi-même sans perdre la raison, qui est un attribut essentiel de l'esprit humain: ainsi le suicide ne s'explique que comme un acte de démence. Si l'homme n'était pas intéressé, s'il n'aimait pas son bien, il ne le réaliserait pas, il n' agirait point pour l'atteindre et resterait devant lui entièrement inerte ou passif.

«L'intérêt personnel, dit Roscher [1], fait choisir à chacun la carrière dans la quelle il pense rencontrer le moins de concurrence et le plus d'emploi, par conséquent celle qui répond le mieux au besoin le plus développé et le moins satisfait.» «Cette tendance à améliorer la situation économique est commune à tous les hommes, quelque soit la différence de forme et d'intensité qui sert à la manifester: elle nous guide tous du berceau jusqu'à la tombe; elle peut être comprimée, mais jamais entièrement

---

[1] Principes d'Économie politique, Introduction, chap. I, § XI.

étouffée; elle agit dans le domaine économique comme l'instinct de conservation pour la vie physique. Principe puissant de création, de conservation et de renouvellement ! »

« L'opinion, dit aussi Madrazo [1], le devoir, l'amour, l'amitié, la charité, le patriotisme, la force, peuvent sans doute donner lieu à des efforts supérieurs à notre faiblesse habituelle; mais tous ces mobiles ne suffisent pas pour produire le travail universel et permanent (travail économique), qui satisfait aux besoins de tous les hommes et de tous les moments. Pour mettre en exercice constant l'activité humaine, il faut un aiguillon, dont les piqûres se ressentent dans tous le âges, dans toutes les classes sociales, dans tous les temps et dans toutes les circonstances de la vie. Le seul stimulant qui possède cette influence sur l'humanité entière, c'est le désir de satisfaire à ses besoins, ou ce qui revient au même, l'intérêt personnel. »

« La conservation de l'individualité, écrit Mr. Moreno Nieto [2], n'est pas seulement un fait exigé par loi de justice, mais c'est encore le moyen le plus puissant pour la réalisation de tout le progrès humain. Car ce progrès, et en général l'œuvre de l'esprit, consiste en travail, effort et fatigue, et à cela l'homme ne se soumet d'ordinaire que stimulé par son intérêt et par l'espoir d'une satisfaction postérieure. La nature humaine est de telle sorte qu'elle ne travaille que pour se procurer de quoi satisfaire à ses besoins: le travail, dont nous parlons, est difficile et pénible, et l'on n'acceptera pas le mouvement forcé, l'effort violent avec ses conséquences, la lassitude et la fatigue, si en échange de cette peine, qui nous tourmente et nous opprime dans le présent, on n'a pas l'espérance

---

[1] Lecciones de Enonomía política, cinquième leçon, §§ III et IV.

[2] Discours lu le 17 novembre 1879 à l'Athénée scientifique et littéraire de Madrid.

d'une récompense dans l'avenir. Et cela étant évident et notoire, et l'œuvre économique des peuples constituant une tâche longue et rude, comment admettre que sans l'aiguillon de l'intérêt personnel on accepterait cette tâche, qui ferait la vie si triste et si ennuyante?»

Et plus loin ajoute le même publiciste:

«Dans toute entreprise, de même que dans tout travail particulier, le cicle économique s'ouvre et se ferme surtout par la vertu de l'intérêt personnel, qui cherche à s'approprier et à acquérir, pour le destiner à la vie de l'individu, tout ce qui peut être mis sur la scène du monde comme résultat d'efforts et de travaux.»

«L'Économie politique, remarque enfin Bastiat[1], a pour sujet l'homme. Mais elle n'embrasse pas l'homme tout entier. Sentiment religieux, tendresse paternelle et maternelle, piété filiale, amour, amitié, patriotisme, charité, politesse, la Morale a envahi tout ce qui remplit les attrayantes régions de la sympathie. Elle n'a laissé à sa sœur, l'Économie politique, que le froid domaine de l'intérêt personnel.

»Nous ne pouvons pas douter que l'intérêt personnel ne soit le grand ressort de l'Humanité. Il doit être bien entendu que ce mot est ici l'expression d'un fait universel, incontestable, résultant de l'organisation de l'homme, et non point un jugement critique, comme serait le mot *égoïsme*. Les sciences morales seraient impossibles si l'on pervertissait d'avance les termes dont elles sont obligées de se servir.»

L'intérêt personnel, l'amour de soi-même, est donc le mobile ou le motif du bien individuel et partant de l'activité économique.

Quatrième note ou caractère distinctif de l'Économie: *science de l'intérêt personnel.*

C'est assez: nous n'avons pas besoin de poursuivre no-

---

[1] Harmonies économiques, chap. II.

tre analyse pour déterminer le concept de la science économique, et nous sommes en mesure de résumer ou formuler ce concept, de manière qu'il soit parfaitement compréhensible pour toutes les intelligences. C'est ce que nous allons faire dans le chapitre suivant.

---

# III.

## DÉFINITION DE L'ÉCONOMIE.

Le concept d'une science se résume dans sa définition. Définir, dans le sens scientifique du mot, c'est condenser un concept dans une formule courte et précise.

Cette formule, toutefois, ne se trouve pas aisément. Il y a une grande distance, comme le remarque Coquelin [1], entre sentir ou concevoir et définir ou exprimer, surtout quand il s'agit d'un vaste ensemble d'idées et de faits. Il se peut très-bien, et en effet il arrive fréquemment, que l'objet d'une branche quelconque des connaissances humaines soit clairement et également conçu par tous ceux qui la cultivent, et que cependant chacun d'eux l'exprime d'une manière différente.

Il est possible, dit aussi Delbœuf [2], qu'une idée soit définie dans l'esprit sans qu'elle ait pour cela sa définition exacte dans le langage, car on ne peut expliquer le sens

---

[1] Dictionnaire de l'Économie politique, art. Économie politique.

[2] Algorithmie de la Logique, Revue philosophique, vol. II.

de tous les mots par des mots. Ainsi la définition du nombre est impossible, etc.

La réalité, ajoute ce philosophe, n'est susceptible que de descriptions. De là on ne peut définir l'objet d'aucune science: la définition de cet objet est au contraire le résultat final de la science [1].

Et Gonzalez Serrano affirme que la définition ne peut jamais exprimer l'essence totale interne du concept, raison pour laquelle la science est en un renouvellement continuel pour arriver à une définition conforme avec la nature du cognoscible, et elle passe dans les états de notre activité intellectuelle par des degrés intermédiaires, où nous ne nous arrêtons que quelque temps [2].

Ces réflexions sont parfaitement applicables à l'Économie. Tous les économistes dilucident les mêmes questions, tous examinent le même ordre de phénomènes, et tous diffèrent dans les définitions, sans qu'aucun d'eux ait réussi encore à en donner une tout à fait satisfaisante et acceptable. S'en suit-il qu'ils aient de la science économique un concept vague et contradictoire, comme l'affirment quelques néo-économistes? [3] Nullement.

«Une science, dit Coquelin [4], ne dépend pas de la définition qu'on en donne; elle ne se règle pas sur cette formule arbitraire, qui peut être plus ou moins heureuse, plus ou moins exacte: au contraire, c'est la formule qui doit venir après coup se modeler pour ainsi dire sur la science même, telle qu'elle existe. Tant pis pour les écrivains qui cultivent une certaine branche des connaissances humaines, s'ils n'ont pas su encore en saisir la donnée générale et revêtir cette donnée d'une expression heureuse;

---

[1] Algorithmie de la Logique, Revue philosophique, vol. II.

[2] Elementos de Lógica, troisième partie, 3.e section, chap. I.

[3] V. Azcárate, Estudios económicos y sociales; §§ 11 y 12.—Piernas, Vocabulario de la Economía, art. Économie.

[4] Loco citato.

mais cela n'altère en rien le fond des vérités qu'ils ont à mettre au jour.

»Une science, dit J.-B. Say, ne fait des véritables progrès que lorsqu'on est parvenu à bien déterminer le champ où peuvent s'étendre ses recherches et l'objet qu'elles doivent se proposer. Il y a sans doute un côté vrai dans cette assertion. Oui, il est bon, peut-être même nécessaire, que l'objet d'une science et le cadre qu'elle embrasse soient convenablement déterminés; mais il n'est pas absolument nécessaire que cette détermination résulte des définitions hasardées par les auteurs; il suffit qu'elle résulte de la nature même de leurs travaux. Or, il se peut très-bien que la nature de ces travaux soit au fond la même pour tous, tandis que les définitions diffèrent, chacun de ces auteurs ayant été amené, par une sorte de sentiment instinctif, à se renfermer dans un certain ordre de phénomènes, sans pouvoir ensuite se rendre compte à lui-même de l'objet précis de ses recherches ni mesurer exactement le champ qu'il vient de parcourir.

»Il n'est pas étonnant que beaucoup d'écrivains échouent dans cette tâche, en ce sens que les définitions qu'ils donnent ne soient après tout que des traductions plus ou moins infidèles de leurs propres conceptions. J.-B. Say avoue qu'il en est ainsi par rapport à lui-même, puisqu'il reconnaît que son *traité* a franchi de toutes parts, s'il est permis de s'exprimer ainsi, les limites tracées par sa définition. Et cependant, il est peut-être de tous les économistes celui qui soit demeuré le plus fidèle à la formule qu'il avait adopté. Il y aurait bien plus à reprendre à cet égard dans Adam Smith et dans Mr. de Sismondi. A voir, par exemple, la manière dont ce dernier définit la science, on croirait qu'il va se borner, comme l'avait fait J.-J. Rousseau, à tracer les règles que les gouvernements doivent suivre par rapport aux intérêts matériels des peuples, et cependant il s'occupe, comme l'ont fait tous les économistes, depuis Quesnay, Turgot et A. Smith, de l'échange, de la division du travail, de l'accumulation et de l'épargne, de la production et de la distribution des richesses, des lois qui règlent la valeur des choses, de celles qui déterminent le taux des salaires, le taux des profits, etc., etc., toutes choses dans lesquelles les gouvernements n'ont rien ou presque rien à voir: tant il est vrai que sa définition n'est qu'une erreur et une erreur sans conséquence, une formule mal choisie mais vaine, et qui n'influe en rien sur le caractère réel de ses travaux.

«Il serait pourtant fort désirable, nous en convenons, qu'on trouvât pour l'Économie politique une définition plus satisfaisante que celles qui ont été données jusqu'à présent, une formule à la fois plus compréhensive et plus nette, où la science se reflétât, pour ainsi dire, toute entière dans quelques mots. La trouvera-t-on cette formule?»

Nous tâcherons de le faire, en adoptant le critérium de Coquelin et en définissant l'Économie par les notes ou caractères distinctifs que nous lui avons attribués. Ces notes, les voici:

Activité humaine;

Activité exercée sur tous les objets de l'Univers;

Bien individuel;

Intérêt personnel.

Donc, l'Économie est, à nos yeux, la «science de l'activité exercée sur tous les objets de l'Univers, et stimulée par l'intérêt personnel pour le bien individuel de l'homme.»

Traduisons cette définition à la langue économique.

L'activité que l'homme exerce sur tous les objets se nomme *travail*.

Les diverses applications du travail portent le nom d'*industrie*.

Le travail suppose des *rapports de l'homme avec la Nature*.

Le bien individuel est nécessaire, c'est-à-dire qu'en définitive il se réalise nécessairement, et cette nécessité se révèle dans l'individu par des désirs constants qui s'appellent *besoins*.

Toutes les choses qui servent à notre bien se nomment en général *biens*, et *richesses* lorsqu'elles sont les fruits du travail.

La qualité qu'ont les biens de servir à notre bien se dit *utilité*, et lorsq'elle provient du travail, elle se dénomine *valeur*.

Le domaine que l'homme acquiert sur les choses par le travail s'appelle *propriété*.

Les hommes réunis en société se communiquent mutuellement leurs richesses par un procédé nommé *échange*.

Par conséquent, l'Économie peut aussi être définie:

Science de l'activité, ou du travail, ou de l'Industrie, ou des rapports de l'homme avec la Nature, pour satisfaire, avec le stimulant de l'intérêt personnel, les besoins humains, ou bien pour acquérir la propriété de la richesse, c'est-à-dire de certaines choses qui ont une valeur ou une utilité due au travail et qui s'échangent contre d'autres équivalentes.

Mais est-ce ainsi que tous les maîtres conçoivent la science économique? Nous allons le voir.

Les principales définitions de l'Économie peuvent se réduire á celles-ci:

Science de la richesse (J.-B. Say [1], Florez Estrada [2], Rossi [3], Senior [4], Ricardo [5], Malthus [6], Mac-Culloc [7], James Mill [8], Jhon Stuart Mill [9], Skarbeck [10], Cournot [11],

---

[1] Traité d'Économie politique.
[2] Curso de Economía política.
[3] Cours d'Économie politique.
[4] Lectures on political Economy.
[5] The principles on political Economy and taxation.
[6] The principles of political Economy.
[7] The principles of political Economy.
[8] Elements of political Economy.
[9] The principles of political Economy.
[10] Théorie des richesses sociales.
[11] Principes de la théorie des richesses.

Leon Walras [1], Sbarbaro [2], C..onne [3], Minghetti [4]).

Science de l'activité, du travail ou de l'Industrie, ou des rapports de l'homme avec la Nature pour la satisfaction des besoins humains (Desttut Tracy [5], Rau [6], Lotz [7], Ott [8], Fonteyraud [9], Roscher [10], J. Garnier [11], Baudrillart [12], Coquelin [13], Carballo [14], Madrazo [15], Pastor, [16], Piernas [17], Figuerola [18], G. Rodriguez [19], Sanromá [20]).

Science des intérêts matériels, du bien-être ou de la prospérité des peuples (A. Smith [21], Sismondi [22], Storch [23], Colmeiro [24], Chevalier [25]).

Science de l'utilité ou de la valeur (Dameth [26], Fontenay [27]).

---

[1] Eléments d'Économie politique pure.

[2] Filosofia della richezza.

[3] Principi di Economia politica.

[4] Des rapports de l'Économie publique avec la Morale et le Droit.

[5] Traité d'Économie politique.

[6] Lehrbuch der politischen Œconomie.

[7] Handbuch der Staarwith schaftslahere.

[8] Traité d'Économie sociale.

[9] Notice sur Ricardo, dans la Collection des principaux économistes.

[10] Principes d'Économie politique.

[11] Traité d'Économie politique.

[12] Manuel d'Économie politique.

[13] Dictionnaire de l'Économie politique — Art. Économie politique.

[14] Curso de Economía política.

[15] Lecciones de Economía política.

[16] Lecciones de Economía política.

[17] Vocabulario de la Economía.

[18] Gaceta economista. — Octobre de 1861.

[19] El Economista, núm. I.

[20] Gaceta economista. — Octobre de 1861.

[21] An inquiry into the nature and causes of the wealth of nations.

[22] Nouveaux principes d'Économie politique.

[23] Cours d'Économie politique.

[24] Tratado elemental de Economía política ecléctica.

[25] Cours d'Économie politique.

[26] Introduction à l'étude de l'Économie politique.

[27] Rapports du juste et de l'utile. — Journal des économistes, juillet de 1862.

Science de l'échange (Macleod [1], Wately [2], Azcárate [3]).

Science de la propriété (Giner [4]).

Science de l'intérêt personnel (Bastiat [5]).

Voilà les principales définitions qui ont eté données de la science économique. Consultez les ouvrages écrits sur cette science, depuis A. Smith jusqu'à nos jours, et vous n'y trouverez pas d'autres. Interrogez tous les économistes, et ils ne vous donneront pas une formule qui diffère au fond de celles que nous venons d'exposer.

Or, quelle idée, quel terme y a-t-il dans ces définitions qui ne soit pas compris dans notre concept de l'Économie? Aucun, absolument aucun: donc ce concept est le vrai, et nous pouvons le regarder comme définitivement établi et accepté dans les écoles économiques.

Si quelqu'un persiste encore à croire le contraire, c'est qu'il ne connaît pas la science, qu'il n'a pas étudié les livres qui s'en occupent, ou qu'il n'a fait qu'un examen léger et superficiel de leurs doctrines.

L'Économie, on peut l'affirmer hautement, c'est la science du bien individuel ou de la richesse réalisable par l'activité humaine, stimulée par l'intérêt personnel et exercée sur tous les objets de l'Univers.

Mais nous entendons déjà les cris, les imprécations, les anathèmes de tous les détracteurs de l'Économie devant cette définition. Nous les entendons dejà s'écrier:

—Comment! qu'est-ce que vous avez dit?

—Science du bien individuel, c'est-à-dire, individualiste, dissolvente, anarchique, anti-sociale, ennemie de toute autorité et de tout gouvernement!

—Science de la richesse et de l'intérêt personnel,

---

[1] The elements of political Economy.

[2] Introductory lectures on political Economy.

[3] Estudios económicos y sociales.

[4] Lecciones abreviadas de Economía.

[5] Harmonies économiques.

c'est-à-dire, égoïste, sordide, sensuelle, divitiaire, espèce de plutocratie qui dégrade et avilit les peuples, en les poussant dans les voies de l'industrialisme le plus rebutant!

—Science de l'activité exercée sur l'Univers, c'est-à-dire, science qui prétend connaître indistinctement de l'activité subjective et objective, envahissant les domaines de la Morale, de la Sociologie et jusqu'à ceux de la Pédagogie et des Arts!

—Mais, est-ce qu'après tout on peut regarder l'Économie comme une science? Est-ce qu'on peut admettre l'universalité de ses principes? Est-ce qu'on peut accorder aux lois économiques le titre de lois naturelles?

Trève, Messieurs, trève! La pauvre Économie paraît aujourd'hui, comme tant d'autres fois, devant le tribunal de l'opinion publique; on connaît l'accusé par les traits généraux de sa physionomie, que nous avons esquissés déjà; on vient d'entendre les charges produites contre lui; dans les chapitres suivants nous formulerons sa défense, en exposant les rapports de la science économique avec ses analogues, et alors on verra que ces charges ne sont qu'un tissu de faussetés et de calomnies, et que l'Économie, loin d'être un ensemble de doctrines dissolventes et anarchiques, immorales et egoïstes, est un des plus puissants auxiliaires de la Morale et du Droit, de la Société et de l'État. Quant au vice qu'on lui impute aussi, méconnaissant la nature de toute doctrine scientifique, d'envahir le champ d'observation d'autres sciences, nous dirons seulement que la devise des économistes, telle que la formulait il y a quelques années un de leurs plus brillants organes dans la presse espagnole, [1] c'est, non pas certainement «tout par l'Économie,» mais «rien sans l'Économie!»

---

[1] La Gaceta Economista.

# IV.

## DÉNOMINATION DE L'ÉCONOMIE.

Mais, avant de passer outre, qu'on nous permette de traiter une question qui préoccupe encore les économistes, au point que quelqu'un en fait dépendre les progrès de la science [1], et qui se rapporte au nom qu'on doit donner à l'ensemble des doctrines aujourd'hui connu sous celui d'*Économie politique*.

Il semblera peut-être que cette question est dépourvue d'importance, et cependant elle en a quelqu'une, car après tout elle se rattache à la nomenclature scientifique, et cette nomenclature constitue l'un des éléments de la science.

Nous ne pensons, dit Condillac, qu'au moyen des mots; les idiomes sont de vraies méthodes analytiques; l'art de raisonner se réduit à un idiome bien formé.

La parole, dit aussi Lavoisier, doit produire l'idée, et

---

[1] Piernas, Appendice à la 2.e edition de notre Traité d'Économie politique.

celle-ci montrer le fait; tous les trois sont des copies d'un même coin, et partant, quoique les faits connus soient réels et les idées qu'on en ait soient vraies, on transmettra des impressions fausses si on emploie des mots inexacts pour les exprimer.

Il n'est donc pas indifférent qu'une science porte tel nom ou tel autre. Ce nom doit répondre à l'objet de la science ou au concept que l'on en ait.

L'Économie se trouve-t-elle dans ce cas? Nous allons le voir.

Le mot *Économie* se dérive des deux grecs: *oicos*, maison, et *nomos*, loi, ou *nemo*, j'administre.

L'épithète *politique*, avec lequel il est d'usage d'adjectiver la science, provient aussi du grec *polis*, cité ou État, car dans les anciennes républiques de la Grèce et de Rome, l'État, l'organisme de la Nation, n'embrassait que la cité, dont les habitants ou citoyens étaient les seuls qui jouissaient des droits politiques et qui avaient une intervention directe et immédiate dans les affaires publiques.

De sorte que la phrase *Économie politique*, dans son sens propre ou éthimologique, veut dire loi ou administration de la maison publique ou de l'État.

Or, ceci est l'objet du *Droit administratif* et non pas de la science économique; par conséquent la dénomination qu'on donne à cette science ne lui convient nullement.

Il en est certes de même par rapport à plusieurs autres branches du savoir, dont les noms, créés lorsqu'elles étaient pour ainsi dire dans l'enfance, ne donnent qu'une idée imparfaite ou inexacte de leur contenu.

«Ainsi, dit Minghetti [1], la Physique et la Physiologie n'embrassent pas la nature entière, comme leur nom a la prétention de l'exprimer, mais seulement une partie. La Chimie n'est pas relative aux sucs, con ... ndique

[1] Des rapports de l'Économie publique avec la Morale et le Droit, livre II.

l'éthimologie grecque, ou un petit trésor des secrets, comme l'indique l'éthimologie arabe, mais la théorie de la composition et de la décomposition des corps. La Géologie ne traite pas de la terre en général, mais de sa structure intérieure et des révolutions que cette structure a subies.»

Tout cela est vrai; mais toujours est-il que la dénomination d'*Économie politique* ne répond pas au concept de cette science.

*Oiconomicos* put être dénominé, comme il le fut en effet, un livre attribué à Aristote; *Économicos* ou *Économique* se nomma aussi très-proprement un autre ouvrage dû à Xénofon. Ces philosophes de l'Antiquité entendaient par *Économie* l'administration morale et matérielle de la maison, telle que nous la comprenons aujourd'hui, plus l'éducation de la famille.

Dans les temps modernes on employa, à ce qu'il paraît, pour la première fois, le nom d'*Économie politique*, dans un livre publié en français en 1615 par Montcrestien de Wateville, sous le titre de «Traité d'Économie politique;» qui d'ailleurs ne répondait guère à son contenu.

Verri et Stewart l'employèrent aussi, quoique plus proprement, dans leurs ouvrages «Mémoires historiques sur l'Économie politique de l'État de Milan» et «Recherches sur les principes d'Économie politique,» parus le premier en 1763 et le second en 1767.

Mais ce ne fut que quelques années après que ce nom se fit d'un usage général avec la publication en 1772 du petit précis du Margrave de Bade, intitré «Abrégé des principes de l'Économie politique.»

Encore il ne fut employé presque jamais ni par Turgot, le plus remarquable des écrivains physiocrates, ni par Adam Smith, l'illustre fondateur de la science, et seulement depuis Sismondi et J.-B. Say, qui publièrent des ouvrages sous les titres de «Principes de l'Économie politique» et de «Traité d'Économie politique,» il a fini par prévaloir parmi les économistes.

De sorte que la dénomination que conserve aujourd'hui la science économique n'a d'autre valeur scientifique que celle que lui donne l'autorité de l'usage, *quem penes arbitrium est et jus et norma loquendi*, dont dépendent les lois et les règles du langage, comme le remarque non sans raison Horace.

Il y a donc lieu de lui donner une autre plus appropriée, et on l'a essayé plusieurs fois, quoique toujours avec peu de succès.

Ainsi les disciples de Quesnay prétendirent lui appliquer le nom de *Physiocratie*, qui sert encore pour désigner d'une manière spéciale la doctrine professée par eux-mêmes.

Mais ce mot, dérivé des deux grecs *physios* Nature, et *cratein* loi, ne signifie que loi de la Nature, et partant il ne peut pas faire connaître avec exactitude la science économique, qui s'occupe en effet des lois naturelles, mais ne se distinguant pas en cela des autres sciences, consacrées toutes au même objet.

J.-B. Say, quoique acceptant, comme nous l'avons dit, la dénomination d'Économie politique, déclare plus d'une fois dans son *traité*, qu'il aurait préféré celle de *Physiologie sociale*, également inadmissible à notre avis, car le mot *physiologie* veut dire discours sur la Nature; partant il ne répond pas au concept de la science économique, et en lui ajoutant l'épithète *sociale*, il pourrait induire à confondre cette science avec la Sociologie, dont l'objet est l'étude de l'organisation naturelle de la Société.

Wately prétendait substituer au nom d'Économie politique celui de *Catallatique*, dérivé du mot grec *katallain*, troc ou échange, parce qu'il regardait l'échange comme une condition essentielle des faits économiques; mais cela n'étant pas tout à fait exact, on ne saurait se rendre à sa prétention.

Lorsqu'on créa au Conservatoire des arts et métiers de Paris une chaire d'Économie politique, occupée d'abord par J.-B. Say, on l'appela chaire d'*Économie industrielle*.

Si ce fut, comme le suppose Conquelin [1], pour déguiser jusqu'à un certain point l'objet de cette institution aux yeux des gouvernements, qui, à ce qu'il paraît, ne se sont jamais montrés en France sympathiques à la science, nous n'avons rien à y opposer; mais si, remplaçant l'adjectif *politique* par celui d'*industrielle*, on voulut adopter un nom nouveau, comme l'indique le fait d'avoir mis ce nom à la tête de l'ouvrage écrit, d'après les leçons de Blanqui, successeur de Say, par deux de ses disciples, alors nous devons le repousser par toutes les raisons ci-dessus données, et parce que l'Économie n'étudie pas à la rigueur l'Industrie ou le travail, mais la cause, l'agent, la force morale qui lui donne naissance, en un mot l'activité lorsqu'elle a pour but le bien individuel de l'homme.

Quelques écrivains étrangers à la science économique ont proposé de lui donner le nom de *Chrématistique*, qu'Aristote appliqua à un chapitre de sa *Politique*, où il traite de la production des richesses; mais celle-ci n'étant pas le seul objet de l'Économie, qui s'occupe aussi de l'usage qu'on doit faire de la richesse produite, le nom dont il s'agit n'est pas plus admissible.

Celui de *Plutonomie* ou *Plutologie*, dérivé du mot *Plutus*, dieu de la richesse dans la mythologie romaine, et celui de *Science divitiaire*, qui dit la même chose, lui conviendraient encore moins, parce qu'aucun d'eux ne donnerait une idée exacte de l'Économie.

Enfin, en Allemagne on la dénomine *Métaphysique de l'activité*, et certes cette dénomination est préférable à toutes les autres connues, parce qu'elle exprime mieux le concept de la science économique; mais, ne distinguant pas les divers buts de nos actes, elle confond cette science avec la Morale et le Droit, qui s'occupent aussi de l'activité humaine, quoique sous des points de vue très différents.

---

[1] Dictionnaire de l'Économie politique, art. Économie politique.

Le nom le plus approprié serait, à notre avis, celui de *Philosophie de l'intérêt personnel*, que nous avons mis à la tête d'un de nos ouvrages [1], ou simplement celui de *Science de l'intérêt*, indiqué dejà par Bastiat, puisque l'intérêt personnel est, comme nous l'avons dit, le mobile de l'activité économique, et que cela constitue l'un des caractères distinctifs de l'Économie.

Mais si l'on ne veut pas rompre avec la tradition, il serait au moins convenable, ainsi que Mr. Piernas le propose très-sagement, de faire dans la dénomination reçue une petite modification qui corrigerait ses principaux défauts. Voilà ce qu'à ce sujet dit l'écrivain cité [2]:

«L'adjectif *politique*, que l'on ajoute d'ordinaire au substantif *Économie*, ne détermine pas un attribut qui convienne à la science en général, et il confirme plutôt l'erreur de ceux qui croient qu'elle est purement sociale, ou qu'elle doit s'occuper en premier terme de la vie des peuples. Certes qu'il est une Économie *politique* qui traite de la Nation ou de l'État, parce que les phénomènes économiques se réalisent aussi dans cette sphère; mais il y a également une Économie familière, municipale, de l'Humanité, des associations partielles, d'autant de classes, en somme, que l'on distingue de cercles dans la vie de l'homme, de même qu'il doit y avoir une considération de l'économique en lui-même, qui serve de point de départ et d'unité pour toutes ces diverses manifestations. En appelant donc la science *Économie politique*, on donne au tout le nom qui convient à une seule des parties, tandis qu'en la dénominant simplement *Économie*, on ne détermine que le genre, et on peut après admettre sans difficulté ni danger les qualificatifs que les espèces demandent.»

Nous sommes parfaitement d'accord avec ces idées, et nous les metrons dès à present en pratique en donnant

---

[1] Tratado didáctico de Economía política, 1.e édition, Madrid, 1866 —Id. 2.e édition, Madrid, 1874.—Id. 3.e édition, Madrid, 1881.

[2] Appendice à la 2.e édition de l'ouvrage susdit, § 1.

à la science économique, prise en général, la dénomination d'*Économie*.

Par des raisons semblables on pourrait aussi la dénominer l'*Économique*, comme le fit déjà l'illustre Hutcheson [1], le maître d'A. Smith, et comme le propose Mr. J. Garnier [2].

Maintenant, abordons une autre question bien plus délicate, celle qui se rattache aux rapports de la même science avec le reste des connaissances humaines.

---

[1] Lectures on Moral philosophy.

[2] Traité d'Économie politique, 1.e partie, 1.e section, chap. I, § 2.

# V.

## RAPPORTS DE L'ÉCONOMIE.

Chaque science particulière est en rapports, et elle ne peut que l'être, avec toutes les autres; car toutes sont autant de parties d'un ensemble organique, d'un système de connaissances qui constitue la science entière, le système général des connaissances humaines, et qui dit *système* dit un tout dont les parties sont liées entre elles et chacune avec le tout.

Mais lorsqu'il s'agit des rapports scientifiques, on les limite à ceux qui unissent chaque science avec ses analogues, c'est-à-dire avec les sciences qui ont le même objet, les mêmes notes ou caractères distinctifs, aussi bien que quand il s'agit des rapports personnels on entend en général ceux qui unissent une personne avec ses proches ou avec les autres membres de la même famille.

Quels sont les caractères distinctifs de l'Économie? Quatre, selon le concept que nous nous en sommes formé (science du bien individuel, réalisable par l'activité humaine, stimulée par l'intérêt personnel et exercée sur tous les objets de l'Univers), à savoir:

1.er Activité;
2.e But de l'activité;
3.e Mobile de l'activité;
4.e Exercice de l'activité.

Et on pourrait encore ajouter une cinquième note, supérieure aux autres et qui les embrasse toutes, l'*homme*; puisque les actes économiques sont, comme nous l'avons dit, essentiellement humains.

Or, de l'homme, ou de l'ensemble de son organisme, tant spirituel que corporel, s'occupe *l'Anthropologie*.

La *Psychologie* traite de l'activité comme un des attributs essentiels de notre esprit.

*L'Éthique*, ou Philosophie morale, la *Sociologie* et la *Science du Droit* recherchent le but et le mobile de cette activité.

Dernièrement, tous les arts consacrés à l'éducation et au développement de l'activité s'occupent de l'exercice de cette même activité.

Par conséquent, les rapports de l'Économie que nous devons examiner ici sont seulement ceux qui l'unissent avec ces diverses branches de nos connaissances. Commençons par les dernières.

## § 1er.—RAPPORTS DE L'ÉCONOMIE AVEC LES ARTS QUI ÉLÈVENT ET DÉVELOPPENT L'ACTIVITÉ.

Ces arts ou professions peuvent être classés en deux groupes:

1.er Arts mécaniques, qui règlent l'exercice de l'activité objective, ou agissant sur les objets du monde extérieur, c'est-à-dire sur les choses, sur la matière, sur la nature physique;

2.e Arts libéraux, qui règlent l'exercice de l'activité subjective, ou agissant sur l'homme, sur tout l'organisme humain, et partant sur l'âme de même que sur le corps.

Les premiers reçoivent les noms génériques de *Technologie* et d'*Industrie*, selon qu'on les considère sous le point de vue spéculatif ou pratique. Voyons leurs rapports avec l'Économie.

Personne ne doute que l'Industrie et ses œuvres, c'est-à-dire les produits des arts mécaniques, sans en excepter la peinture, la sculpture et l'architecture, quoique celles-ci portent le nom spécial de Beaux-Arts, ont un caractère économique, et toute la difficulté consiste à distinguer ce caractère du simplement technologique ou artistique, et partant à établir les limites respectifs de la Technologie et de l'Économie. Cette difficulté n'est pas cependant insurmontable. Mr. Coquelin la résout parfaitement.

«Tout industriel, proprement dit, fabricant, manufacturier ou commerçant, tombe sous l'œil de l'Économie politique, cela n'est pas douteux, par rapport aux travaux qu'il exécute. Mais ces travaux, l'Économie politique ne les considère pas en eux-mêmes et dans leurs procédés techniques; elle les considère seulement par rapport à leur liaison, à leur enchaînement avec les travaux qui s'exécutent ailleurs, et par rapport à leurs relations avec l'ensemble. Ce qu'elle voit dans un industriel, c'est la place qu'il occupe dans le grand atelier du travail et la fonction qu'il y remplit; mais elle ne s'enquiert pas de la manière dont il remplit cette fonction, ou au moins elle n'en juge que par les résultats. Elle voit les produits que cet industriel livre à ses semblables, et les conditions auxquelles il les livre; les services qu'il leur rend et la rémunération qu'il en obtient. Elle voit en même temps l'action exercée sur lui par tout ce qui l'entoure, les influences qu'il subit, les nécessités auxquelles il est tenu de se soumettre. Mais quant aux procédés techniques qu'il met en usage dans la branche de travail dont il s'occupe, elle ne s'en informe pas. L'Économie politique est, donc, en cela parfaitement distincte de la Technologie, et en général de tous les arts et de toutes les sciences que les hommes mettent en application dans les travaux particuliers auxquels chacun d'eux se livre. Tous ces arts, toutes ses sciences, elle en tient compte, elle leur accorde une place; mais toujours en les considérant par rapport à leurs relations avec l'ensemble, à la fonction qu'ils remplissent, à l'action qu'ils exercent; jamais en les considérant en eux-mêmes et dans leurs procédés intimes [1].»

On le voit: la Technologie, de même que l'Économie, règle et dirige l'activité; mais l'Économie ne considère dans les œuvres humaines que le bien individuel qu'elles réalisent, en faisant abstraction de leurs qualités physiques ou chimiques, tandis que la Techonologie s'attache spécialement à ces qualités, sans regarder si elles sont bonnes ou mauvaises en absolu, si elles servent au bien propre de ceux qui les ont produites ou à celui des autres hommes, quoique les subordonnant toujours à cette loi suprême de tous nos actes.

Ainsi quand le menuisier, le sculpteur et l'architecte, font une table, une statue ou une maison, ils cherchent avant tout, au point de vue de l'art, à leur donner la forme, la couleur, les proportions qu'exige l'emploi immédiat qu'ils veulent en faire; tandis qu'au point de vue de l'Économie, ils tâchent de faire servir toutes ces œuvres, soit directement, soit en les échangeant contre d'autres équivalentes, à leur propre bien ou à l'acquisition des richesses ou des biens au moyen desquels il se réalise.

Il est du reste évident que toute œuvre ou production matérielle possède les deux caractères ci-dessus indiqués, le caractère économique et le caractère artistique, et que c'est seulement par abstraction qu'on peut n'y considérer que l'un d'eux, puisqu'en réalité ou objectivement ils existent ensemble et sont inséparables.

En voilà assez pour déterminer les rapports de l'Économie avec la Technologie. Passons, donc, à l'examen de ceux qui unissent la même science avec les Arts libéraux,

---

[1] Dictionnaire de l'Économie politique, art. Économie politique.

ou les professions qui règlent l'exercice de l'activité subjective. Ces arts sont les suivants:

1.° La *Pédagogie*, ou art général de l'éducation et de l'enseignement, avec ses auxiliaires la Musique, la Poésie et la Déclamation ou art dramatique, qui tâchent, non-seulement de communiquer à notre esprit les connaissances humaines, mais encore d'y développer l'activité et de la rendre plus énergique, plus efficace, plus intense; en somme, d'illuminer la raison, d'épurer le sentiment et de fortifier la volonté de l'homme, c'est-à-dire de l'instruire et de le moraliser.

2.° La *Médecine*, avec ses auxiliaires, telles que la Gymnastique et l'Hygiène, dont la mission est de conserver et de rétablir la santé, l'intégrité et l'harmonie de notre nature physique, c'est-à-dire de développer tous ses organes et de les perfectionner comme des instruments naturels de l'activité humaine.

3.° La *Politique*, considérée comme l'art du gouvernement dans toutes ses sphères et applications, dont l'objet principal est de faire justice, ou de maintenir l'activité extérieure de l'homme dans ses limites naturelles.

Nous passons en silence le *Sacerdoce*, qui contribue aussi, et sans doute plus qu'aucune autre profession, à régler l'exercice de l'activité, en la dirigeant vers l'accomplissement du bien par la pratique de la vertu et de la piété religieuse; car, d'un côté, cette profession, vraîment sacrée, se rattache sous un certain point de vue à la Pédagogie, et de l'autre, nous voudrions prévenir tout scrupule de conscience, ne regardant les œuvres du prêtre comme économiques, c'est-à-dire comme faites par lui dans l'intention de réaliser son bien individuel ou d'acquérir des richesses, quoique d'ordinaire elles lui procurent une rétribution, à titre d'aumône particulière ou de traitement officiel, mais comme des actes dirigés seulement au bien des autres hommes dans leurs rapports avec Dieu et avec l'Humanité entière.

Les Arts libéraux, ou qui règlent l'activité subjective,

restent donc réduits à la Pédagogie ou art de l'éducation morale et intellectuelle, avec la Musique, la Poésie et la Déclamation; la Médecine avec la Gymnastique et l'Hygiène, et la Politique ou art du gouvernement. Voyons les rapports qui les unissent avec l'Économie.

Si les arts susdits élèvent l'activité humaine, et cette activité est chargée de réaliser le but économique, il est évident qu'ils concourent directement et immédiatement à la réalisation du même but, puisque celui-ci se réalisera d'autant mieux que l'activité sera mieux élevée. Toute éducation de l'activité dans un but économique est donc économique, et même lorsque ce but se bornerait, comme le prétendent certains économistes, à l'acquisition des biens matériels, l'éducation de l'activité, qui réalise ces biens, aurait nécessairement le même caractère.

En effet, on ne peut pas attendre que notre activité, tant subjective qu'objective, tant agissant sur les personnes que sur les choses, opère bien ou d'accord avec le bien individuel, qui constitue le but économique, si elle n'a reçu aucune éducation, si elle ne connaît pas ce même but, si elle ignore les moyens de l'atteindre. On ne conçoit pas même que l'activité humaine fonctionne, si elle ne provient pas d'un esprit dominé par la volonté, guidé par la raison, stimulé par le sentiment, ou si cet esprit, bien que possédant au plus haut degré ces qualités, réside dans un corps défectueux, faible et maladif, ou contraint dans ses actes par la passion, l'injustice et la violence. Subordonner l'esprit à la volonté, le guider par la raison, le stimuler par le sentiment; donner au corps la santé, la vigueur et la force musculaire; marquer, enfin, à l'activité la sphère où elle doit agir pour réaliser le bien individuel, c'est accomplir une œuvre économique. La Pédagogie, la Médecine, la Politique et toutes leurs auxiliaires ont un aspect économique, et l'Économie orthodoxe est dans le vrai lorsqu'elle les assimile, sous ce point de vue, aux autres industries, ou applications du travail, et les qualifie d'industries subjectives ou anthropologiques.

On dit que ces industries ne sauraient être regardées comme productives ou économiques, parce que le travail qu'on y emploie s'évanouit aussitôt qu'il naît, parce que leurs services ne sont fructueux qu'au moment même où ils sont rendus, parce que leurs produits ne s'attachent à rien, ne se vendent au marché et il est impossible de les accumuler ou les thésauriser, comme on accumule les produits matériels, etc.

Cependant les mêmes économistes qui soutiennent ces idées reconnaissent, d'un autre côté, que les connaissances acquises sont un produit fixé et réalisé, pour ainsi dire, dans les personnes qui les possèdent; que le talent d'un fonctionnaire public, de même que l'habilité d'un ouvrier, forme un capital accumulé; que les gens de lettres et les artistes font partie de la richesse nationale; que l'on tomberait dans une honteuse erreur si l'on considérait comme ne produisant rien le magistrat qui fait régner la justice, le savant qui répand les lumières, etc., etc. [1]

Or, il est évident, comme le remarque Mr. Dunoyer [2], que les mêmes industries ne peuvent pas être simultanément productives et improductives, donner des produits qui tout à la fois s'évaporent et se fixent, qui s'évanouissent en naissant et qui s'accumulent à mesure qu'ils naissent. De telles contradictions révèlent une grande confusion d'idées dans l'esprit des économistes ci-dessus mentionnés, et cette confusion provient de n'avoir pas su distinguer le travail de ses résultats. Voilà comment l'explique Mr. Dunoyer lui-même [3]:

«Toutes les professions utiles, quelles qu'elles soient, celles qui travaillent sur les choses, comme celles qui opèrent sur les hommes, font un travail qui s'évapore à mesure qu'on l'exécute, et toutes créent de l'utilité qui s'accumule à mesure qu'elle s'obtient.

---

[1] Voir notamment les ouvrages de A. Smith, J.-B. Say, Sismondi et Droz.

[2] Dictionnaire de l'Économie politique, art. Production.

[3] Ibidem.

»Très assurément la leçon que débite un professeur est consommée en même temps que produite, de même que la main-d'œuvre répandue par le potier sur l'argile; mais les idées inculquées par le professeur dans l'esprit de ceux qui l'écoutent sont des produits qui restent, tout aussi bien que la forme imprimée à l'argile par le potier.

»Un médecin donne un conseil, un juge rend une sentence, un orateur débite un discours, un artiste chante un air ou déclame une tirade: c'est là leur travail; il se consomme à mesure qu'il s'effectue, comme tous les travaux possibles; mais ce n'est pas leur produit, ainsi que le prétend à tort J.-B. Say; leur produit, comme celui des producteurs de toute espèce, est dans les résultats de leur travail, dans les modifications utiles et durables que les uns et les autres ont fait subir aux hommes sur lesquels ils ont agi; dans la santé que le médecin a rendue au malade, dans la moralité, l'instruction, le goût qu'ont répandus le juge, l'artiste, l'orateur. Or, ces produits restent; ils sont susceptibles de se conserver, de s'accroître, de s'accumuler, et nous pouvons acquérir plus ou moins de vertus et de connaissances, de même que nous pouvons imprimer à des portions quelconques de matière quelqu'une de ces utilités qui sont de nature à se fixer dans les choses et qui leur donnent plus ou moins de valeur.

»Il est vrai que l'instruction, le goût, les talents, sont des produits *immatériels*; mais en créons nous jamais d'autres? et n'est-il pas surprenant de voir J.-B. Say en distinguer de matériels et d'immatériels, lui qui a si judicieusement remarqué que nous ne pouvons créer pas plus qu'anéantir la matière, et qu'en toutes choses nous ne faisons jamais que produire des utilités, des valeurs? La forme, la figure, la couleur qu'un artisan donne à des corps bruts sont des choses tout aussi immatérielles que la science qu'un professeur communique à des êtres intelligents; ils ne font que produire des utilités l'un et l'autre, et la seule différence réelle qu'on puisse remarquer entre leurs industries, c'est que l'une tend à modifier les choses et l'autre à modifier les hommes.

»On ne peut pas dire que le travail du professeur, du juge, du comédien, du chanteur, ne s'attachent à rien, ni qu'il n'en reste rien; il s'attache aux hommes sur qui il s'opère, et il en reste les modifications utiles et durables qu'il leur a fait subir; de même que le travail du fileur, du tisserand, du teinturier, se réalise dans les choses qui le subissent, et y laisse les formes, la figure, les couleurs, qu'il leur a imprimées.

»On ne peut pas dire que les valeurs réalisées dans les hommes, que la capacité, l'industrie, les talents qu'on leur a communiqués, ne sont pas susceptibles de se vendre; ce qui ne se vend pas, au moins dans les pays assez civilisés pour n'avoir plus d'esclaves, ce sont les hommes dans lesquels l'industrie humaine les a développés; mais, quant aux talents que ces hommes possèdent, ils sont très susceptibles de se vendre, et ils sont, en effet, continuellement vendus; non pas, je le reconnais volontiers, en nature et en eux-mêmes, mais sous la forme des services, du travail, de l'enseignement qu'on emploie d'ordinaire à les inculquer à autrui.

»On ne peut pas dire davantage que les valeurs que le travail parvient à fixer dans les hommes ne sont pas de nature à s'accumuler; il est aussi aisé de multiplier en nous-mêmes les modifications utiles dont nous sommes susceptibles que de multiplier dans les choses qui nous entourent les modifications utiles qu'elles peuvent recevoir.»

Malgré tout cela, on objecte encore que les arts subjectifs, ou qui agissent sur l'homme, ne produisent que science, sensibilité, énergie morale, force musculaire, adresse des mains et des sens, liberté, justice, ordre public, etc., selon la mission qu'à chacun d'eux nous lui avons attribuée, et qu'aucune de ces choses ne peut être regardée comme une œuvre économique et qualifiée de richesse, sans forcer le sens des mots et confondre sous la même dénomination le savant et le riche, l'homme vertueux et le capitaliste, etc., etc. Mais est-ce là l'unique violence que l'on fait au langage en Économie, comme dans toutes les sciences? Ne sont-ils pas d'accord tous les économistes à désigner sous le nom de capital un produit quelconque, si petit qu'il soit, destiné à la reproduction, et partant sous celui de capitaliste l'homme qui le possède? Ne regardent pas tous les maîtres sans exception une pioche, une bèche, un filet de pèche, comme autant de capitaux? Quelle absurdité plus grande aux yeux du vulgaire? Ne feriez vous pas rire de mépris, ou enrager d'indignation, un pauvre bûcheron si vous lui disiez qu'il est capitaliste parce qu'il possède une cognée?

D'un autre côté, les qualités que le professeur, le médecin ou le gouvernant communiquent au corps et à l'esprit de l'homme, ne sont-elles pas autant d'aptitudes de l'activité? Conçoit-on que cette activité soit économique et que ses aptitudes ne le soient pas? Est-ce qu'on peut séparer les unes de l'autre? Comment les aptitudes se sont-elles acquises ou communiquées, si ce n'est par l'exercice de l'activité ou le travail? Et dans quel autre but que dans celui de réaliser le bien absolu, partant le bien individuel ou économique? Est-ce qu'elles n'en auraient aucun? Est-ce que le savoir, la vertu, la santé, l'adresse, l'honnêteté ne servent à rien, ou si elles servent à quelque chose, n'est-ce pas pour satisfaire aux besoins ou désirs du bien individuel qu'éprouve l'esprit de l'homme?

Certes qu'il est des aptitudes formées par l'éducation ou dues à la Pédagogie, la Médecine et la Politique, qui ne s'emploient pas au profit de l'individu qui les possède, ni même au profit de personne; certes qu'il est des hommes savants, vertueux, habiles, robustes, honnêtes et pacifiques, qui ne travaillent ni pour eux-mêmes ni pour les autres; mais il y a aussi des richesses matérielles qui ne s'utilisent pas ou qui sont consommées par les vagabonds et les voleurs; dira-t-on pour cela que ces richesses ne sont pas économiques?

Quand le professeur ou le pédagogue, écrit Baudrillart [1], le médecin, le gouvernant, exercent leurs arts respectifs, ils ne tâchent pas de savoir s'ils vont procurer la science, la santé ou la justice à un homme laborieux, à un travailleur ou à un fainéant et à un prodigue; ils ne se proposent pas d'enrichir leur pays ni leurs élèves, leurs malades ni leurs sujets, mais d'être utiles à la jeunesse studieuse, à l'humanité souffrante ou à l'État; de telle façon que leurs services pourraient être dangereux pour les personnes mêmes qui les reçoivent si celles-ci consommaient plus qu'elles ne produisent, et en dernière analyse on peut admettre que de tels services confèrent la possibilité de créer la richesse ou les biens économiques, mais pas autre chose, une possibilité, une simple condition favorable, sans qu'ils soient par eux-mêmes une vraie richesse, une richesse réelle et effective.

Mais pour démontrer la nullité de cet argument, il suffit de le rétorquer, comme disaient les scolasticiens: *retorqueo argumentum*. L'agriculteur, le tailleur, le cordonnier, ne cherchent pas non plus à savoir s'ils vont procurer du pain, des habits ou des souliers à un libertin ou à un honnête homme; ils ne se proposent point d'enrichir leur pays ou leurs clients, mais d'être utiles à l'humanité affamée, nue ou déchaussée, de telle manière que leurs services seraient dangereux pour les mêmes personnes qui les reçoivent si elles consommaient plus qu'elles ne produisent, et en dernière analyse ils ne créent pas vraiment la richesse, ils ne font que conférer la possibilité de la créer, etc., etc.

Ne voit-on pas par ce raisonnement que les arguments de Baudrillart contre le caractère économique des arts subjectifs pourraient être invoqués également pour nier celui des arts mécaniques et de toutes les industries?

De plus, il n'est pas vrai que le pédagogue, le médecin ou le gouvernant se proposent d'être utiles à l'humanité, comme le prétend le même économiste; ce qu'ils se pro-

---

[1] Manuel d'Économie politique.

posent en général, et sans que nous leur refusions d'autres vues plus élevées, c'est de s'enrichir eux-mêmes, soit de réaliser leur propre bien au moyen du travail, de même que l'industriel ou l'artisan: cela suffit pour reconnaître que leurs œuvres ou leurs produits ont un caractère économique. Si ces produits sont consommés ou utilisés par un libertin ou par un fainéant, cela ne leur fera pas perdre leur qualité de tels, et partant celle de richesses: seulement ce ne seront pas des capitaux, parce qu'ils ne sont pas destinés à la production ou à la acquisition d'autres biens, comme il le faudrait pour constituer un capital, dans le sens donné à ce mot par tous les économistes.

Et surtout «n'est-il pas étrange de qualifier de *travail productif* celui du luthier, qui fabrique le violon, et d'*improductif* celui du violoniste, alors que le produit du fabricant a pour destination unique de servir d'instrument à l'artiste (Garnier)?» «Il faudrait donc regarder comme *travail productif* celui qu'on consacre à élever des porcs, et comme *improductif* celui qu'on consacre à élever des hommes (List)!» «Le pharmacien *produit* lorsqu'il prépare un onguent destiné à calmer la douleur, et le médecin *ne produit pas* quand il triomphe d'une maladie grave par ses ordonnances ou à l'aide d'une opération chirurgicale!» «On regarde comme *productif* le garde champêtre qui empêche les corbeaux de s'abattre sur le sol; pourquoi n'en dirait-on pas autant du soldat, qui défend le pays contre des corbeaux bien autrement dangereux (Mac-Culloch)?[1]»

Toutefois, dira-t-on avec Baudrillart, même en admettant que les arts libéraux et les produits immatériels aient un caractère économique, on ne peut pas admettre également qu'ils soient un sujet d'étude pour l'économiste, car l'Économie ne traite que de la *richesse valable*, et comment évaluer de tels produits?

---

[1] G. Roscher, Principes d'Économie politique, livre premier, chap. III, § 61.

Très-simplement, à notre avis; par le capital et le travail qu'on ait dépensé à les produire, par leur coût de production, de même que l'on fait pour les produits matériels. Certes qu'il est très difficile de déterminer exactement la valeur des premiers; mais il ne l'est pas moins de calculer celle des seconds. Certes que l'évaluation d'un artiste, d'un poète, d'un savant, ne se fait pas aisément; mais, est-ce que l'on ferait mieux celle des inventions d'Arkright ou de Daguerre? Si l'on ne peut réduire à des chiffres les études, les méditations, les efforts d'intelligence qu'il faut faire pour produire un opéra tel que *Norma*, il n'est pas plus possible de fixer les dépenses d'imagination et de génie qu'on a dû faire pour inventer un appareil comme le téléphone.

Mais l'idée seule, objecte Baudrillart [1], l'idée seule de former l'inventaire, un inventaire quelconque, de l'instruction, de la beauté, du goût, de la justice, de la bienveillance et des autres qualités naturelles ou acquises, a je ne sais quoi de choquant qui répugne au sens commun.

Certainement, autant que répugnerait l'idée d'inventarier la couleur, la figure, l'odeur, la saveur et les autres qualités naturelles ou acquises des produits matériels. Mais ne pourrait-on pas additionner les hommes qui possèdent l'instruction et le goût, ainsi qu'on additionne les choses qui ont la couleur et la figure? La richesse incorporée dans l'homme doit sans doute être comprise dans l'inventaire d'un peuple, de même que celle qui affecte la forme de terres, de bâtiments, d'outils, de machines, de subsistances, etc.

Quand, donc, l'Économie ne s'occuperait que des choses valables, ce ne serait pas une raison pour exclure de son domaine la richesse immatérielle, puisqu'on peut parfaitement évaluer cette richesse de même que la richesse matérielle.

---

[1] Manuel d'Économie politique, part. I, chap. VI.

«Le travail, dit Wolowski [1], n'est autre chose que l'action de l'esprit sur lui-même et sur la matière. De là viennent sa dignité et sa grandeur; de là vient aussi la difficulté des études économiques, car c'est les abaisser et les mutiler singulièrement que de n'y voir que des simples problèmes de production matérielle.»

D'un autre côté, dit aussi Dunoyer [2], comment l'Économie est-elle naturellement limitée? «Est-ce par la nature des seuls arts dont on veut qu'elle s'occupe, ou par la manière dont elle envisage en général tous les travaux? Traite-elle directement et exclusivement de certains arts, par exemple de ceux qui agissent sur le monde matériel, de l'industrie extractive, de celle des transports, de la fabrication, de l'agriculture? Non: elle s'occupe des questions qui ne sont particulières à aucun art, qui les font naître également tous et qui sont l'objet spécial de son étude; elle recherche comment les uns et les autres contribuent à la production, quel rôle jouent dans leur travail les divers ordres de moyens sur lesquels la puissance de tout travail repose; la séparation des occupations, la perfection des instruments employés, les notions scientifiques, le talent des applications, et nombre d'autres que nous nous abstenons d'énumérer ici; elle recherche encore comment se distribuent entre tous, par l'artifice des échanges et à la faveur de tout ce qui peut les faciliter, les produits résultant du concours de toutes les activités sociales. Or, ces questions, toutes économiques, et qu'on trouve simple qu'elle débatte à propos des arts qui agissent sur les choses, il tombe sous les sens qu'elle peut les aborder, sans sortir davantage de son objet, à propos des arts qui agissent directement sur l'homme; et si l'Économie politique n'empiète pas sur les

[1] Préface à la traduction française des Principes d'Économie politique, de G. Roscher.

[2] Dictionnaire de l'Économie politique, art. Production.

enseignements du technologue ou de l'agronome quand elle expose comment le fabricant ou l'agriculteur ajoute à la valeur de la matière qu'il transforme, il est évident qu'elle n'empiète pas davantage sur les travaux du savant, de l'artiste ou du magistrat, quand elle essaye de montrer comment ces ordres particuliers de travailleurs contribuent à l'amélioration des gens sur qui leur action s'exerce. Assurément, dire quel rôle joue dans l'enseignement des sciences une bonne division du travail ou l'emploi d'instruments perfectionnés, ce n'est pas se livrer à l'enseignement des sciences. Assurément encore, dire que l'artiste, le prêtre, l'instituteur ne peuvent pas plus se passer de sécurité et de liberté que l'homme qui laboure son champ ou qui fait marcher son usine, ce n'est professer ni l'Esthétique, ni la Morale ni la Pédagogie. Il est manifeste, enfin, qu'élever une question économique à propos des arts qui agissent sur l'homme, ce n'est pas plus sortir des bornes de l'Économie politique que ce n'est en sortir que de traiter cette question à propos des arts dont l'activité s'épuise sur la matière.

»Et non-seulement l'économiste ne sort pas plus de son domaine quand il s'occupe, à un point de vue économique, des arts qui appliquent leur activité à l'éducation du genre humain, qu'il n'en sort quand il donne son attention à ceux qui agissent sur les choses; mais il faut dire que, pour remplir complètement son rôle, il doit s'occuper indistinctement de tous. Il n'en est pas un, en effet, qui n'ait indispensablement besoin du concours de tous les autres; et l'économiste n'aurait qu'une idée bien incomplète du phénomène de la production et de l'ensemble des moyens sur lesquels les pouvoirs de la production se fondent, s'il ne savait comment y participent les travaux de toute espèce qu'embrasse l'économie de la Société. L'économiste, en un mot, doit être nécessairement instruit de deux choses: la première c'est que l'homme ne peut pas se développer seulement sous un rapport, qu'il ne peut pas devenir exclusivement riche, que pour pouvoir devenir riche il faut aussi qu'il devienne savant, instruit, éclairé, poli, moral, sociable; et la seconde, c'est qu'il n'est pas une de ces heureuses qualités qui ne soit pour les arts qui les lui procurent une source directe de richesse; que le savant, l'artiste, le magistrat, le moraliste, s'enrichissent en travaillant à l'éducation de l'homme, tout aussi bien que l'artisan et l'agriculteur en ajustant à ses besoins la nature matérielle. »

Telle est la doctrine de Dunoyer, aujourd'hui généralement acceptée par les économistes [1]; doctrine si philosophique et si évidente qu'elle s'impose même à ses adversaires, tels qu'Ahrens, Azcárate et Piernas.

Ainsi Ahrens, qui voudrait limiter la science économique à l'étude des lois relatives aux biens dont le but direct consiste dans la satisfaction des besoins *phisiques*, avoue, cependant [2], que « tous les biens spirituels, l'instruction, la moralité, etc., favorisent la production, la distribution et la consommation des biens économiques, et que c'est à l'Économie politique d'exposer aussi les rapports d'influence de ceux-là sur les biens matériels. » C'est vrai qu'il distingue après les biens économiques directs des indirects; mais qu'importe cette distinction purement scolastique? Toujours est-il que tous les deux tombent, selon lui, sous le domaine de l'Économie.

Azcárate partage la même opinion; il veut que l'écono-

---

[1] Voir, pour s'en convaincre, entre autres, les ouvrages des auteurs suivants, qui certes ne seront pas suspects, puisqu'ils appartiennent à l'école historique, devancière du socialisme de la chaire, ou à la secte néo-economiste qui adopte la partie critique de ce système. = K. Knies, Das geld, Berlin, 1873, pag. 2. = F. B. Hermann, Staatswirthschaftliche Untersuchunger, Munich, 1874, pag. 113 = W. Roscher, Die Grundlagen National-öconomie, Stuttgard, 1864, p. 4-5. = L. Cossa, Primi elementi di Economia politica, Milan, 1876, p. 14-15. = F. Lampertico, Economia dei popoli et degli Stati, Introduction, p. 181-82. = Ricca Salerno, Sulla teoria del capitale, cap. I.

[2] Philosophie du Droit.

miste ne s'occupe qu'*indirectement* des travaux de l'avocat, du professeur, etc., parce que, autrement, dit-il, la science économique deviendrait la science sociale [1], comme si ces deux sciences différaient par la manière directe ou indirecte d'envisager les dits travaux, ce qui n'est nullement, puisque leur différence consiste dans le but de l'activité qu'elles étudient respectivement, et qui pour la première est le bien de l'individu, et pour la seconde le bien de la Société.

Dernièrement, Piernas [2] admet, comme Ahrens, que tout acte, même interne et subjectif, a un aspect économique, et exerce une certaine influence sur l'ordre des biens matériels, raison pour laquelle il reconnaît le caractère économique dans les travaux du prêtre, du professeur ou du magistrat, tant que leurs services sont rétribués en forme matérielle; seulement, ajoute-il, cet échange de *choses économiques* contre des actes qui appartiennent à des ordres différents, ne constitue pas une *opération productive*, mais plutôt de consommation, comme si, même dans ce sens, l'économiste ne serait autorisé à constater si la richesse dépensée par ceux qui exercent les dites professions est celle qu'il leur faut absolument.

En résumé, les produits ou les œuvres économiques peuvent être immatériels de même que matériels; l'Économie s'occupe des uns et des autres, en tant qu'ils servent pour la satisfaction des besoins individuels; par conséquent elle est intimement liée avec tous les arts, qu'ils soient libéraux ou mécaniques, objectifs ou subjectifs.

---

[1] Estudios económicos y sociales.

[2] Vocabulario de la Economía, art. Économie.

## § 2.e — RAPPORTS DE L'ÉCONOMIE AVEC L'ANTHROPOLOGIE.

On appelle, comme nous l'avons dit, Anthropologie la science de l'organisme humain, ou de l'homme envisagé comme un tout organique. Cette science enseigne que notre nature est composée de deux éléments distincts, quoique unis par un lien mystérieux et imperceptible, âme et corps, esprit et matière.

Dans lequel de ces deux éléments réside l'activité, source et cause des phénomènes économiques?

La matière est de soi-même inerte: organisée ou non, elle obéit à des lois indépendantes d'elle; le corps humain ne peut être cause de rien; tous les faits qui s'y produisent naissent et vont terminer ailleurs; donc, il n'y pas d'activité économique exclusivement corporelle; donc l'activité économique, le travail économique, est et ne peut qu'être essentiellement spirituel. Le travail du maçon, celui du colporteur, la tâche la plus rude et la plus musculaire, demandent l'intervention de l'esprit, et la preuve en est qu'ils ne sauraient être exécutés par aucune créature non intelligente.

«Le travail, dit Wolowsky [1], est fils de la pensée: rien ne surgit au dehors sans avoir été d'abord conçu dans l'esprit; la main n'exécute que ses commandements, et l'œuvre est plus ou moins réussie, plus ou moins belle, plus ou moins utile, suivant que l'intelligence est plus ou moins active, plus ou moins développée.»

Mais l'esprit n'agit pas par lui-même; il opère avec le corps et par le corps, qui est dans l'homme un instrument nécessaire; partant l'activité économique, quoique spiri-

---

[1] Préface à la traduction française des Principes d'Économie politique de Roscher, § IV.

tuelle dans son essence, doit avoir quelque chose de corporelle; et en effet, on ne conçoit aucun travail de ce genre où le corps n'intervienne, si peu que ce soit, pas même celui de la méditation, qui ne se révèle par aucun mouvement extérieur, car ce travail ne saurait s'effectuer sans le concours du cerveau.

Il en est de même du bien économique, du bien individuel, ou développement de la nature humaine en elle-même: il participe du double caractère de celle-ci et doit être à la fois spirituel et corporel, ou se rapporter en même temps au corps et à l'esprit. Il n'y a pas de bien du corps qui ne touche plus ou moins à l'esprit, car tout développement du premier réagit naturellement sur le second; mais il y a des biens de l'esprit qui n'affectent pas le corps, au moins d'une manière directe et immédiate, comme la gloire, la vertu, le savoir: ces biens, par eux-mêmes, ne sont pas économiques, et celui qui travaille pour les acquérir, sans tenir compte des avantages matériels qu'ils peuvent lui procurer, n'exerce pas économiquement son activité.

Quant aux besoins ou désirs de réaliser le bien individuel, ils se divisent d'ordinaire en corporels et spirituels, selon qu'on les éprouve directement et immédiatement dans l'un ou dans l'autre des éléments de notre organisme; mais, à dire vrai, il n'y a pas un besoin dont la satisfaction n'influe à la fois sur le bien de notre corps et sur celui de notre esprit, ou s'il en existe quelqu'un, comme le désir de la gloire ou du savoir, exclusivement spirituel, on ne doit pas l'envisager comme économique, ni regarder comme travail de cet ordre celui qui se fait pour satisfaire ce besoin.

L'Anthropologie nous révèle d'ailleurs qu'entre l'âme et le corps de l'homme il y a un rapport de subordination ou de dépendance, en sorte que celui-ci occupe la place inférieure et celle-là la plus élevée, le corps n'étant, comme nous l'avons déjà dit, qu'un instrument de l'esprit. Partant, le travail économique, le bien économique, les besoins économiques, quoique spirituels et corporels à la fois, seront d'autant plus économiques qu'ils soient plus spirituels ou animiques, ou qu'ils affectent plus l'âme que le corps [1].

Oui, ce ne sont pas les plus nobles ni les plus sublimes, aux yeux de l'Économie, quoi qu'en disent ses détracteurs, les besoins dénominés corporels ou physiques, mais ceux qu'on nomme intellectuels et affectifs; et la seule chose qu'à ce propos soutiennent les économistes c'est que d'ordinaire les premiers prennent le dessus sur les seconds, et qu'avant de penser, avant d'aimer le bien et la beauté, il faut vivre, quoique ce ne soit que d'une manière physiologique, c'est-à-dire avec une vie exclusivement animale et partant incomplète.

Ce ne sont pas seulement des travailleurs, dans le sens économique du mot, comme plusieurs l'imaginent, ceux qui exécutent les tâches les plus mécaniques ou les plus corporelles de l'Industrie, tels que les artisans, les laboureurs, les ouvriers des manufactures ou des fabriques; ils ne forment pas à eux seuls les classes laborieuses, comme le supposent les socialistes ou pseudo-économistes, qui se font l'écho des préjugés vulgaires, pour les flatter et les exploiter.

A ces classes appartiennent tous ceux qui travaillent, tous ceux qui exercent pour leur propre bien leur activité, soit qu'ils s'adonnent aux arts mécaniques, qui exigent l'intervention du corps plus que celle de l'esprit, soit qu'ils se consacrent aux professions scientifiques, qui demandent l'action de l'esprit plus que celle du corps.

Ce n'est pas le travail le plus corporel, le travail fait par les ouvriers, celui qui contribue davantage au but économique, à la réalisation du bien individuel, et partant à l'acquisition des biens économiques ou à la production de la richesse, mais le plus spirituel ou animique, celui qu'exécutent les savants, les artistes, les professeurs de toutes les sciences et des arts libéraux.

---

[1] Channing l'a dit: "Plus on met d'*esprit* dans son œuvre, mieux elle vaut."

Moins corporel est le travail, moins de fatigue musculaire il exige, mieux le but économique se réalise, plus grand est le bien-être acquis, plus facile et plus abondante la production de la richesse; partant, les outils, les instruments, les machines, les appareils, les méthodes, les procédés, toutes ces choses qu'on appelle *capital* dans le langage économique et qui remplacent l'effort de nos muscles, en faisant plus supportables et moins fatigantes les tâches de l'Industrie, loin d'être dommageables, c'est-à-dire anti-économiques, pour les travailleurs, elles leur sont très avantageuses ou économiques, et il est dans leur intérêt qu'elles augmentent et se perfectionnent, au lieu de les détruire ou d'empêcher leur propagation et leurs progrès.

Voilà comment l'Économie se rattache à l'Anthropologie; voilà le caractère anthropologique des phénomènes économiques.

## § 3.e—RAPPORTS DE L'ÉCONOMIE AVEC LA PSYCHOLOGIE.

Mais ces phénomènes sont aussi psychologiques, car ils consistent en actes, et l'activité constitue un des attributs de l'esprit, dont s'occupe la Psychologie. En effet, d'après cette science, l'esprit humain possède trois attributs ou trois fonctions distinctes; la pensée, qu'on appelle aussi intelligence, raison ou réflexion; le sentiment, qu'on nomme aussi sensibilité et qui est la source de nos affections ou nos passions; et la volonté, qui prend le nom d'activité lorsqu'elle est en exercice ou en état actif, et qui a la propriété d'être spontanée, autonome ou indépendante de toute cause ou force étrangère à elle-même. Par conséquent, tous les phénomènes économiques doivent être à la fois spontanés, rationnels et sensibles ou affectifs, car s'ils étaient dépourvus de quelqu'une de ces conditions, ils ne seraient pas spirituels, ou propres de l'activité de notre esprit. Ainsi le travail des animaux, qui n'ont ni raison ni spontanéité, ne doit pas être regardé comme économique. Ce caractère manque aussi dans tous les actes que l'homme fait lorsqu'il pense ou se meut automatiquement, c'est-à-dire sans se rendre compte de ses idées ni de ses sentiments, car ces actes ne sont pas spontanés ni rationnels. Pour que le travail soit vraîment économique, il faut qu'il soit entrepris spontanément, c'est-à-dire sans aucune pression extérieure, et exécuté avec intelligence, avec connaissance de l'objet et avec affection ou amour. Ce travail, ainsi entrepris et exécuté, constitue le vrai travail artistique, car ses œuvres portent l'empreinte de l'art, qui exige le concours de la raison et du sentiment pour produire la beauté.

On dira, peut-être, que tout travail répugne naturellement à l'homme, et partant qu'un travail économique, et en même temps aimable ou affectif, est tout à fait impossible. Expliquons nous: il est vrai qu'il y a dans notre nature physique, dans l'élément matériel de notre organisme, une force d'inertie, commune à toute la matière, et qui tend à l'inaction et à l'oisiveté. Mais cette force est contrariée par une autre, qui réside dans notre esprit et qui se nomme activité. Laquelle des deux est la supérieure? Peut-on poser en principe que la matière domine l'esprit et que l'activité soit vaincue par l'inertie? Non, sans doute: tout le monde reconnaît que si l'homme, comme être matériel s'incline à l'oisiveté, comme être spirituel il aime le travail, et que si celui-ci lui répugne, celle-là lui est encore plus répugnante, de telle sorte qu'elle lui produit le chagrin et l'ennui.

Aussi tous les hommes travaillent, si peu que ce soit; tous exercent leur activité, avec plus ou moins de réflexion, avec plus ou moins d'amour, plus ou moins économiquement, et personne ne passe la vie dans une oisiveté complète et absolue. On dirait donc vrai en affirmant que nous ne pouvons pas nous détacher de notre double nature spirituelle et matérielle, et qu'après avoir vécu quelque temps pour l'esprit, il nous faut vivre aussi pour le corps: de là ces alternatives de travail et de repos, d'activité et de loisir, dans lesquelles notre existence s'écoule.

D'un autre côté, si le but économique ou le bien individuel est psychologique ou spirituel, il doit porter nécessairement l'empreinte de tous les caractères de l'esprit, et naître à la fois de l'activité ou le travail, de la raison et du sentiment. En effet, les biens que l'homme acquiert sans aucun effort, ceux que lui procure la Nature, tels que l'air respirable, la lumière, la chaleur du soleil, en un mot, ceux que dans le langage scientifique on appelle *agents naturels*, ne sont pas économiques, par eux-mêmes, quoiqu'ils peuvent le devenir si l'activité humaine agit sur eux et les fait servir au bien de l'individu. On ne doit pas non plus regarder comme économique aucun bien, quoiqu'il soit individuel et dû au travail, s'il ne se réalise pas avec le concours de la raison et du sentiment. Le bien purement sensible, celui qui ne touche qu'à la sensibilité ou qui consiste dans le plaisir irréfléchi, de même que le bien purement rationnel, mais non senti ou senti avec répugnance, ne sont pas des biens économiques. Pour que le bien se réalise économiquement, il faut, non-seulement qu'il soit dû au travail et qu'il soit d'accord avec la raison, mais qu'il soit poursuivi avec amour, qu'il soit aimable et aimé. Cet amour du bien individuel ou amour de soi-même est ce qu'on appelle, comme nous l'avons dit ailleurs, *intérêt personnel*, et il n'exclut pas la bienveillance, la sympathie, l'amour de nos fils, de nos proches, de nos amis, de tous les hommes en général; partant il est parfaitement distinct de l'égoïsme qui, non content de son propre bien, voudrait lui sacrifier celui des autres. L'intérêt personnel ne consiste pas non plus dans l'amour du bien du corps, sans avoir égard à celui de l'âme, ni au contraire; il embrasse ces deux biens à la fois; autrement il ne serait pas vraîment économique ou ne devrait pas être regardé comme tel. Que les néo-économistes et les socialistes de la chaire cessent donc de condamner ce sentiment et de jeter l'anathème sur l'Économie orthodoxe, parce qu'elle ne reconnaît pas d'autre mobile de l'activité économique. Toutes ces censures révèlent un esprit peu philosophique, un étrange oubli de la Psychologie, qui sanctionne l'amour réfléchi de soi-même, comme un des plus forts sentiments du cœur humain, une fausse idée de notre nature, qui n'est pas exclusivement rationnelle, mais aussi sensible et partant intéressée à son propre bien. Bastiat était dans le vrai en désignant l'Économie sous le nom de science de l'intérêt personnel, et elle peut porter cette dénomination sans déroger ni descendre de la place élevée qu'elle occupe si dignement parmi les autres branches des connaissances humaines.

## § 4.e—RAPPORTS DE L'ÉCONOMIE AVEC L'ÉTHIQUE.

Qu'est ce que l'Éthique? L'Éthique ou Philosophie morale, qu'on appelle aussi d'ordinaire la Morale, c'est la science de tout le bien, ou du bien entier et absolu, réalisable dan la vie par toute l'activité humaine, sans distinction des objets sur lesquels elle agit, soit qu'elle s'exerce sur les choses ou sur les personnes, sur l'homme ou sur la nature physique. De sorte que les œuvres et les actions morales de l'homme peuvent être aussi bien objectives que subjectives, matérielles qu'immatérielles, extérieures qu'intérieures à notre organisme. Nous avons dit et démontré la même chose des œuvres et des actions économiques; donc, considérées en elles-mêmes et dans leurs buts immédiats, sans avoir égard aux derniers buts qu'elles poursuivent, l'activité morale et l'activité économique ne diffèrent point en quoi que ce soit.

Or, l'Étique nous apprend que l'activité morale est

libre et responsable; donc l'activité économique doit l'être aussi.

Mais en quoi consiste la liberté? On appelle en Éthique liberté ou libre arbitre la faculté que l'homme possède, plutôt que de faire, de vouloir le bien ou le mal, c'est-à-dire de se déterminer à agir dans le sens que la raison lui dicte, soit d'accord, soit contrairement au but moral, qui est, comme nous l'avons dit, le bien entier et absolu [1].

Cette liberté, purement interne, spirituelle ou subjective, suffit pour déterminer la moralité de nos actes, et toute action humaine est bonne ou mauvaise, aux yeux de la Morale, selon l'intention bonne ou mauvaise avec laquelle on ait résolu de la faire, quoiques les résultats ne répondent pas à cette intention. Ainsi l'homme qui n'est pas libre dans ses propos, qui manque de raison et ne peut pas discerner le bien du mal, ni partant se déterminer à

---

[1] Ce n'est pas ainsi-nous le savons-que plusieurs moralistes conçoivent la liberté. D'abord, ils la distinguent du libre arbitre, qu'ils définissent l'élégibilité ou faculté d'élire arbitrairement, c'est-à-dire sans aucun motif; tandis que la liberté est pour eux la faculté d'agir par nos propres déterminations, sans qu'aucune cause étrangère s'y oppose, et conformément aux lois de la raison et de la conscience. De plus, ils n'admettent que la volonté puisse jamais vouloir le mal, celui-ci étant contraire à la nature humaine, qui aime et cherche nécessairement le bien.

Mais d'un côté, le libre arbitre, tel que ces moralistes l'entendent, n'existe pas; puisque l'homme a toujours pour agir quelque motif, bon ou mauvais; et de l'autre ils méconnaissent la liberté interne ou liberté de la volition, et ne se fixent qu'à la liberté externe ou liberté de l'action. Il est vrai, du reste, que l'homme aime nécessairement le bien et répugne le mal, nous l'avons dit ailleurs; mais c'est le mal et le bien tels qu'il les comprend, tels que l'un et l'autre s'offrent à sa raison; et cette raison, ne peut-elle se tromper? Ne peut-elle prendre le bien pour le mal et vice-versa? Sans doute, et c'est ce qui arrive souvent. L'homme fait le mal par ignorance ou par passion; mais toujours est-il qu'il le fait; et s'il le fait, il est évident qu'il peut le faire, de même qu'il peut faire le bien. Or, comment apellerons-nous cette faculté d'agir bien ou mal, si nous ne l'appelons pas liberté?

faire l'un ou l'autre librement, n'est pas non plus regardé comme libre dans son activité, ni personne attribue à ses actes aucune moralité.

Il en est de même en Économie: tout acte, toute manifestation de l'activité, tout travail consacré au bien propre ou bien individuel, doit être entrepris avec une volonté libre pour qu'il soit économique; et cette condition suffit pour qu'il ait ce caractère, quoiqu'il donne un résultat faible ou nul, quoiqu'il ne parvienne pas à réaliser le but que le travailleur se propose.

Il est, toutefois, évident que la liberté interne ou subjective, la liberté de vouloir le bien ou le mal, suppose la liberté de les faire, ou liberté externe et objective; car pour la réalisation des buts de l'homme, une détermination, une résolution de la volonté, ne servirait à rien si elle ne pouvait se traduire en faits, et c'est pour cela que les actes humains, tant moraux qu'économiques, doivent, non-seulement être résolus avec liberté, mais encore exécutés librement. Lorsque nous étudierons les rapports de l'Économie avec la Science du Droit, nous aurons lieu d'exposer les conséquences qui découlent de ce fécond principe.

Pour le moment, il suffit de savoir que l'homme est libre, soit qu'il agisse moralement ou économiquement, et partant qu'il peut vouloir et même faire le bien ou le mal, comme il les fait alternativement, parfois sans le savoir, parfois en toute conscience, selon l'expression du grand poète latin:

*Video meliora, proboque, deteriora sequor,*

je vois le meilleur, je l'approuve ou je le reconnais comme tel, et je fais cependant le pire.

Mais qu'on ne croie pas pour cela qu'il est indifférent d'agir dans l'une ou dans l'autre direction; car c'est le bien, et non le mal, ce qui constitue le but moral, but nécessaire ou qu'en définitive il faut réaliser, but essentiel ou naturel à l'homme, et auquel celui-ci ne peut pas manquer sans détriment de son essence ou de sa nature, sans que tout son organisme, tant spirituel que corporel, s'en ressent et souffre et se détériore. D'un autre côté, il est une loi qui domine tous nos actes, comme elle domine l'Univers entier, loi commune au monde moral et au monde physique, loi qui forme le lien entre l'homme et le reste de la Création, et qui consiste dans le rapport qu'il y a entre la cause et l'effet. En vertu de cette loi, tout effet dépend d'une cause, et toute cause produit un effet déterminé et précis. L'activité humaine est une cause; elle doit donc produire des effets relationnés avec elle-même, bons si elle agit bien, mauvais si elle agit mal, et c'est ce qui arrive réellement. Les actions bonnes de l'homme, celles qu'il pratique d'accord avec son but ou sa destinée, lui procurent des biens, tant pour le corps que pour l'âme, bien-être moral et matériel, contentement de l'esprit et des sens; les actions mauvaises, celles qu'il exécute contrairement au même but, ne lui produisent que des maux, des souffrances et des douleurs. Un des grands poètes contemporains de l'Espagne l'a dit très-énergiquement:

*La culpa engendra la pena,*
*pena que nada detiene;*
*solo quien honra no tiene*
*puede jugar con la agena* [1].

Or, cette sanction de la liberté humaine, cette résultante inévitable de nos actes, c'est ce que l'on appelle responsabilité, et elle se révèle dans l'ordre moral par la satisfaction ou par le remords de la conscience, et dans l'ordre économique par la richesse ou par la misère.

«La conséquence de la liberté, dit Ciconne [2], c'est la responsabilité, qui est d'autant plus grande que la liberté

---

[1] La faute engendre la peine,—peine que rien n'arrête;—celui qui n'a pas d'honneur—peut seulement se faire un jeu de l'honneur des autres. (D. Adelardo Lopez de Ayala, dans sa comédie *El tejado de vidrio.*)

[2] Principi di Economia politica, livre VI. chap. III, § IV.

est plus étendue... La liberté de l'homme se manifeste dans ce qu'il fait et dans ce qu'il ne fait pas, dans l'action et dans l'abstention, et l'action et l'abstention produisent des effets qui peuvent tourner au profit ou au préjudice d'autrui, d'où il s'en suit une double responsabilité, tant pour lui-même que pour les autres. Sans doute que la seconde espèce de responsabilité se trouve en rapport avec l'Économie; mais celle qui tombe entièrement dans le domaine économique c'est la responsabilité propre ou individuelle. L'homme peut travailler ou ne pas travailler, il peut épargner ou consommer tous les produits obtenus; s'il travaille et il épargne, il s'enrichit; s'il ne travaille pas et il consomme, il s'appauvrit; la richesse et la misère sont la récompense et la peine, la sanction économique. »

L'homme est responsable de toutes ses actions, tant morales qu'économiques, librement pratiquées, et sous ce point de vue, l'Éthique ne diffère pas non plus de l'Économie.

Mais ce n'est pas l'étendue de l'activité, ce n'est pas la sphère où elle agit, ce qui distingue nos actes ou en détermine la nature, mais le but vers lequel ces actes se dirigent; car, quoiqu'il n'y ait réellement qu'un but humain, on envisage ce but, comme nous l'avons dit, sous des aspects divers, et on considère scientifiquement ou par abstraction plusieurs buts, entre autres le but moral et le but économique. Le premier consiste dans le bien entier et absolu de l'homme, dans le développement de la nature humaine, non seulement en elle-même, mais encore dans l'ensemble de ses rapports avec Dieu, avec l'Humanité et avec le monde physique; le second dans le bien de l'individu, ou le développement de notre nature individuelle, sans avoir égard aux rapports qui la lient avec les autres êtres. Par conséquent, l'activité économique, tout en agissant, comme l'activité morale, sur tous les objets de l'Univers, et étant douée comme elle de liberté et de responsabilité, n'embrasse pas tous les buts de la vie; d'où il résulte que ces deux activités, quoique elles aient la même source, l'esprit humain, qui est celle de l'une et de l'autre, le même point de départ, la création entière, la même direction ou tendance, le bien de l'homme, diffèrent cependant dans leur portée ou leur intensité, plus grande dans la première que dans la seconde. L'activité économique est aussi étendue, mais beaucoup moins intense, que l'activité morale.

Tous les actes humains, et partant les actes économiques, tombent sous le domaine de la Morale, parce qu'ils doivent avoir un but, et que la Morale embrasse tous les buts de la vie. Sous ce point de vue, l'Économie, qui examine seulement un but partiel, est subordonnée à l'Éthique, et il n'y a pas de phénomène économique qui ne soit avant tout et surtout moral.

Ainsi le bien de l'individu doit être d'accord avec le bien entier et absolu, et il l'est, en effet, d'une manière essentielle ou permanente, en vertu de notre nature harmonique. Mais historiquement, ou par accident, ces deux biens peuvent se trouver en opposition, et alors on doit sacrifier le premier au second, d'après la loi de subordination qui régit tous les êtres de l'Univers.

Tous les économistes orthodoxes, absolument tous, sont d'accord sur cela; aucun d'eux ne proclame la supériorité des biens économiques sur les biens moraux; aucun ne préfère les jouissances que procure la richesse à la pratique de la vertu, de la piété et de la justice; aucun ne prétend, comme le suppose l'auteur espagnol Mr. Piernas y Hurtado, dans un de ses plus brillants écrits[1], que dans les actes de production et de consommation l'intention de la personne est indifférente, «mettant ainsi, dit-il, les principes économiques au service du mal comme du bien, et les livrant à la merci des propos les plus irrationnels.»

---

[1] Appendice à la deuxième édition de notre Traité d'Économie politique, § 1.

Cette dernière assertion, surtout, proférée par un écrivain si remarquable, demandait sans doute une demonstration, et comme Mr. Piernas ne la donne pas, nous nous croyons en mesure, malgré notre grande estime pour lui, de récuser respectueusement son témoignage.

Il n'y a donc pas lieu, comme le prétendent les socialistes de la chaire, à introduire dans l'Économie ce qu'ils appellent l'*élément éthique*, qui est déjà introduit dans cette science, de telle sorte qu'il en informe toutes les doctrines, et assurément aucun d'eux, malgré leur sensiblerie pour les classes prolétaires, ne moralise dans ses écrits autant qu'Adam Smith, J.-B. Say, Th. Chalmers, Rossi, Bastiat, Rapet, Dunoyer, Baudrillart, Minghetti, Dameth et tous les économistes orthodoxes, sans en excepter Malthus, Ricardo et Jhon Stuart Mill, contre lesquels ils renouvellent, avec plus de courtoisie peut-être, mais avec moins de dialectique, les attaques de Proudhon et des autres socialistes démagogues.

Mais le grand péché moral de l'Économie, aux yeux de ces sectaires et des néo-économistes, qui se rangent parfois de leur côté, c'est de donner pour mobile unique aux actes économiques l'intérêt personnel. L'intérêt personnel, s'écrient-ils, sentiment abject et sordide pour tout le monde, puisqu'on appelle, avec mépris, *intéressé* celui qui exagère l'importance de ce mobile [1]. C'est-à-dire que dans la langue vulgaire on désigne souvent avec le même mot l'intérêt personnel et ses excès ou ses égarements. Mais est-ce la faute de l'Économie? Doit-elle être responsable des idées de la foule? Est-ce le vulgaire qui illustre et informe la science, ou la science qui enseigne et donne des leçons au vulgaire?

C'est que l'intérêt personnel, ajoutent nos contradicteurs, livré à lui-même et pris comme critérium de conduite, dégénère en égoïsme, qui est la negation du bien d'au-

---

[1] Piernas.—Vocabulario de la Economia, art. Interêt personnel.

trui [1]. Mais, est-il un seul économiste qui s'inspire dans ces idées? A quoi sert l'Économie si ce n'est à guider l'intérêt personnel à la lumière de la raison, qui est celle des principes économiques? Et guidé de cette façon, illuminé par la Morale, la Psychologie et l'Anthropologie, d'où découlent ces principes, comment pourrait-il dégénérer en égoïsme? Cela arrivera sans doute s'il est irrationnel ou irréfléchi, s'il n'obéit pas aux préceptes moraux, psychologiques et anthropologiques; mais alors il ne sera plus le véritable intérêt personnel, il ne sera pas un mobile économique, mais anti-économique, et on devra imputer sa dégénération, non pas à la science, mais au même intéressé, c'est-à-dire à l'homme, qui a fermé l'oreille à la voix et qui agit contrairement aux conseils de l'Économie.

«Ce sentiment, dit Ciconne [2], comme toutes les facultés humaines, guidé par la raison et la vertu, est la source des actions honnêtes et utiles; égaré par la passion ou le vice, il ne produit que des actions condamnables et criminelles. Et l'amour-propre s'écarte du droit chemin par erreur ou par malice, soit que l'homme, trompé par de fausses apparences, tombe dans le mal en cherchant le bien, soit qu'instigué par la passion, il cherche le bien propre dans le mal d'autrui. Mais parce que l'amour de soi-même, par erreur ou par malice, soit cause de malheurs et de crimes, ¿peut-on justifier la prétention des socialistes, qui le regardent comme la source de tous les désordres sociaux et qui voudraient le remplacer par le sentiment de l'abnégation, de la fraternité, de l'humanité? Ne serait-ce pas la même chose que demander l'abolition du feu, parce qu'il produit parfois des brûlures et des incendies, pour lui substituer la chaleur du soleil, que l'on ne peut pas toujours avoir ni au degré voulu? Les dévia-

[1] Le même.—Ibidem.

[2] Principi di Economia politica, livre VI, chap. IV, § 5.

tions de l'amour-propre qui proviennent de l'erreur se corrigent par la connaissance et la diffusion de la vérité; celles qui proviennent de la malice sont réprimées ou punies par la justice publique; mais l'amour-propre et l'intérêt privé, guidés par les principes de la Morale et du Droit, seront toujours le mobile naturel et nécessaire des actions humaines, la source du progrès et de la richesse nationale. »

Ce qu'il ya de plus curieux à ce sujet c'est que, tout en refusant d'admettre l'intérêt personnel comme le mobile de l'activité économique, parce qu'il peut s'égarer et qu'il s'égare souvent en effet, raison qui, étant valable, suffirait pour proscrire tous les sentiments humains, on prétend que ce même intérêt personnel est un aspect de toute espèce de biens, et qu'il agit avec la même intensité dans toutes les sphères de la vie; car, dit-on, si l'homme est intéressé à l'accomplissement du but économique, il ne l'est pas moins à chercher, par exemple, celui de son but religieux ou scientifique, et la langue vulgaire le reconnaît ainsi en affirmant l'existence d'*intérêts religieux, moraux, politiques*, etc., etc. [1]. Encore la langue vulgaire! On invoque encore une fois l'autorité du vulgaire contre la science! L'argument, cependant, n'a pas plus de valeur que la source même d'où il provient. C'est à peu près comme si on disait: le mouvement constitue un aspect de toute la Création, et partant il ne saurait pas être exclusivement un objet d'étude pour le naturaliste; car s'il y a un mouvement de la matière ou des corps, on parle aussi des mouvements de l'esprit, d'un mouvement des idées, d'un mouvement des intérêts, d'un mouvement économique, religieux, politique, philosophique, etc., etc. Peut-on imaginer une doctrine moins scientifique? Qui ne sait que dans la langue vulgaire on donne souvent à un même mot des significations différentes, et qu'il y en a plusieurs

---

[1] Piernas, Vocabulario de la Economía, art. Économie.

qui ont un sens droit, grammatical ou éthimologique, et un autre sens réthorique ou figuré? On dit intérêts religieux, moraux, politiques, etc., parce que la Religion, la Morale, la Politique affectent aussi ou excitent l'intérêt personnel ou l'amour du bien propre, et ils y exercent une influence, soit immédiate et directe, soit indirecte ou médiate, de même que l'Art, l'Industrie et toutes les institutions de la Société et même les êtres de la Nature. Mais, est-ce le langage de la science? Fera-t-on un reproche au physicien de ce qu'il ne découvre que vélocité dans le mouvement et calorique dans la température des corps, tandis que le vulgaire trouve lenteur dans le premier et froid dans la seconde? Dira-t-on que l'astronome est dans l'erreur parce qu'il ne voit pas tourner le soleil de l'Orient à l'Occident, tandis que le vulgaire croit le voir évidemment?

¿D'un autre côté, comment peut-on blâmer, comme égoïste, l'intérêt personnel et l'admettre en même temps comme le mobile de tous les actes humains, en affirmant que tous les biens nous *intéressent?* [1] ¿Serait-ce qu'au fond de toutes nos actions il y ait un germe d'égoïsme? Non, sans doute: l'homme n'est pas si dépravé ni si avili qu'il agisse toujours au détriment du bien d'autrui, ni même au profit exclusif de son bien; l'Économie n'informe pas toute l'activité, ni toutes les œuvres de l'homme sont nécessairement économiques. Il y en a plusieurs, comme dit très-bien Mr. Piernas, et avec lui tous les philosophes, qui exigent le sacrifice du bien-être individuel, et celles-ci sont précisément celles qui ont la plus grande valeur, et qui atteignent la plus haute récompense. Mais, s'en suit-il que les autres, les actions intéressées, n'aient aucun mérite, ou qu'elles soient immorales et indignes de toute estime? Point du tout: «aime ton prochain comme toi-même» est un precepte de la loi divine, et l'Église catholique nous

[1] Piernas.—Loco citato.

dit que «la charité bien ordonnée doit commencer par soi-même,» de sorte que l'intérêt personnel, *l'amour de soi-même*, est non-seulement un mobile économique, mais encore un mobile moral, et il ne peut que l'être pour avoir le caractère économique.

Quelques moralistes s'écrient ici: non, le mobile moral est le devoir et seulement le devoir; l'homme doit faire tout le bien qu'il pourra faire *sans aucun mélange de vues sensibles ou personnelles;* d'où il s'en suivrait que l'Économie est en contradiction avec l'Éthique, car, tandis que celle-ci prêche l'abnégation, le sacrifice, le détachement des biens de la terre, celle-là enseigne que l'homme ne doit travailler que pour la paye et elle exige que tous les services soient rémunérés. Mais, d'abord, est-il vrai que la Morale prêche, comme règle de conduite, l'abnégation et le sacrifice? Non, ceci c'est l'ascétisme, déviation ou exagération du sentiment chrétien, qui dans les premiers siècles de l'Église, dans le Moyen âge et même de nos temps, a enfanté tant d'anachorètes et d'érémithes, consacrés à une vie contemplative, au jeûne et à la pénitence. Ceci c'est le Boudhisme, qui dans l'Inde a poussé et pousse encore tant de fanatiques à se laisser écraser sous les roues du char où l'on porte en triomphe la divinité cruelle qu'ils adorent. La véritable Morale, la Morale du Christ, celle qu'ont embrassée et que pratiquent tous les peuples policés, ne prêche que l'honnêteté, la bienveillance, la vertu, l'exercice de l'activité, le travail qui donne le bien-être, tant spirituel que corporel, de l'homme, la culture du corps et de l'esprit, pour développer harmoniquement l'un et l'autre, et pour atteindre le bien, non-seulement de l'individu, mais de l'Humanité entière. Cette Morale condamne certainement, comme dit Mighetti, l'idolatrie des biens finis, périssables, «par la raison que ces biens, s'ils sont regardés avec un amour excessif, nous détournent de la fin plus élevée, proposée à l'exercice de la vertu, et qu'en outre ils sont incapables de satisfaire le cœur humain, qui ne s'appaise que dans l'infini, l'impérissable»[1]. Mais elle condamne aussi toute mortification corporelle, inutile pour notre bien, comme inhumaine ou contraire au but de l'homme; elle n'exige le sacrifice des biens économiques, matériels ou immatériels, qu'autant qu'il soit tout à fait nécessaire pour l'accomplissement de ce même but, c'est-à-dire pour réaliser le bien total et absolu, auquel tous les autres buts ou biens de la vie sont subordonnés.

«Satisfaire nos besoins physiques, écrit Mr. Azcárate[2], soigner, fortifier et conserver le corps en santé, pour son propre bien et pour celui de l'esprit, c'est, non-seulement une chose licite, mais un devoir sacré et indéclinable, que nous devons remplir comme des êtres rationnels, c'est-à-dire en subordonnant le bien corporel à celui de toute notre nature, dans laquelle le corps s'harmonise avec l'esprit; puisque le corps, rationnellement régi, n'est pas l'ennemi de l'âme, et il n'y a pas besoin qu'il se révolte contre la volonté de Dieu, pour que l'un et l'autre vivent en paix et en repos.»

Il est donc absurde de proscrire l'Économie, sous prétexte de servir à la Morale, et la Religion même approuve et sanctifie tout ce qui contribue à améliorer le sort de l'Humanité.

D'ailleurs, on ne peut pas admettre que le devoir soit le mobile moral, comme quelques philosophes l'affirment: le devoir n'est mobile de rien; le devoir est simplement l'accomplissement du bien, la réalisation du but de l'homme, but nécessaire, ou qui se réalise nécessairement, et qui par cela même reçoit le nom de *devoir*. On *doit*, en effet, réaliser le but moral, qui est le bien entier et absolu, comme on *doit* aussi réaliser le but économique, qui consiste dans le bien individuel, de même que tous les autres biens ou buts partiels de l'homme, qui sont tous né-

---

[1] Rapports de l'Économie publique avec la Morale et le Droit, livre III.
[2] Estudios económicos y sociales.

cessaires, c'est-à-dire essentiels à notre nature. S'ils ne se réalisaient pas, celle-ci cesserait d'être, dans l'acception philosophique du mot, elle ne serait ou ne subsisterait pas essentiellement, d'une manière essentielle ou conforme à elle-même. Sous ce rapport, l'intérêt personnel, l'amour du bien propre, est aussi un devoir, et c'est ainsi que le précepte divin l'envisage en ordonnant à l'homme qu'il aime son prochain comme soi-même.

Mais si le devoir n'est pas mobile de l'activité, mais accomplissement nécessaire du but de l'homme et loi suprême et générale de la vie, quel est le mobile des actes purement moraux? D'après les philosophes ci-dessus indiqués, on peut dire que ces actes n'ont pas de mobile; car ce qui met en mouvement, ce qui stimule notre activité à faire le bien, c'est le sentiment actif, la sensibilité, l'amour du même bien, et ils soutiennent, comme nous l'avons dit, que l'homme doit faire tout le bien qu'il pourra, *seulement parce que c'est un bien, sans aucun mélange de vues sensibles ou personnelles*. Mais ceci n'est pas la Morale chrétienne, c'est la Morale de Socrate, c'est le stoïcisme, qui méconnait ou méprise le sentiment, et qui affecte devant le bien comme devant le mal une insensibilité absolue.

En effet, la nature grecque, dit Minghetti, vive, polie, laborieuse, adonnée aux arts et à la politique, eut aussi ses théories raffinées. «Tout en ménageant certains mythes et cérémonies qui s'enseignaient dans les mystères, les stoïciens placèrent le bien-être suprême et la grandeur humaine dans une espèce d'impassibilité et dans une attente calme de la mort. Et ayant séparé la raison de toutes les autres facultés, et annulant et méprisant les autres, pour exalter seulement celle-ci, ils en vinrent à opposer entre elles la vertu et l'utilité comme ennemies, et à établir la maxime *abstine et sustine* comme règle de la vie. Noble devise qui enseigne à combattre les passions,

---

[1] Rapports de l'Économie publique avec la Morale et le Droit, livre III.

source de magnanimité et de fermeté, exemple sublime au milieu de la société corrompue, mais, en raison de sa sublimité même, ne pouvant devenir d'une pratique universelle, et qui, dénuée qu'elle était d'une espérance de récompense future, aboutit finalement à l'orgueil et à l'égoïsme.»

La Morale du Christ est bien différente de celle-ci. Le Christianisme consacre le sentiment, et l'exalte même jusqu'au mysticisme, donnant lieu aux extases de Sainte Thérèse de Jésus et inspirant à Saint François Xavier ces vers sublimes:

*No me mueve, mi Dios, para quererte*
*el Cielo que me tienes prometido,*
*ni me mueve el Infierno tan temido*
*para dejar por eso de ofenderte.*
.................................
*Muéveme, en fin, tu amor de tal manera*
*que, aunque no hubiera Cielo, yo te amara,*
*y aunque no hubiera Infierno, te temiera* [1],

où le Saint est très-loin d'affirmer qu'il n'ait dans sa pieuse conduite, dans tous les actes de sa vie béatifique, aucun mobile ni sentiment, mais que ce mobile n'est pas l'espoir de sa gloire éternelle ni la crainte de son éternelle condamnation, que c'est seulement l'amour de Dieu qu'il proclame, l'amour du bien suprême et infini. De sorte qu'on ne peut pas dire que l'homme fait le bien pour le bien, sans aucun mélange de vues sensibles ou personnelles, même dans la sainteté; puisque, dans cet état, qu'on peut qualifier de presque surhumain, ou au moins de mi-

[1] Oh mon Dieu, ce n'est pas le Ciel que tu m'as promis qui m'excite à t'aimer; l'Enfer si redouté ne m'incline pas à ne point t'offenser..... c'est ton amour qui m'excite de telle manière que je t'aimerais quand même il n'y aurait pas de Ciel, et je te craindrais lors même qu'il n'y aurait pas d'Enfer.

raculeux et de préternaturel, l'homme est sensible au bien et il le cherche avec anxiété, et il l'aime de tout son cœur, quoique ce soit avec un amour beaucoup plus élevé et plus pur, dans son objet, que tous les autres amours de la terre.

Et comment pourrait-il en être autrement? Est-il possible de proscrire d'aucun des actes de la vie le sentiment, et de ne pas admettre d'autre activité humaine que l'activité purement rationnelle ou réfléchie? Cela serait mutiler l'homme, lui ôter un des éléments constitutifs de sa nature, l'élément sensible, le dénaturaliser et en faire un être inhumain, une statue intelligente, la statue de l'indifférentisme. Et alors, comment réaliserait-il son but, ni quel mérite aurait-il à le réaliser? Conçoit-on un homme bon, seulement par réflexion, c'est-à-dire, seulement parce que sa raison lui dit qu'il doit l'être, mais sans amour, sans désir du bien, froid, insensible devant celui-ci? Non, ce ne serait pas l'homme, même en supposant qu'une semblable créature pourrait exister; ce ne serait pas l'homme que la Religion nous montre comme modèle; ce ne serait pas le Christ, type sublime de l'Humanité, exemple unique de tous les hommes. Le Christ se plait dans la compagnie des pauvres et des humbles; il fuit avec horreur les Scribes et les Pharisiens; il aime le bien et déteste le mal, il jouit et souffre, et Homme-Dieu, il ne se place jamais au-dessus de sa nature humaine, de sa nature sensible; au contraire, il meurt, quoi qu'en dise Rousseau [1], non comme un Dieu, mais comme un homme, au milieu des tourments et des angoisses propres de l'Humanité, sentant les horreurs de la mort et s'écriant, selon les Écritures: «Mon Dieu, mon Dieu, pourquoi m'avez-vous abandonné?»

L'amour du bien suprême, du bien entier et absolu, et

---

[1] Si la mort de Socrates fut celle d'un juste, la mort de Jésuchrist fut celle d'un Dieu.

non le devoir, voilà donc le mobile de l'activité morale, comme l'amour du bien individuel, l'intérêt personnel, ou amour de soi-même, est le mobile de l'activité économique. Que l'un et l'autre doivent être rationnels, ou conformes à la raison, ça va sans dire, puisqu'autrement ils ne seraient plus humains. Que le seconde, le mobile économique, doit se subordonner au premier, au mobile moral, c'est encore évident, puisqu'autrement il deviendrait de l'égoïsme.

La Morale informe, donc, toute l'Économie, c'est-à-dire toute l'activité économique, non-seulement considérée en elle-même, mais encore dans son but et dans son mobile, et c'est pour cela que cette science exige avant tout et surtout moralité dans la production, moralité dans la distribution, moralité dans l'échange, moralité dans la consommation, et c'est pour cela qu'elle prêche à l'ouvrier la probité dans le travail, à l'entrepreneur l'équité dans les rétributions, au négociant la bonne foi, source et fondement du crédit, et à tout le monde la prudence dans les dépenses, la prévision, l'épargne, la continence, l'union et l'harmonie, en condamnant également les antagonismes industriels, le désordre dans les mœurs, la prodigalité et l'avarice.

Du point de vue de l'ordre universel, dit Baudrillart [1], c'est un bien que de s'aimer soi-même. Le mal est de s'aimer *seulement* soi-même. Une critique passionnée confond sans raison l'intérêt personnel avec l'égoïsme. Nous avons le droit de nous aimer, mais *selon* l'ordre, pas *contre* l'ordre.

«Si quelquefois, dit aussi Madrazo [2], l'utilité personnelle s'oppose à l'accomplissement du devoir, celle-là doit se subordonner à celui-ci, de même que les mauvais instincts et les désirs injustes se subordonnent à la raison et au sentiment impérieux du bien.»

---

[1] Manuel d'Économie politique.

[2] Lecciones de Economía política. — Deuxième leçon. § VI.

«Nous ne voulons pas dire, écrit l'économiste portugais Gomez [1], que dans l'intérêt personnel la raison n'intervienne pas. Mais ce que nous remarquons c'est que l'intérêt se met souvent au service des passions. En cas d'opposition entre ce que la raison prescrit et ce que l'intérêt personnel exige, c'est la Morale qui décide.»

«Il y a entre l'utile et l'honnête, remarque très-judicieusement Minghetti [2], une différence essentielle; et si parfois ils se trouvent en conflit, l'honnête doit en pareil cas prévaloir sur l'utile, le devoir l'emporter sur l'affection, la raison et la vertu triompher des appétits et des passions.»

«L'Économie politique, dit J. Garnier [3], part de ce fait naturel et incontestable, que l'intérêt personnel et individuel est le moteur universel et permanent de l'activité individuelle et sociale; mais elle n'exclut pas les autres mobiles, le devoir inspiré par la conscience, la bienveillance, la sympathie, la pitié.»

»Cette philosophie en matière de fait, dit aussi Wolowsky [4], en parlant de l'Économie, *matter of fact*, comme la nomment les Anglais, qui, suivant le précepte de Bacon, cherche à améliorer les conditions de la vie, n'oublie pas que la source la plus féconde du développement matériel est dans le développement intellectuel; elle reconnaît humblement qu'elle n'est pas *l'aînée de la maison*, et puise dans cet aveu une force nouvelle. Du moment où c'est l'esprit *qui produit* et qui gouverne le monde, le perfectionnement intellectuel et moral devient à la fois la cause et l'effet du progrès matériel: *Cherchez le royaume de Dieu et sa justice; le reste vous sera donné par surcroît*. L'acroisse-

---

[1] Ensayo sobre la teoría de la Economía política.

[2] Des rapports de l'Économie publique avec la Morale et le Droit, livre III.

[3] Traité d'Économie politique.—Notes complémentaires, VI.

[4] Préface à la traduction française des Principes d'Économie politique de Roscher, §§ IV et XI.

ment de la production apparaît alors comme un levier d'élévation morale [1]; c'est l'énergie de l'âme, ce sont les lumières de l'esprit, ce sont les mâles vertus qui forment la source première de la richesse des nations, qui la créent, la développent et la maintiennent. Elle grandit, décline et disparaît avec ces nobles attributs de l'âme.» Et ailleurs: «Il n'y a plus de sécurité stable pour le monde que dans le contentement des âmes: il n'y a plus de repos que si chacun comprend les conditions de sa destinée, que si, au lieu de courir, toujours insatiable et jamais assouvi, après la coupe enivrante des jouissances matérielles (car les besoins qui ne sont pas réglés par le cœur et par l'intelligence sont infinis; chaque besoin satisfait fait naître un besoin nouveau), on se plie à la loi du sacrifice, et si l'on exerce la plus noble des facultés dont le Créateur nous ait doté, l'empire moral! Nous rencontrerons dans ce sentier rude à gravir, non-seulement la joie de l'âme, mais aussi des biens plus réels et plus nombreux que ceux que les séductions de l'erreur font miroiter devant nos yeux. Les plus grands obstacles à vaincre, ce ne sont pas les difficultés matérielles, ce sont les difficultés morales. *Celui qui vous dira que vous pouvez réussir autrement que par le travail et par l'économie, ne l'écoutez pas, c'est un empoisonneur* [2]. Or, le travail est d'autant plus fécond qu'il est plus intelligent, que l'esprit marche mieux avec la main, que de bonnes habitudes morales créent l'ordre et la discipline volontaire.» Et plus loin: «Ces principes suprêmes de l'Économie découlent de la loi morale, et ils n'ont pas, Dieu merci, à redouter le contrôle des faits, car la prospérité des nations tient au respect dont on les entoure et aux garanties qui les protégent. Nous venons de nommer la *loi morale*; en effet, à notre sens, il est impossible de la bannir de l'Économie politique: tout point de vue contraire nous sem-

---

[1] Channing.
[2] Franklin.

ble trop étroit, et quand nous voyons des hommes éminents s'égarer à la poursuite d'un idéal qui ne tient aucun compte de l'âme humaine, et qui ne rencontre que des équations là où il y a des idées et des sentiments, nous ne pouvons pas nous empêcher de penser qu'ils sont infidèles à la pensée du fondateur de la science, d'Adam Smith.»

«Adam Smith, dit Cousin [1], est le *philosophe de la sympathie*. Sa théorie triomphe du lâche et honteux égoïsme qui concentre le vie morale de l'individu en lui-même et le sépare de la société du genre humain, et de ce stoïcisme outré qui refuse à la raison le secours du sentiment.»

«Suivant lui, ajoute Wolwsky [2], la loi de la morale privée est la sympathie; la loi de la jurisprudence naturelle, la justice; la loi de la formation de la richesse, le *travail libre*. Mais s'il a énergiquement défendu ce principe, il ne s'est pas rendu coupable d'une véritable palinodie, en adorant l'idole qu'il venait de renverser; il aurait commis la plus étrange contradiction s'il avait fait du vice qu'il venait de flétrir le pivot même d'une autre partie de son enseignement.»

«Le sentiment du devoir, déclare Dameth [3], conservera un nécessaire empire sur les mobiles irrationnels de notre nature, et même sur l'intérêt, quelque légitimes que semblent ses exigences.» Et encore: «L'Économie révèle à la conscience les lois du bien, dans l'immense domaine des intérêts, et donne à ceux-ci le principe moral pour moteur souverain et pour guide.» Et ailleurs: «Du point de vue des affaires, celui qui avant tout se met d'accord avec sa conscience procure à la société, quelle que soit la place qu'il occupe, un agent infiniment plus productif que celui

[1] Cours de Philosophie moderne, leçons 16, 17 y 18.

[2] Préface à la traduction française des Principes d'Économie politique de Roscher, § XII.

[3] Le juste et l'utile.

qui met par dessus tout l'idée du profit: *omnia post nummos.*» Ainsi donc, conclut-il, «en prenant avant tout sa conscience pour guide, le marchand aura choisi le meilleur chemin dans le sens de son intérêt.»

Dernièrement, et pour ne pas fatiguer le lecteur avec d'autres citations, quoiqu'on pourrait en remplir plusieurs volumes, Dunoyer[1] démontre par de nombreux exemples que le développement de l'Industrie dépend des bonnes mœurs et des habitudes morales, autant que des éléments économiques.

Veut-on plus de moralité dans l'Économie? Faut-il d'autres preuves pour savoir que cette science porte dans ses entrailles l'*élément éthique*, que les néo-économistes lui refusent et que prétendent y introduire, en la méconnaissant ou en la calomniant?

Oui, l'Économie reconnaît qu'il n'y a pas d'activité économique, ni de but économique, ni de mobile économique sans moralité. Les économistes orthodoxes déclarent et proclament que la Morale concourt puissamment à la production de la richesse et au bien-être ou bien individuel de tous les hommes; encore plus, que ce bien n'est aucunement réalisable sans le secours de l'Éthique; mais ils ont aussi la prétention de croire que l'Économie sert parfaitement aux fins morales, et que sans elle on ne saurait espérer une moralité complète et absolue. Quoi donc! les hommes pourraient-ils vivre honnêtement dans l'oisiveté et dans la misère? Est-ce que la faim n'est pas la conseillère du crime et la fainéantise la source de la dépravation et du vice? Est-ce que l'éducation, la culture, la moralisation de l'esprit, n'exigent pas des temples, des écoles, des livres, des articles de subsistance, que le travail économique peut seulement procurer? Est-ce que la richesse n'est pas nécessaire pour l'aumône, pour la protection de nos semblables, en un mot, pour la pratique de la charité, qui est

---

[1] De la liberté du travail.

la plus grande de toutes les vertus? Est-ce, enfin, que le travail économique n'est pas le meilleur moyen pour dompter les passions et partant pour moraliser les peuples et les individus?

«Quand l'homme, dit Gioberti [1], dépense toute sa journée en occupations utiles, ne prenant de loisir qu'autant qu'il en faut absolument pour pouvoir endurer les fatigues, et cherchant à rendre profitable la récréation elle-même; quand il s'accoutume à ne pas perdre un seul instant, à éviter que les pensées errent dans le vague, au lieu de se rassembler et concentrer sur un seul but, la nature n'a pas le temps de se débrider et de le solliciter trop vivement aux jouissances défendues; et si parfois elle s'éveille, il n'est pas besoin d'une force herculéenne pour la réfréner, parce que, passé l'âge le plus ardent, l'habitude devient nature. La nuit, qui est mère du vice pour les hommes oisifs, ne suggère pas de mauvais désirs à l'homme laborieux, qui la voit venir comme l'heure d'un repos nécesaire au corps et doux à l'esprit. En songeant au bien qu'il a fait dans le jour qui finit, à celui qu'il fera demain, il s'endort consolé et tranquille dans les bras de l'innocence. Et si à la fatigue du corps se joint l'usage de jouir des nobles plaisirs de l'esprit (usage qu'une bonne éducation peut rendre accessible, même à la classe inférieure) la sensualité vient à avoir autant moins d'empire; parce que les jouissances basses et infimes ne sont convoitées que par qui n'est pas habitué à goûter celles dignes de l'homme et d'un ordre plus excellent. Que ceux, donc, qui déplorent l'extrême dérèglement dont est souillée la civilisation moderne, n'en accusent pas ses progrès, mais sa défectuosité principale, qui (je ne me lasserai pas de le répéter) consiste dans la non éducation.»

«L'Économie politique, dit aussi A. Clément [2], a per-

---

[1] Il gesuita moderno, chap. XX.

[2] Dictionnaire de l'Économie politique. Introduction.

fectionné la Morale, en fournissant de solides bases d'appréciation pour un grand nombre de sentiments, d'actions et d'habitudes que le préjugé avait mal classés. Ce sont d'importants progrès en Morale que la complète réhabilitation du travail producteur, et l'acquisition d'un ensemble de notions positives, permettant de distinguer sûrement l'activité utile de l'activité nuisible, et de faire à l'une et à l'autre la juste part qui leur revient dans l'estime publique.......................................
Un autre perfectionnement important que la Morale devra aux lumières répandues par l'Économie politique consiste dans les moyens que fournit celle-ci pour apprécier justement le mérite relatif des différents emplois que l'on peut faire de la richesse. C'est ainsi, par exemple, que la prodigalité et le faste, si souvent préconisés, parce qu'on les confondait avec la générosité ou le désintéressement, et surtout parce qu'on les supposait favorables à l'activité de l'industrie, ont été définitivement reléguées par les démonstrations économiques au nombre des habitudes funestes et par conséquent vicieuses; tandis que l'économie, trop souvent décriée comme un indice d'égoïsme ou d'avarice, et aussi parce que l'on supposait que les valeurs épargnées étaient un aliment enlevé au travail, a été définitivement rangée parmi les habitudes les plus utiles à l'Humanité et par conséquent les plus vertueuses.»

En résumé, l'Économie et la Morale s'influent réciproquement, se complètent l'une par l'autre, et on peut dire que toute la vie humaine se renferme dans l'observance de leurs préceptes.

## § 5.e—RAPPORTS DE L'ÉCONOMIE AVEC LA SOCIOLOGIE.

La Sociologie est une science embryonnaire, ou en voie de formation, et dont les doctrines ont été jusqu'ici mêlées à celles de l'Économie et de la Science du droit, ainsi que les doctrines économiques le furent longtemps à celles de la Morale et de la Politique.

Mais, selon le concept que nous en avons, d'accord au fond avec ceux qui de nos jours commencent à la cultiver comme une science spéciale, ou comme une branche détachée de l'arbre des connaissances humaines, la Sociologie étudie ou doit étudier le bien social réalisable par l'activité de l'homme, c'est-à-dire, le développement de notre nature dans ses rapports avec l'Humanité entière [1].

En effet, la division ou classification des sciences doit être logique, comme toutes les classifications, et s'il y a une science, la Morale, qui traite du bien entier et absolu, ou du bien de l'homme, non-seulement à l'égard de lui-même, mais dans l'ensemble de ses rapports, comme ce bien embrasse quatre autres biens partiels, celui de l'homme individuel, celui de l'homme dans ses rapports avec la Divinité, ou bien religieux, celui de l'homme dans ses rapports avec l'Humanité, ou bien social, et celui de l'homme dans ses rapports avec la Nature physique, ou bien cosmique, il est évident qu'il doit y avoir autant de sciences qui s'en occupent: à savoir, une science du bien religieux, une autre du bien individuel, une autre du bien social et une autre du bien cosmique. La première et la dernière se trouvent encore absorbées dans la Morale; la seconde est déjà constituée sous le nom d'Économie; la troisième est celle qui, à notre avis, commence à se former sous la dénomination, parfaitement appropriée à son objet, de Science sociale ou Sociologie.

Quoi qu'il en soit, tous les philosophes et les moralistes admettent ou distinguent, d'une manière subjective ou abstraite, dans le but entier de l'homme, dans le bien absolu, plusieurs buts ou biens partiels, et entre au-

---

[1] C'est ainsi que la conçoit Carey, puisqu'il dit qu'elle traite "des rapports réciproques de l'homme avec ses semblables."—Principles of social science, chap. I, § 7.

tres le bien individuel et le bien social. Ces deux biens doivent être étroitement liés; car, qu'est ce que le bien social sinon le bien de chaque homme dans ces rapports avec ses semblables, ou le bien de l'individu humain dans ses rapports avec l'Humanité? Étudions, donc, ces rapports, laissant de côté ceux qui unissent le même individu avec Dieu et avec la nature physique, d'autant plus que nous les avons indiqués ou entrevus en exposant ceux que l'Économie a avec la Morale.

Or, la Sociologie nous apprend qu'aucun individu humain ne se suffit à soi-même pour vivre et pour développer sa nature, ou réaliser sa destinée, qui est le bien entier et absolu; mais qu'il a besoin pour cela du concours de ses semblables, et partant d'entamer avec eux des rapports qui constituent l'état de société. Car la société n'est pas seulement une collectivité d'êtres, sans aucun rapport entre eux, ni même un ensemble d'individus unis par des liens fatals, comme le sont les lois physiques et physiologiques, auxquelles obéissent toutes les créatures organisées, sans en excepter l'homme lui-même. Alors on pourrait dire que toutes les espèces d'animaux, et même de végétaux, vivent en société, puisque leurs individus se rapprochent, au moins pour la réproduction. La société suppose des rapports rationnels, des rapports moraux entre ses membres, et en ce sens on dit que l'homme ne peut vivre ni se développer que dans l'état de société. Non, ce n'est pas vrai que l'homme soit, comme le pensaient Hobbes et J.-J. Rousseau, un *tout* parfait et solitaire qui, de sa volonté, s'est transformé en fraction d'un autre *tout*, nommé société. Le *Contrat social*, de ce dernier philosophe, n'est qu'un rêve de sa fantaisie, une utopie, un absurde qui n'a existé à aucune époque ni dans aucune partie du Globe.

«L'homme, dit Carey [1], élément moléculaire de la So-

---

[1] Principles of social science, chap. II, § 1.

ciété et sujet de la science sociale, partage avec les autres animaux le besoin de manger, de boire et de dormir; mais son besoin le plus impérieux est celui de l'association avec ses semblables. Né le plus faible et le plus dépendant de tous les animaux, il exige le plus de soin dans son enfance et doit son vêtement à des mains étrangères, tandis que la Nature le fournit aux oiseaux et aux quadrupèdes. Capable d'atteindre le plus haut degré de science, il vient au Monde dénué même de cet instinct qui enseigne à l'abeille et à l'araignée, à l'oiseau et au castor, à construire leurs demeures et à pourvoir à leur subsistance. Dépendant de sa propre expérience et de celle des autres pour tout ce qu'il connaît, il a besoin du langage pour se mettre à même, ou de retenir les résultats de ses propres observations, ou de profiter de celles des autres, et sans l'association il ne peut exister aucune espèce de langage. Créé à l'image de Celui qui l'a fait, il devait participer à son intelligence; mais ce n'est qu'au moyen des idées qu'il peut mettre à profit les facultés dont il a été doué, et sans le langage il ne peut exister d'idées ni pouvoir de penser. Sans le langage, il doit donc demeurer dans l'ignorance des facultés qui lui ont été accordées pour remplacer la force du bœuf et du cheval, la vitesse du lièvre et la sagacité de l'éléphant, et rester inférieur aux brutes. Pour que le langage existe, il faut qu'il y ait association et réunion d'hommes avec leurs semblables; et c'est à cette condition seulement que l'homme peut être considéré comme tel; ce n'est qu'à cette condition que nous pouvons concevoir l'être auquel nous attachons l'idée d'homme. *Il n'est pas bon que l'homme vive seul*, a dit le Créateur, et nous ne le trouvons jamais vivant dans cet état: les souvenirs les plus anciens du Monde nous présentent des êtres vivant réunis et employant des mots pour exprimer leurs idées. D'où sont venus ces mots? D'où est venu le langage? Nous pourrions, avec tout autant de raison, demander: pourquoi le feu brûle-t-il? pourquoi l'homme voit-il, sent-il, entend-il, marche-t-il? Le langage échappe à ses lèvres par une inspiration de la Nature, et le pouvoir d'employer les mots est une faculté essentielle qui lui est propre, et qui le rend capable d'entretenir commerce avec ses semblables et en même temps apte à cette association sans laquelle le langage ne peut exister. Les mots *société* et *langage* représentent à l'esprit deux idées distinctes, et toutefois aucun effort de l'esprit ne pourrait nous faire concevoir l'existence de l'une sans y joindre celle de l'autre.»

La société, donc, constitue le véritable état naturel de l'homme: sans elle nous manquerions des soins qu'exige notre longue enfance; sans elle il n'existerait pas le langage, instrument nécessaire, non-seulement à l'expression, mais encore au développement de la pensée; sans elle l'activité humaine, tout en supposant qu'elle pourrait se produire, ce qu'il est permis de mettre en doute, malgré la fable spirituelle de *Robinson*, n'aurait plus de portée ni plus d'efficacité que celle des brutes. L'homme est un être naturellement sociable; il aime son bien social de même que son bien individuel; il éprouve pour ses semblables un sentiment nommé *sympathie* ou *intérêt général*, de même qu'il éprouvre pour lui-même cet autre sentiment qui s'appelle *intérêt personnel*. Ainsi tous les hommes vivent dans une société générale et complète, qui est l'*Humanité*, et au sein d'elle ils créent diverses associations ou organismes sociaux pour des buts particuliers: tels que la *Famille*, qui réalise l'amour sexuel et la réproduction de l'espèce; l'*Église*, qui réalise le bien religieux; l'*Industrie*, qui réalise le bien économique; la *Nation*, qui réalise la liberté, etc., etc.

D'où il s'en suit que le bien individuel ne peut se réaliser qu'au sein de la Société, que le bien social est tout à fait nécessaire pour l'accomplissement du bien individuel. Ainsi le reconnaît l'Économie dans la division du travail, dans la coopération, dans l'entreprise, dans l'association industrielle, dans l'échange, dans le crédit, dans l'offre et la demande, dans les marchés, dans toutes ses doctrines, dans tous les phénomènes dont elle s'occupe. Y a-t-il, en effet, aucune théorie économique qui ne suppose l'existence de la Société? Y a-t-il un seul économiste qui la nie, ou qui en méconnaisse la necessité pour l'acquisition des biens économiques ou la production de la richesse? Au contraire. L'illustre Genovesi, dans l'aurore même de la science, proclamait déjà cette maxime, aussi belle que profonde: «L'huomo é una tal potenza que, unita ad altra, non fa un equale á la somma, ma al quadrato de la somma;» l'homme est une puissance d'une telle nature qu'unie à une autre, elle ne fait pas un équivalent de la somme, mais du carré de la somme, elle ne constitue pas la force de deux hommes, mais de quatre. Il exprimait parfaitement dans ces mots l'importance économique du principe social, que tous les maîtres ont rehaussé après lui, tellement que plusieurs d'entre eux, comme Skarbeck, Ciconne et L. Walras, l'ont pris pour l'objet même de l'Économie, et ils ont donné à cette science le nom de théorie ou *science des richesses sociales*. G. de Molinari est allé plus loin, et il l'a définie «la description du mécanisme de la Société, ou bien une anatomie et une physiologie sociales.»

Mais si le bien social est nécessaire pour la réalisation du bien individuel, celui-ci ne l'est pas moins pour l'accomplissement de celui-là, et on ne saurait concevoir aucune société, régulièrement organisée, dont les individus ne jouissent pas d'un certain degré de bien-être, tant matériel qu'immatériel, de quelques biens économiques, d'une somme de richesses, dues au travail, et au moins suffisantes pour satisfaire aux besoins les plus pressants de leurs corps comme de leurs esprits. Voyez, en effet, ce qui se passe chez les peuples qui manquent de ces conditions; où la plupart des habitants ont à peine de quoi pourvoir à leur subsistance; où la fortune, bien ou mal acquise, est l'apanage exclusif de certaines classes privilégiées, tandis que les autres demeurent dans l'oisiveté et dans la misère. C'est en vain que ces peuples appartiennent à la race ou variété du genre humain la plus virile et la plus intelligente, qu'ils occupent le sol le plus fertile et le mieux doué par la Nature, qu'ils possèdent les institutions religieuses les plus parfaites; ils vivent en proie à des guerres perpétuelles, à des discordes et des luttes civiles; il ne jouissent pas d'une heure de paix et de repos; les incendies, les vols, les meurtres, les attaques contre la vie et la propriété des citoyens, les révoltes contre l'ordre public, s'y succèdent continuellement; le lien social, enfin, est faible et fragile, et il ne peut être maintenu que par la force d'un pouvoir tyrannique, par l'oppression et la violence. Telle est l'histoire des nations qui ont méprisé ou foulé aux pieds les lois de l'Économie, et cherché leur prospérité et leur grandeur dans la conquête et dans le pillage, au lieu de les chercher dans le travail; ou qui ont préféré la mollesse et la fainéantise à l'exercice de l'activité économique: toutes, comme Rome et la Grèce dans l'Antiquité, comme le Mexique et les républiques sud-américaines de nos jours, se sont débattues dans des convulsions sanglantes, oscillant toujours entre le despotisme et l'anarchie, sans pouvoir jamais arriver à se constituer d'une manière solide et à former une société vraiment civilisée et polie.

Il y a donc entre le bien individuel et le bien social, entre l'intérêt personnel ou particulier et l'intérêt général, un lien naturel et indissoluble; ces deux biens ou intérêts s'influent réciproquement, et on ne peut pas réaliser l'un sans l'autre.

«Le concours de l'intérêt personnel et de l'intérêt général, dit Wolowsky [1], est toujours nécessaire pour le profit individuel et pour l'avantage social. Il y a autant de danger à anihiler l'individu qu'à l'exalter, l'Histoire nous en fournit de mémorables exemples: elle ne permet point

[1] Préface à la traduction française des Principes d'Économie politique de Roscher, § XI.

de s'égarer dans les sentiers étroits d'une personnalité mesquine et jalouse, ni de se perdre dans les vagues contours d'une communauté chimérique et fatale : celle-ci tuerait ce qui fait la force de l'homme et sa dignité; elle effacerait les traits les plus saillants de sa noble nature, en détruisant ce qui entretient l'énergie de l'activité et ce qui alimente la force morale.»

C'est ce qu'a proclamé et mis en relief l'Économie plus qu'aucune autre science. En effet, avant que les doctrines économiques fussent connues, comment concevait-on l'organisation sociale? De quelle manière croyait-on que chacun pouvait prospérer et s'enrichir au sein de la Société? Le monde des intérêts, dit Dameth [1], apparaît aux yeux de tous comme le théatre d'une lutte perpétuelle, où l'individu est condamné à combattre sans trève ni merci contre ses semblables, et où les armes sont si inégales qu'il en doit sortir inévitablement le triomphe des uns et la défaite des autres. Les vainqueurs s'appellent *riches*, les vaincus *pauvres*. Aux premiers tous les avantages et toutes les distinctions de l'ordre social; aux seconds le travail ingrat, l'oppression et l'indigence: *væ victis*, comme disaient énergiquement les Romains. Suivant les temps et les lieux, les résultats se modifient, mais le fond reste, et ce fond c'est l'isolement, l'antagonisme de tous les intérêts, comme l'expriment ces maximes élevées à la catégorie d'axiomes:

*Homo homini lupus* (Hobbes);

*Le profit de l'un fait le dommage de l'autre* (Montaigne);

*En ce bas monde il faut être dupé ou dupeur* (proverbe vulgaire).

«De là nécessité d'interventions de tout genre pour comprimer, réfréner, enchaîner, diriger et protéger. Le lien social se briserait sous les efforts divergents des intérêts particuliers, sans ces interventions; la conscience humaine

---

[1] Introduction à l'étude de l'Économie politique, première séance.

s'abandonnerait fatalement à la violence des impulsions de l'égoïsme. L'État, la Morale, la Religion, interviennent donc, chacun et chacune, avec les moyens qui leur sont propres. L'État impose sa dictature au monde des intérêts pour sauvegarder la paix publique, et pour prémunir l'intérêt contre ses propres excès et sa déraison. La Morale bat en brèche le mobile même de l'intérêt, et reconnaissant son incurable perversité, va jusqu'à le proscrire: la recherche des biens matériels est déclarée inconciliable avec le respect du bien moral. La Religion, enfin, prêche aux pauvres la résignation, aux riches le renoncement, et met à ces conditions notre bonheur éternel dans une autre vie. Les rapports de peuple à peuple présentent un semblable tableau. La prospérité de chacun d'eux ne peut être acquise qu'au prix du malheur de tous les autres. Il faut conquérir ou être conquis; et quand les canons se taisent, la guerre n'en continue pas moins sous forme de rivalité commerciale, aboutissant de même à la ruine de celui qui n'a pas su ou pu, par force ou par adresse, ruiner ses concurrents.

»Telle est la conception du monde des intérêts fournie par l'apparence, et qui, réagissant elle-même sur les faits, leur a imprimé un caractère et une marche conformes malheureusement, sous beaucoup de rapports, à son principe. Puisque les intérêts étaient réputés injustes et contradictoires entre eux par nature, comment l'action de l'État aurait-elle pu changer cette nature et donner satisfaction à tous les intérêts en même temps? D'ailleurs l'État, considéré dans sa représentation légale, attribue nécessairement la suprématie à certains individus et à certaines classes. On vit, donc, les garanties de la paix et de l'ordre public s'identifier avec les intérêts de ces individus et de ces classes. Despotique ou aristocratique, le Gouvernement ajouta aux inégalités naturelles des inégalités factices. Il protégea les uns en leur subordonnant les autres; il mit partout le privilége à la place du droit commun. «Sans »doute, dit Pascal, l'égalité des biens est juste; mais ne

»pouvant faire qu'il soit forcé d'obéir à la justice, on a justifié la force, afin que le juste et le fort fussent ensemble, et que la paix fût, qui est le souverain bien.» Démocratique, l'État eut pour ideal l'égalité de tous dans la pauvreté. «En Démocratie, dit Montesquieu, il ne suffit »pas que les parts soient égales, il faut qu'elles soient petites.» Conséquemment, le bon citoyen, comme le vrai philosophe et le fervent chrétien, dut être pauvre avant tout.

«Cette conception a dominé l'Histoire. Dans l'Antiquité, l'esclavage, le régime des castes, la guerre de conquête, furent réputés les conditions nécessaires de la vie économique, même pour un peuple républicain. Platon en fait les bases de la société idéale, et Aristote ne le contredit pas sous ce rapport. Au Moyen âge, le servage, les prérogatives féodales, le monopole corporatif des industries, la propriété de mainmorte, l'ascétisme, furent les formes nouvelles et mitigées, à certains égards, de la même théorie. Dans l'âge moderne, à travers toutes les conquêtes de la liberté et du droit commun, la croyance à l'antagonisme fatal des intérêts se maintint et produisit ses fruits: régime colonial, guerres commerciales, monopoles et priviléges, fiscalité inique, lutte des classes, etc. La rénovation de 89 fut elle-même impuissante pour déraciner l'antique préjugé. On continua de regarder comme opposés entre eux les intérêts des particuliers, des professions, des classes et des peuples; on demeura généralement convaincu que l'intervention de l'État peut seule sauvegarder efficacement les intérêts au dedans et au dehors.»

Le protectionnisme, ajoute le même écrivain, n'a pas d'autre but que de prémunir les uns contre les autres les intérêts de chaque pays, en repoussant du marché intérieur les produits étrangers. C'est à ses yeux une question de vie ou de mort pour l'industrie nationale. On se souvient de ces paroles, prononcées, il y a quelques années à peine, par un illustre personnage: «J'aimerais

»mieux voir la France envahie par cent mille Prussiens »que par cent mille moutons étrangers!»

Le socialisme ancien et contemporain procède tout entier de la croyance à l'antagonisme inné des intérêts, auquel il prétend remédier en détruisant la Société naturelle et en mettant à sa place tel ou tel organisme coercitif et artificiel.

Et, en effet, dit Molinari [1], si la Société était abandonnée aux aveugles impulsions du hasard, si la force et la fraude y régnaient d'une manière fatale, il faudrait l'organiser artificiellement, en y substituant la justice à l'oppression et l'ordre à l'anarchie. Telle a été toujours la prétention des socialistes, et en conséquence chacun a proposé un plan d'organisation sociale, engendré dans sa fantaisie. Quelques-uns de ces plans ont demeuré dans les régions spéculatives, et ils n'ont eu d'autres effets que de bouleverser, comme les livres de chevalerie ou les romans du romantisme, quelques têtes fiévreuses; mais d'autres ont trouvé des meneurs ou des fanatiques prompts à les mettre en pratique; ils ont passioné la foule, si facile à se laisser séduire par la perspective du merveilleux, et ils ont produit des révolutions épouvantables, comme celle de Munster, au XVIe siècle, et celle de la Commune de Paris, de nos jours.

Heureusement, vers le milieu du dernier siècle, il surgit avec la science économique une nouvelle conception de la société humaine. Les économistes étudièrent attentivement cette société, et ils aboutirent à des conclusions bien différentes de celles qui avaient prévalu jusqu'alors. Ils découvrirent que les intérêts, loin d'être livrés à un antagonisme inévitable, tendent de leur nature même à concilier le bien de l'individu avec le bien général.

Et, en effet, il y a, comme nous l'avons vu, en exami-

---

[1] Cours d'Économie politique, première leçon.

nant les rapports de l'Économie avec la Morale, une loi en vertu de laquelle l'homme est un être libre et partant responsable de ses actes. Or, la Sociologie nous apprend que les résultats, bons ou mauvais, de l'activité humaine, ne se bornent pas à l'individu, mais qu'à cause des liens qui le rattachent à ses semblables, ils s'étendent à toute l'Humanité, tellement qu'aucun acte individuel n'est indifférent pour l'espèce. Cette responsabilité sociale ou collective, formulée par le Christianisme dans le dogme du *péché originel*, est ce qu'on appelle *solidarité*, et sa découverte, ou du moins la démonstration de sa légitimité et de son importance, est due à la science économique.

Voici comment s'exprime à ce propos l'illustre F. Bastiat:

«Dans le dix-huitième siècle, on n'y croyait pas, on s'en tenait à la maxime de la personnalité des fautes. Ce siècle, occupé surtout de réagir contre le Catholicisme, aurait craint, en admettant le principe de la solidarité, d'ouvrir la porte à la doctrine du *péché originel*. Chaque fois que Voltaire voyait dans les Écritures un homme portant la peine d'un autre, il disait ironiquement: «C'est affreux, mais la justice de Dieu n'est pas celle des hommes.» Nous n'avons pas à discuter ici le péché originel; mais ce dont Voltaire se moquait est un fait non moins incontestable que mystérieux. La loi de solidarité éclate en traits si nombreux dans l'individu et dans les masses, dans les détails et dans l'ensemble, dans les faits particuliers et les faits généraux, qu'il faut pour la méconnaître tout l'aveuglement de l'esprit de secte ou toute l'ardeur d'une lutte acharnée. La première règle de toute justice humaine est de concentrer le châtiment d'un acte sur son auteur, en vertu de ce principe: les fautes sont personnelles. Mais cette loi sacrée des individus n'est ni la loi de Dieu ni même la loi de la Société.

»Pourquoi cet homme est-il riche? parce que son père fut actif, probe, laborieux, économe. Le père a pratiqué les vertus, le fils a recueilli les récompenses. Pourquoi cet autre est-il toujours souffrant, malade, faible, craintif et malheureux? parce que son père, doué d'une puissante constitution, en a abusé dans les débauches et les excès. Au coupable les conséquences agréables de la faute, à l'innocent les conséquences funestes. Il n'y a pas un homme sur la terre dont la condition n'ait été déterminée par des milliers de faits auxquels ses déterminations sont étrangères, et ce dont je me plains aujourd'hui a peut-être pour cause un caprice de mon bisaïeul.

»La solidarité se manifeste sur une plus grande échelle encore et à des distances plus inexplicables quand on considère les rapports des divers peuples, ou des diverses générations d'un même peuple. N'est-il pas étrange que le dix-huitième siècle ait été si occupé des travaux intellectuels ou matériels dont nous jouissons aujourd'hui? N'est-il pas merveilleux que nous-mêmes nous nous mettions à la gêne pour couvrir le pays de chemins de fer, sur lesquels aucun de nous ne voyagera peut-être? Qui peut méconnaître la profonde influence de nos anciennes révolutions sur ce qui se passe aujourd'hui? Qui peut prévoir quel héritage de paix ou de discordes nos débats actuels légueront à nos enfants? Voyez les emprunts publics. Nous nous faisons la guerre; nous obéissons à des passions barbares; nous détruisons par là des forces précieuses; et nous trouvons le moyen de rejeter le fléau de cette destruction sur nos fils, qui peut-être auront la guerre en horreur et ne pourront pas comprendre nos passions haineuses. Jetez les yeux sur l'Europe; contemplez les événements qui agitent la France, l'Allemagne, l'Italie, la Pologne, et dites si la loi de la solidarité est une loi chimérique.

»La Société, tout entière, n'est qu'un ensemble de solidarités qui se croisent. Cela résulte de la nature communicable de l'intelligence. Exemples, discours, littérature, découvertes, sciences, morale, etc., tous ces courants inaperçus par lesquels correspondent les âmes, tous ces efforts sans liens visibles dont la résultante cependant pousse le genre humain vers un équilibre, vers un niveau moyen qui s'élève sans cesse, tout ce vaste trésor d'utilités et de connaissances acquises, où chacun puise sans le diminuer, que chacun augmente sans le savoir, tout cet échange de pensées, de produits, de services et de travail, de maux et de biens, de vertus et de vices, qui font de la famille humaine une grande unité, et de ces milliards d'existences éphémères une vie commune, universelle, continue, tout cela c'est la solidarité [1]. »

« Non-seulement nous travaillons pour tous, mais nous ne pouvons pas réaliser un progrès, de quelque nature qu'il soit, que nous n'en fassions profiter la communauté tout entière. Les choses sont arrangées d'une façon si merveilleuse que lorsque nous avons imaginé un procédé, ou découvert une libéralité de la Nature, quelque nouvelle fécondité dans le sol, quelque nouveau mode d'action dans une des lois du monde physique, le profit est pour nous momentanément, passagèrement, comme cela était juste au point de vue de la récompense, utile au point de vue de l'encouragement; après quoi l'avantage échappe de nos mains, malgré nos efforts pour le retenir; d'individuel il devient social, et tombe pour toujours dans le domaine de la communauté gratuite. Et en même temps que nous faisons ainsi jouir l'Humanité de nos progrès, nous-même nous juissons des progrès que tous les autres hommes ont accomplis [2]. »

« Les biens qui semblent être d'abord l'apanage de quelques-uns deviennent, par un admirable décret de la munificence divine, le patrimoine commun de tous; les avantages naturels de situation, de fertilité, de température, de richesses minéralogiques et même d'aptitude industrielle, ne font que glisser sur les producteurs et tournent exclusivement au profit des consommateurs. Chaque progrès qui

---

[1] Harmonies économiques, art. Solidarité.

[2] Ibidem, art. Les deux devises.

se fait à l'Orient est une richesse en perspective pour l'Occident. Du combustible découvert dans le Midi c'est du froid épargné dans le Nord. La Grande-Bretagne a beau faire faire des progrès à ses filatures; ce ne sont pas ses capitalistes qui en recueillent le bienfait, car l'intérêt de l'argent ne hausse pas; ce ne sont pas ses ouvriers, car le salaire reste le même; mais à la longue, c'est le Russe, c'est le Français, c'est l'Espagnol, c'est l'Humanité, en un mot, qui obtient des satisfactions égales avec moins de peine, ou ce qui revient au même, des satisfactions supérieures à peine égale.

« Je n'ai parlé que des biens; j'aurais pu en dire autant des maux qui frappent certains peuples ou certaines régions.......................................

Un fléau ravage-t-il les terres des agriculteurs, ce sont les mangeurs de pain qui en souffrent. Un impôt injuste atteint-il la vigne en France, il se traduit en cherté du vin pour tous les buveurs de la terre, etc.[1] » Y a-t-il, ajouterons-nous, une crise industrielle aux États-Unis; aussitôt le commerce de l'Europe éprouve un ébranlement terrible, les Banques font faillite, les ateliers se ferment ou se paralysent, l'intérêt de l'argent monte et les classes ouvrières se trouvent réduites à la misère.

D'où il s'en suit, conclut Bastiat, qu'il n'est aucun pays qui ne soit intéressé à l'avancement de tous les autres, et qu'envier à un peuple la fertilité de son sol, la beauté de ses ports et de ses fleuves, ou la chaleur de son soleil, c'est méconnaître des biens auxquels nous sommes appelés à participer, c'est dédaigner l'abondance qu'on nous offre et regretter la fatigue qui nous est épargnée. Il s'en suit encore que les haines et les antipathies nationales sont des sentiments aussi absurdes que pervers.

Rien de plus trompeur, ajoute J.-B. Say, que l'avantage qu'une nation croit retirer d'un empiètement sur le

---

[1] Harmonies économiques, art. Concurrence.

domaine d'autrui, de la conquête d'une province ou d'une colonie sur une puissance rivale.

«Toute cette vieille politique tombera. L'habilité sera de mériter la préférence et non de la réclamer de force. Les efforts qu'on fait pour s'assurer la domination ne procurent jamais qu'une grandeur factice, qui fait nécessairement de tout étranger un ennemi. Ce système produit des dettes, des abus, des tyrans et des révolutions; tandis que l'attrait d'une convenance réciproque procure des amis, étend le cercle des relations utiles, et la prospérité qui en résulte est durable parce qu'elle est naturelle [1].»

Nuire à autrui, affirme enfin Bastiat [2], c'est se nuire à soi-même; semer des obstacles dans la voie des autres, c'est embarrasser sa propre voie. Les passions mauvaises ont leur châtiment, comme les sentiments généreux ont leur récompense. L'inévitable sanction d'une justice distributive parle à l'intérêt, éclaire l'opinion et doit faire prévaloir, parmi les hommes, cette maxime d'une éternelle vérité: l'utile c'est un des aspects du juste; la liberté c'est la plus belle des harmonies sociales; l'équité c'est la meilleure politique.

Faut-il donner une démonstration plus précise du caractère éminemment social qu'ont les doctrines économiques? Prenons pour exemple la production du pain. «Que nous dévoile, dit Dameth [3], l'analyse de cette production? Qu'elle a exigé le concours d'une multitude infinie d'agents, de la totalité, en quelque sorte, des producteurs de tout ordre. Ainsi, ce ne sont pas seulement le boulanger, le meunier et l'agriculteur qui ont coopéré à la confection du plus simple de nos aliments. Si vous tenez compte du matériel d'outillage dont chacun des industries ci-dessus désignées s'est servi pour remplir son rôle

---

[1] Traité d'Économie politique, liv. I, chap. IX.

[2] Harmomies économiques, art. Concurrence.

[3] Introduction à l'étude de l'Économie politique, première séance.

dans l'œuvre générale de la production du pain, vous voyez s'élargir le cercle des coopérateurs avec une ampleur telle que presque toutes les industries du Monde y prennent place. Pour fournir seulement à l'agriculteur son mobilier aratoire et ce qui s'y rattache, il a fallu le concours des industries constructives, métallurgiques, sylvicoles, textiles, etc.; il a fallu des préparations multiples pour le sol, procurer au cultivateur et à ses aides le logement, le vêtement, la chaussure, un certain degré d'instruction, des aliments et mille autres choses qu'ils ne produisent par eux-mêmes. Pareille nomenclature est à établir pour l'industrie du meunier et pour celle du boulanger. L'un et l'autre tiennent les instruments de travail d'une foule de professions entièrement distinctes des leurs. Et puis, entre chacune des façons successives qu'a subies le blé pour devenir pain, sont intervenues des fonctions non moins indispensables et non moins différentes les unes des autres: l'industrie des transports, le commerce, la monnaie, le crédit, la sécurité donnée aux travaux par l'office des pouvoirs publics. Et encore, à un autre point de vue, les industries essentielles et accessoires qui ont contribué à la production du pain, ne sont-elles pas le résumé et l'héritage de tous les progrès accomplis dans la suite des siècles et sur toute la face du Globe, en Agriculture comme dans tout le reste? La charrue ne vient-elle pas du grec Tryptolème? L'art de moudre le grain ne s'est-il pas développé lentement, par le secours de maintes sciences, qui nous ont appris à utiliser tour à tour la force du vent, la chute d'un cours d'eau, l'élasticité de la vapeur et les merveilles de l'outillage mécanique? On ne finirait point si l'on voulait poursuivre cette analyse jusque dans ses derniers détails; et pourtant, il n'est pas une bouchée du pain que nous mangeons qui ne porte tout cela avec elle, qui ne soit le résultat de cet immense concours, qui ne fasse en un mot éclater la prodigieuse et admirable solidarité dont relèvent tous nos travaux productifs. »

En présence de ces faits, s'écrie le même auteur [1], et quand ils caractérisent toute l'existence économique, comment peut-on croire que l'isolement, l'insolidarité, l'antagonisme forment l'essence des rapports sociaux? N'est-il pas, au contraire, de la dernière évidence que les intérêts ne sauraient se satisfaire sans un perpétuel échange de services, sans une réciprocité incessante? N'y voit-on pas un des objets essentiels de la sociabilité humaine et un de ses plus beaux triomphes? «On parle beaucoup, dans notre temps, d'association, et certes, ce principe, sagement appliqué, possède une fécondité pour ainsi dire inépuisable. Cependant je désirerais qu'on fit, en même temps, un peu plus d'attention à l'existence de cette association première, inhérente à la nature humaine, qui va s'élargissant d'elle-même par tous les progrès de la civilisation, et dont les bienfaits sont mille fois plus grands que ne sauraient l'être ceux de quelque association partielle que ce soit. Concluons, donc, avec toute certitude, que la loi fondamentale, que le rapport premier et essentiel des intérêts entre eux, c'est la solidarité, la mutualité, l'échange des services, et cela sur l'échelle la plus vaste qu'il soit possible de concevoir, pour la totalité du genre humain, dans l'espace et dans le temps.»

Tels sont les enseignements de la science économique: le bien social est étroitement lié avec le bien individuel; il y a un rapport naturel et nécessaire entre l'intérêt privé et l'intérêt public; tous les intérêts sont essentiellement harmoniques ou s'harmonisent de leur nature elle-même. Ils s'agit, bien entendu, des intérêts légitimes, car l'Économie n'en protége pas d'autres, et ce n'est pas vrai qu'elle légitime tous les besoins, comme l'affirment quelques néo-économistes.

Mais, dit-on, cette distinction serait seulement efficace si l'on déterminait avec clarté quelle est la sphère de la

---

[1] Loco citato.

légitimité [1]. Eh bien, c'est ce que fait précisément la science économique, et tous les économistes orthodoxes, même les plus individualistes ou radicaux, reconnaissent, dans le but moral ou bien absolu, le principe supérieur que leurs adversaires demandent pour décider sur la légitimité des intérêts. On vient de voir, en effet, comment ces économistes formulent et développent jusqu'à ses dernières conséquences la loi de la solidarité ou responsabilité collective. Or, qu'est ce que cette loi sinon la manifestation dans l'ordre social du principe ci-dessus indiqué?

Oui, nous l'avons déjà dit, en traitant des rapports de l'Économie avec l'Éthique: le bien absolu est essentiel ou nécessaire, de même que le bien individuel et le bien social; mais le premier comprend tous les biens partiels; partant les intérêts légitimes pour l'Économie, comme pour la Sociologie, sont ceux que sanctionne l'Éthique, et c'est de ces intérêts que parlent les économistes quand ils les qualifient d'harmoniques; car tous les biens s'harmonisent dans le bien moral ou absolu, et à ce bien doit se subordonner l'activité de l'individu ainsi que celle de l'Humanité.

Il faut ajouter à cela que le rapport établi entre l'intérêt personnel et l'intérêt général n'est pas d'égalité, mais de supériorité du second sur le premier, car la société humaine est supérieure à chacun de ses membres, comme l'espèce à l'individu. En effet, la Nature qui s'est montrée si prévoyante pour la conservation des espèces, en les douant d'une énergie réproductive ou vitale vraiment merveilleuse, a livré en quelque sorte les individus à leurs faibles forces, en les exposant à tout genre de dangers et en condamnant la plupart à une mort prématurée. L'espèce humaine ne pouvait pas se soustraire à cette loi. Un grand nombre de ses individus sont détruits avant d'atteindre leur maturité, parfois même sans dépasser l'état de germes; d'autres

---

[1] Vocabulario de la Economía, art. Concurrence et Individualisme.

périssent dans l'adolescence, dans la puérice, dans l'enfance, dans les premiers jours de leur développement; mais l'espèce ne s'éteint pas pour cela; au contraire, elle se multiplie et se répand sur toute la surface du Globe, grâce à cette puissance de réproduction qu'elle possède et que Malthus a traduite, ne s'écartant pas beaucoup de la vérité, par une progression géométrique. Pourquoi ce contraste entre la vitalité de l'individu et celle de l'espèce? Parce que Dieu a voulu subordonner le bien individuel au bien social, et faire dépendre la destinée de chaque homme de celle de ses semblables.

Il n'est donc pas licite, car il n'est pas non plus naturel, de mettre l'intérêt particulier au-dessus de l'intérêt général : au contraire, quoique ces deux intérêts soient essentiellement harmoniques, lorsque par une cause *accidentelle* ils se trouvent en désaccord, on doit sacrifier le premier au second, et sauver la Société, même au dépens du bien-être, de la santé et de la vie d'un ou de plusieurs de ses individus, de même qu'on sauve l'âme en laissant périr le corps, ou qu'on conserve le corps en amputant, s'il le faut, quelqu'un de ses membres.

Après cette déclaration, franche et explicite, accusera-t-on encore l'Économie d'être une science anti-sociale et dissolvente? Ne s'en suit-il pas, au contraire, de tout ce qu'on vient d'exposer, que l'intérêt personnel, proclamé par elle comme le seul mobile des actes économiques, l'intérêt rationnel, l'intérêt légitime, loin de ne produire que des antagonismes, comme l'affirment les néo-économistes, qui se font l'écho des préjugés vulgaires, c'est le lien le plus fort entre toutes les activités individuelles et l'élément le plus efficace de l'ordre social?

Une fois pour toutes: le bien de l'individu et le bien de la Société sont également nécessaires ou essentiels à la nature humaine, c'est-à-dire qu'en définitive ils se réalisent nécessairement: l'un et l'autre s'unifient ou s'harmonisent sous l'influence de la solidarité ou responsabilité collective; l'un et l'autre se subordonnent au but moral ou au bien entier et absolu; mais toutes les fois qu'il y ait de l'opposition entre eux, comme cela peut arriver *par accident*, non essentiellement, puisque leur essence est precisément l'harmonie, on doit préférer le second au premier, en faisant le sacrifice de l'individu sur les autels de la société humaine.

N'oublions pas, cependant, que l'homme est libre, comme nous l'avons déjà dit, en étudiant les rapports de l'Économie avec l'Éthique; partant que le bien social, comme le bien économique, comme le bien moral, comme tous les buts de la vie, en général, doivent être accomplis par lui librement. Certes qu'en vertu de la responsabilité inhérente à sa liberté même et qui le soumet d'une manière inévitable aux conséquences de ses actes, il aura, selon qu'il réalise ou non le dit bien, la récompense ou le châtiment; mais, enfin, cela ne dépend que de sa conscience, de sa volonté libre et autonome, et il peut agir dans l'un ou dans l'autre sens, selon qu'il le croit convenable ou que la raison le lui conseille. Telle est la loi morale, la loi naturelle, la loi constitutive de notre nature, et cette loi, qui régit l'individu, s'étend à l'Humanité et à tous les organismes sociaux.

Il n'est donc pas, il ne peut exister aucune société, moralement constituée, qui n'ait pour base et pour fondement de sa constitution la liberté individuelle. Sur ce principe roule toute la science économique, et si pour cela les économistes méritent l'épithète d'*individualistes*, qu'on leur applique comme une marque d'infamie, ils l'acceptent volontiers, le regardant au contraire comme un titre de noblesse. Ils sont, en effet, individualistes, en ce sens, qu'ils prennent pour objet de leurs études speciales l'activité agissant en vue du bien individuel, et qu'ils ne conçoivent l'individu que dans toute son intégrité, dans le développement entier de sa nature spirituelle, dans la plénitude de ses facultés, et partant libre et responsable, tel que nous le montrent la Psychologie et l'Éthique. Sont-ils dans l'erreur? Qu'on en accuse ces deux sciences, où ils puisent les principes dont il s'agit, mais non l'Économie, qui assurément ne les a pas découverts ou imaginés, et qui se borne à en tenir compte dans ses recherches.

On a vu cependant que notre individualisme n'est pas un système d'isolement et d'égoïsme, comme le définit Mr. Piernas Hurtado[1], d'après le Dictionnaire de la langue espagnole, en invoquant une fois de plus dans les discussions scientifiques l'autorité du vulgaire. On a vu que cette doctrine ne relâche pas les liens sociaux ni ne proclame la tout-puissance de l'activité privée, comme le suppose aussi le même écrivain, s'unissant, sans doute malgré lui, aux détracteurs inconscients de l'Économie.

Non, ce que tous les économistes proclament, c'est que toute société doit se constituer et fonctionner librement, c'est-à-dire respectant avant tout et surtout l'activité individuelle avec tous ses attributs, et partant avec sa liberté et sa responsabilité. Et voilà pourquoi ils donnent tant de valeur à l'association libre, qui est la véritable association, l'association naturelle, tandis qu'ils combattent si énergiquement ces autres associations forcées, violentes, artificielles que les socialistes de toutes les écoles, tant démagogues ou révolutionnaires qu'autoritaires ou de la chaire, voudraient imposer aux peuples par l'intermède des lois positives ou des gouvernements.

Pas de force, pas de violence, pas d'artifice dans l'ordre économique: voilà le sens de la maxime des physiocrates *laissez faire, laissez passer*, que les économistes ont pris pour devise: maxime qu'interprétée sagement, ne saurait mieux exprimer l'importance du principe de la liberté; car, comme dit très-bien F. Passy[2], «la liberté ne signifie pas l'absence de règles, étant elle-même la règle de nos actions, et laisser faire le bien c'est empêcher le mal.»

Après tout ce qu'on vient d'exposer, nous croyons avoir

---

[1] Vocabulario de la Economía, art. Individualismo.

[2] De la contrainte et de la liberté.

éclairci et justifié suffisamment le caractère individualiste de l'Économie, tout en démontrant qu'il n'est pas en contradiction, mais en parfaite harmonie, avec le caractère social de la Sociologie, et en déterminant en même temps les rapports qui unissent ces deux sciences.

## § 6.° — RAPPORTS DE L'ÉCONOMIE AVEC LA SCIENCE DU DROIT.

Si, comme le dit Jouffroy, «une science ne peut pas se constituer tant qu'elle a une idée vague et indéterminée de son objet,» cette maxime, que Mr. Azcárate applique bien à tort à l'Économie [1], à aucune branche du savoir ne pourrait être mieux appliquée qu'à la Science du Droit.

Ce n'est pas vrai, en effet, que l'Économie, comme le croit cet écrivain [2], «n'ait pas encore pu fixer son objet propre, ni qu'elle se meuve dans la détermination de cet objet avec une extraordinaire indécision, qui donne lieu à une grande diversité dans la manière d'envisager la nature de ses connaissances.»

Nous avons montré le contraire dans notre étude du concept de l'Économie, en prouvant que ce concept est parfaitement déterminé, et que s'il y a quelque divergence parmi les économistes, c'est seulement sur les formules qu'ils emploient pour l'exprimer.

Il n'en est pas ainsi pour la Science du Droit; car il n'y a aucune notion plus vague, ni plus obscure, ni moins définie que celle du droit qui en forme l'objet.

«Les origines et la nature du droit, dit Minghetti [3], ont

---

[1] Estudios económicos y sociales.—Sur l'objet de la science économique, § 1.

[2] Ibidem.

[3] Des rapports de l'Économie publique avec la Morale et le Droit, livre V.

été l'objet des recherches des érudits, surtout à l'époque moderne; ils ont donné à ce sujet beaucoup d'attention. Mais ils se sont formé une différente idée selon le point d'où ils partaient, tellement qu'on peut dire qu'autant il y en a de systèmes fondés par les philosophes, autant aussi il en a découlé pour le droit.»

Ainsi les uns conçoivent le droit subjectivement «comme une extension» et objectivement «comme une restriction de la liberté [1];» les autres «comme le pouvoir dont un homme est irréfragablement faculté pour dicter sa volonté à ses semblables [2];» ceux-ci «comme tout ce qui est conforme à la loi naturelle et positive [3];» ceux-là «comme la raison humaine en tant qu'elle gouverne tous les peuples de la terre.» A ces concepts il faut encore en ajouter plusieurs, et en premier terme deux qui se disputent l'assentiment des juristes modernes, à savoir: celui de Kant, pour qui le droit est un «ensemble de conditions moyennant lesquelles la liberté de chacun peut coexister avec la liberté de tous, conformément à un principe générale de liberté,» et celui d'Ahrens, qui, d'accord avec Krauss, le définit comme «un ensemble de conditions dépendantes de la liberté et nécessaires pour l'accomplissement harmonique de la destinée humaine.»

Le même Mr. Azcárate, qui n'hésite pas à adopter l'échange comme l'objet de l'Économie, la systematisant suivant ce principe, et qui va jusqu'à entrevoir une science économique fondée sur la propriété, ne réussit pas à déterminer le concept du droit, et il se borne à dire [4] que le droit consiste dans «toutes les conditions nécessaires pour l'accomplissement de notre destinée, que les hommes doivent se prêter comme une conséquence de la dépendance mutuelle où ils vivent.»

---

[1] Ferran.—Extrait méthodique d'un Cours de Droit publique.

[2] Taparelli.—Cours élémentaire de Droit publique.

[3] Eschbach.—Introduction à l'étude du Droit.

[4] Estudios económicos y sociales.—Notion du Droit.

Pareillement Mr. Piernas dit que «le droit considère l'activité en tant que d'elle dépendent les conditions de la destinée humaine [1].»

Mais, comme on le voit, ces deux définitions, si on peut les appeler ainsi, sont très-loin de nous donner une idée claire du droit, et celle même qui en ressort diffère, non-seulement dans la forme, mais encore dans le fond, de presque toutes les autres ci-dessus exposées, de même que celles-ci diffèrent entre elles au point d'être contradictoires.

En présence d'une telle confusion, comment établir les rapports de l'ordre économique avec l'ordre juridique? N'est-il pas évident que pour cela il faut avant tout avoir le concept du droit? Et si ce concept n'est pas encore trouvé, ou s'il y en a plusieurs différents, quoi de plus naturel que les économistes s'en forment un pour leur usage, au risque d'encourir, comme ils encourent, dans les anathèmes des juristes?

Or, c'est ce que nous allons faire, malgré ces anathèmes; car, après tout, nous ne sommes pas tout à fait étrangers au sujet, et nous nous croyons investis de la même autorité pour pénétrer dans le domaine du droit que nos honorables contradicteurs pour empiéter, comme c'est leur habitude, sur celui de l'Économie.

Qu'est ce que le droit? «Le mot *droit*, dit Minghetti [2], peut se prendre en deux sens: comme loi ou comme puissance de l'homme. Dans le premier cas, il exprime la volonté divine, en tant qu'elle est principe de l'ordre universel et enjoint aux hommes obéissance. *Ratio gubernativa totius universi in mente divina existens*. Telle est la définition du droit donnée par St-Thomas. L'étymologie l'indique, soit que le mot *jus* dérive de *Jous*, Jupiter, ou de *jubeo*, je

[1] Vocabulario de la Economía, art. Économie.

[2] Des rapports de l'Économie publique avec la Morale et le Droit, livre V.

commande; aussi dans les langues modernes, le mot *diritto, droit,* signifie ce qui va à son but sans dévier ou se plier, c'est-à-dire la règle, le modèle d'*agir*. On voit que dans ce cas le droit s'identifie avec le commandement moral.» Mais, le mot *droit,* ajoute le même écrivain, se prend aussi dans un sens subjectif, et alors on pourrait le définir ce que la loi (morale) ne défend ni ne commande pas.

Nous le prendrons dans ce dernier sens, et nous définirons le droit la faculté d'agir avec droiture, ou d'élire les moyens qui conduisent directement au but moral, c'est-à-dire au bien entier et absolu. Cette faculté découle du devoir ou nécessité de faire le bien [1]; car, si le bien est nécessaire à l'homme, ou si celui-ci doit l'accomplir nécessairement, comme nous l'avons dit, il est évident qu'il en a le pouvoir ou la faculté, et voilà pourquoi tous les juristes s'accordent à déclarer qu'à tout droit répond un devoir et à tout devoir un droit.

J'ai la faculté de faire telle chose, parce que j'ai aussi la nécessité de la faire, et si je n'avais pas cette nécessité-ci, je manquerai absolument de cette faculté-là.

C'est le bien qui est nécessaire, essentiel, substantiel ou conforme à la nature humaine; le mal est accidentel, adjectif, *contra naturam;* partant il n'est aucun droit au mal, personne n'a de droit que pour faire le bien.

La pratique du droit et la loi même d'où il dérive s'appellent *justice,* ainsi que la pratique du devoir se nomme *vertu.*

Le droit n'est qu'un aspect du devoir, de même que le bien social et le bien individuel ne sont qu'autant d'aspects du bien entier et absolu.

Dans le droit on regarde surtout l'acte; dans le devoir l'intention de l'agent.

---

[1] «Le devoir et le droit se rattachent à une même loi» — Minghetti, loco citato.

La Science du Droit est la Science de la justice; elle s'occupe des actes de l'homme en tant qu'ils sont justes ou ajustés au devoir: la Morale est la science du devoir; elle recherche le devoir même, ou le bien entier et absolu réalisable par l'activité humaine.

Le droit n'a pas seulement un caractère social, ainsi que le prétendent la plupart des juristes; il ne réside pas exclusivement dans les actes de l'individu par rapport à ses semblables. Il y a certainement un droit humain, ou de la société humaine, qui comprend plusieurs droits correspondants aux divers organismes sociaux; mais il y a aussi un droit individuel ou de l'homme sur lui-même, un droit religieux ou de l'homme dans ses rapports avec la Divinité, et un droit cosmique ou de l'homme dans ses rapports avec la Nature, de même qu'il y a un devoir social, un devoir individuel, un devoir religieux et un devoir cosmique, c'est-à-dire une nécessité de faire le bien par rapport à la Société, à l'individu, à Dieu et au monde physique.

Ainsi chaque homme a le droit de se conserver soi-même, ou de développer sa nature propre, de s'associer avec ses semblables, d'adorer l'Etre suprême, de soumettre à son domaine les autres créatures, parce qu'il a le devoir ou la nécessité de faire toutes ces choses, et dans ce devoir-ci est fondé ce droit-là.

Tout être capable de droits et devoirs se nomme *personne*. En ce sens, il n'y a pas d'autre personne que l'homme, non-seulement considéré comme individu, mais encore dans la société humaine et dans les divers organismes sociaux qu'elle embrasse, et qui constituent autant de personnes ou d'*entités juridiques*.

Le droit et le devoir sont corrélatifs dans une même personne, mais pas entre des personnes différentes, comme le supposent plusieurs juristes.

J'ai le devoir d'aider mes semblables; mais ils ne peuvent pas prétendre pour cela que je leur vienne en aide, à moins que je ne leur aie donné ce droit en vertu d'un contrat ou d'un engagement pris spontanément par moi-même.

L'exercice du droit, ainsi que l'accomplissement du devoir, est libre, c'est-à-dire que l'un et l'autre se réalisent librement, car la liberté est un des premiers attributs de notre esprit, et si chacun a celle d'accomplir ou non ses devoirs, il est évident qu'il a aussi celle d'exercer ou non ses droits.

Je suis libre de faire ou non l'aumône, parce que j'en ai le droit; mais je ne suis pas libre pour que d'autres la fassent, car je n'ai pas le droit de les y obliger. Ce droit réside en eux, pas en moi: le droit de chacun est une règle de conduite pour lui-même, mais pas pour les autres.

D'un autre côté, la liberté suppose la responsabilité, comme nous l'avons dit dans l'étude des rapports de l'Économie avec la Morale; et puisque le droit s'accomplit librement par l'homme, celui-ci doit répondre de son accomplissement. L'homme est, en effet, responsable de l'usage qu'il fait de son droit, et s'il l'accomplit, il en reçoit la récompense dans son bien-être, tant spirituel que corporel, tandis que s'il l'enfreint, il en souffre la peine dans les douleurs de son corps et de son âme.

Mais cette responsabilité ne peut lui être exigée que par Dieu, dont il a reçu sa liberté: partant il n'est aucune force extérieure à nous-mêmes, aucun pouvoir extrinsèque, ni individuel ni social, aucune loi humaine ou positive, qui puisse nous contraindre à l'exercice de notre droit, de même qu'il n'en est pas qui puisse nous obliger à la pratique de notre devoir. Le droit, comme le devoir, ne dépend que de notre conscience. Le droit, comme le devoir, n'est aucunement obligatoire ou coercitif. Il n'y a pas de droit contre le droit.

«Le droit vit premièrement et fondamentalement dans la conscience, exercé par la volonté, sans d'autres motifs que ceux de la pure raison ni d'autre garantie que celle de l'ordre moral, et tant dans cette sphère immanente ou interne que dans les actes qui révèlent les déterminations de la volonté, le droit échappe à toute influence étrangère [1]. »

Le droit s'exerce, comme nous l'avons dit, librement, et en ce sens on affirme que la liberté est le premier de nos droits.

Mais à la rigueur on ne doit pas confondre le droit avec la liberté: celui-là consiste dans la faculté d'agir avec droiture ou conformément au bien; celle-ci dans la faculté de se déterminer à agir dans la même direction ou dans la contraire.

Toujours est-il que la liberté est une condition indispensable, *sine quâ non*, de l'exercice du droit, et qu'il n'y a pas de droit possible, ni pour l'individu ni pour la Société, si l'un et l'autre n'ont pas de liberté pour l'exercer.

La liberté, donc, doit exister et pour la Société et pour chacun de ses membres. Il ne suffit pas, pour que le droit se réalise, que l'homme, individuellement considéré, soit libre: il faut encore qu'il le soit dans tous ces rapports avec Dieu, avec les autres hommes et avec la Nature.

Or, cette liberté peut être contrariée ou restreinte par deux genres de causes: les unes cosmiques ou naturelles, les autres humaines ou dépendantes de l'homme. Les premières n'agissent que sur nos facultés physiques, et nous ne pouvons rien contre leur action, car elles sont fatales et inévitables pour toutes les créatures: les secondes se montrent, soit comme force exercée sur les déterminations de notre volonté, sur notre liberté interne ou libre arbitre, c'est-à-dire sous la forme de fraude ou de menace, soit comme force exercée sur nos actes, c'est-à-dire sous la forme d'agression matérielle ou de violence, et dans l'un comme dans l'autre cas elles peuvent être prévenues ou repoussées par l'homme lui-même, ou par une autre force de la même nature: *vim vi repellere*.

---

[1] Manual de Instituciones de Hacienda pública española, par MM. Piernas et Miranda, partie générale, sect. première, chap. I.

Cette répulsion de la force d'un homme par celle d'un autre ou de tous les autres, et vice-versa, est parfaitement licite ou morale, parce qu'elle est nécessaire pour le maintien de la liberté, qui à son tour l'est aussi pour l'exercice du droit, et de cette nécessité découle la faculté d'en faire usage, ce qui constitue un droit spécial nommé *droit de défense*.

Le droit de défense appartient à la Société de même qu'à l'individu, parce que celle-là a les mêmes droits que celui-ci; partant il peut être exercé tant indivuellement que socialement ou collectivement.

Dans le premier cas, il serait insuffisant pour maintenir la liberté, parce que chaque individu ne se suffit pas à lui-même dans l'accomplissement de ses buts, et c'est pour cela que, sans renoncer à faire usage isolément de son droit de défense, il forme avec ses semblables, pour leur défense commune, diverses associations qui se nomment en général *nations* ou *sociétés politiques*.

Une nation est, donc, un ensemble d'individus, qui par rapport à elle s'appellent *citoyens*, et qui, ayant certaines affinités, soit par le territoire qu'ils occupent, soit par la langue qu'ils parlent, soit par d'autres causes physiques ou morales, géographiques ou historiques, s'associent pour vivre librement, c'est-à-dire pour exercer tous leurs droits, et partant pour défendre leur liberté, tant individuelle que sociale, contre toute espèce d'agressions.

A cet effet, et en vertu de leur propre liberté, ils instituent un *pouvoir public*, ou force directive de l'action commune, nommé aussi *Autorité* par rapport à la personne qui en est investie, et qui se divise en plusieurs pouvoirs suivant les fonctions qu'on lui attribue. L'ensemble de ces pouvoirs, ou l'organisme spécial qui les embrasse et les lie, prend le nom d'*État*, de même que l'ensemble de fonctionnaires ou d'agents qui représentent et servent l'État se dénomine *Gouvernement*, ses mandats se disent *lois* (positives ou humaines pour les distinguer de celles de la Nature) et les citoyens s'appellent *sujets*, par rapport au Gouvernement ou à l'État.

Le Gouvernement n'est, donc, que la représentation personnelle de l'État, et l'État la société politique ou la nation elle-même organisée pour l'exercice collectif du droit de défense, c'est-à-dire pour maintenir la liberté de tous et de chacun des citoyens, partant le libre exercice de tous les droits.

«Chacun de nous, dit F. Bastiat [1], tient certainement de la Nature, de Dieu, le droit de défendre sa personne, sa liberté, sa propriété, puisque ce sont les trois éléments constitutifs ou conservateurs de la vie, éléments qui se complètent l'un par l'autre et ne se peuvent comprendre l'un sans l'autre. Car, que sont nos facultés sinon un prolongement de notre personnalité, et qu'est ce que la propriété si ce n'est un prolongement de nos facultés?

»Si chaque homme a le droit de défendre, même par la force, sa personne, sa liberté, sa propriété, plusieurs hommes ont le droit de se concerter, de s'entendre, d'organiser une force commune pour pourvoir régulièrement à cette défense.

»Le droit collectif a, donc, son principe, sa raison d'être, sa légitimité dans le droit individuel, et la force commune ne peut avoir rationellement d'autre but, d'autre mission que les forces isolées auxquelles elle se substitue.

»Ainsi, comme la force d'un individu ne peut légitimement attenter à la personne, à la liberté, à la propriété d'un autre individu, par la même raison la force commune ne peut être légitimement appliquée à détruire la personne, la liberté, la propriété des individus ou des classes.

»Qui osera dire que la force nous a été donnée, non pour défendre nos droits, mais pour anéantir les droits égaux de nos frères? Et si cela n'est pas vrai de chaque force in-

---

[1] Œuvres complètes.—La loi.

dividuelle, agissant isolément, comment cela serait-il vrai de la force collective, qui n'est que l'union organisée des forces isolées?

»Donc, s'il est une chose évidente, c'est celle-ci: la loi (l'État) c'est l'organisation du droit naturel de légitime défense: c'est le substitution de la force collective aux forces individuelles, pour agir dans le cercle où celles-ci ont le droit d'agir, pour faire ce que celles-ci ont le droit de faire, pour garantir les personnes, les libertés, les propriétés, pour maintenir chacun dans son droit, pour faire régner entre tous la justice.»

C'est en cela que consiste, à notre avis, la mission de l'État, et c'est ainsi que le conçoivent plusieurs juristes éminents.

Pour Kant, «ce n'est pas le bien ou le bonheur des citoyens, mais l'accord de la constitution avec les principes du Droit qui fait le but de l'État [1].»

Suivant Fichte, «la volonté générale, la volonté de l'État, ne veut qu'une chose, la sûreté des droits [2].»

Guillaume de Humboldt restreint l'action et le but de l'État au maitien de la sécurité intérieure et extérieure [3].

Eötvös affirme que «l'État n'a d'autre but que la sûreté des individus [4].»

En fin, Laboulaye soutient que l'État n'est qu'une garantie de liberté.

Nous savons bien que ce n'est pas le concept de l'État, qui domine dans toutes les écoles du Droit. Mais, y a-t-il un autre plus clair et plus défini? Voilà celui de Bluntschli, qui peut être considéré comme le dernier mot de la science politique en Allemagne.

---

[1] Rechslehre, § 47 à 49.

[2] Naturrecht, III, 152.

[3] Abhandlungen über Geschichte und Politik, miteiner Einleintung versehen von Dr. Oorster.

[4] Moderne idéen, II, § 91.

«Le but véritable et direct de l'État, c'est le développement des facultés de la Nation, le perfectionnement de sa vie, son achèvement, par une marche progressive, qui ne se met en contradiction avec les destinées de l'Humanité, devoir moral et politique sous-entendu. Cette formule comprend tout le but, rien que le but de l'État; elle respecte les caractères et les besoins particuliers des nations, les variétés de leur développement, tout en assurant l'unité du but. Le premier devoir de l'individu, n'est-il pas dans le développement de ses facultés, dans la manifestation de son être? De même la personne de l'État a pour mission de développer les forces latentes de la Nation, de manifester ses qualités, ce qui implique en deux mots la *conservation* et le *progrès*, l'une gardant les conquêtes du passé, l'autre cherchant celles de l'avenir [1].»

Mais, qu'est ce que veut dire tout cela? Est-il quelque jurisconsulte qui se charge de nous en donner l'explication? Comment pourrions-nous l'espérer s'ils avouent qu'on manque encore d'une idée claire de l'État, et quelques-uns vont jusqu'à dire qu'aujourd'hui il est impossible de l'avoir?

«Que l'idée de l'État, écrivent deux des plus distingués [2], est très-loin de la clarté nécessaire, on le conaît rien qu'à remarquer la *variété* et même la *contradiction* des systèmes destinés à la rechercher. Que cette confusion est aujourd'hui inévitable, on le comprend aussi en considérant que le concept de l'État doit être conséquence d'autres concepts supérieurs ou intégrants de lui-même, et que les incognites ne s'eclaircissent pas tant que l'on ne découvre la valeur des termes qu'elles contiennent. L'État implique un rapport très complexe, et tant que ses éléments ne seront pas parfaitement déterminés dans

---

[1] Théorie générale de l'État, livre V, chap. IV.

[2] Piernas et Miranda, Manual de Instituciones de Hacienda pública española, part. générale, section 1.e, chap. I.

leur nombre et dans leur nature, on ne peut pas attendre une définition précise de cette institution, quelle que soit l'urgence à la demander.»

Admettons, donc, au moins pour le moment et jusqu'à ce que les néo-économistes ne nous en donnent une notion plus claire, que l'État a pour mission de garantir la liberté, et qu'il n'est que la société politique organisée, c'est-à-dire une association partielle, très importante sans doute, mais pas autre chose.

C'est ainsi que le définissait Cicéron, et que de nos jours le définit Bluntschli, quoique lui attribuant une sphère d'action et un caractère, à notre avis, aussi faux que dangereux.

«La cité, dit le premier [1], c'est la constitution du peuple.»

«L'État, écrit le second [2], c'est la personne politiquement organisée de la Nation dans un pays déterminé.» Et ailleurs [3]: «La Nation est une communauté d'hommes unis et organisés en État. L'idée de Nation se refère toujours à l'État: sans État, point de Nation.»

D'autres juristes, cependant, ne veulent pas que l'on confonde la Nation avec l'État.

«La Nation, disent MM. Piernas et Miranda [4], n'est pas l'État; c'est une société formée en vertu de certaines conditions de territoire, de race ou d'idiome, qui établissent une communauté entre un nombre plus ou moins grand d'hommes. Le rapport de la Société-Nation à l'État national est le même qui existe entre la Société et l'État, considérés en absolu. C'est pour cela qu'on voit les États se former malgré les nationalités, et que celles-ci subsistent malgré les États, comme le prouvent éloquemment

---

[1] De rep. I, 26.

[2] Théorie générale de l'État, livre premier, chap. III.

[3] Ibidem, livre deuxième, chap. II.

[4] Manual de Instituciones de Hacienda pública española, part. générale, section première. chap. I.

quelques pages, encore récentes, de notre histoire contemporaine.»

Mais en cela nous croyons que M.M. Piernas et Miranda confondent les États réels, ou tels qu'ils se constituent quelquefois, avec l'État idéal ou fondé sur des bases naturelles, c'est-à-dire conformément au droit, ce qui est le vrai sens du mot *État*.

Quoi qu'il en soit, ce que surtout on ne doit pas confondre, c'est l'État avec les autres associations humaines, et à plus forte raison avec la Société en général.

Celle-ci poursuit des buts beaucoup plus vastes et plus étendus, puisqu'elle est, non-seulement politique, mais encore religieuse, économique, scientifique, artistique et même morale et juridique, organismes qui n'ont rien à voir avec le pouvoir public, si ce n'est pour qu'il garantisse la liberté à tous et à chacun des hommes qui en font partie.

Cette confusion de la Société avec l'État est cependant très fréquente, même parmi les juristes.

Ainsi J.-S. Mill, qui en est un des plus distingués, soutient que «le Gouvernement existe pour les mêmes buts que la Société, et qu'il doit faire tout le bien et empêcher tout le mal qui dépende de son existence [1].»

Bluntschli distingue l'État de la Société, mais en annulant presque entièrement celle-ci, ou au moins en la subordonnant à celui-là, tellement que pour cet auteur l'État est tout et la Société une chose très secondaire.

«La Nation, dit-il, est un tout nécessairement uni; la Société une *union accidentelle* d'individus. La première est organisée de pied en cap dans l'État; la seconde n'a pas d'organisation à elle. L'une est une personne juridique, l'autre n'a pas de personnalité d'ensemble. Celle-là a l'unité de la volonté et le pouvoir public de la réaliser; celle-ci n'a ni volonté une ni pouvoir public propre: elle ne peut

---

[1] Principles of political Economy, livre V, chap. II, § 2.

ni légiferer, ni gouverner, ni rendre la justice; elle ne crée que l'opinion publique et n'est ainsi dans l'État qu'une influence *indirecte*, variant avec les vues, les intérêts, les désirs des individus. La Nation est une *conception de droit public*, la Société n'est qu'une liaison changeante de *personnes privées* dans les limites de l'État [1].»

Et ailleurs, en comparant la Société avec le peuple, il ajoute: «On peut reconnaître dans le peuple un organisme naturel, au moins pour le rapport physique; la Société n'est qu'*une somme d'individus* [2].»

Cela revient au même qu'à nier absolument l'existence de la Société, en la mettant à l'égal d'un troupeau d'hommes que l'État peut gouverner à son gré, comme le pasteur gouverne un troupeau de bêtes.

Mais Bluntschli va encore plus loin, et il soutient que l'idéal de l'État n'est rien moins que l'Humanité corporelle et visible.

«Les États bornés à une nation n'ont qu'une valeur et une vérité relatives. Le penseur ne saurait voir en eux la réalisation de l'idée la plus élevée de l'État. Pour lui, l'État est un organisme humain, une personne humaine. L'esprit qui l'anime est celui de l'Humanité; c'est, donc, l'Humanité qui doit être son corps, car il faut à l'esprit un corps correspondant. Une âme humaine ne saurait vivre que dans un corps humain. Le *corps de l'État* doit imiter le *corps de l'homme*. L'*État parfait* et l'*Humanité corporelle et visible* sont donc synonimes [3].»

Nous n'ignorons pas que Bluntschli tend dans ce passage à prouver la nécessité d'un *État universel*. Conception magnifique et qui, réalisée, non par la force, ainsi que l'ont prétendu les grands conquérants, Alexandre, Jules César, Charlemagne, Mahomet, Napoleon I, mais par l'assenti-

---

[1] Théorie générale de l'État, livre deuxième, chap. V.

[2] Ibidem, livre premier, chap. II.

[3] Ibidem, livre premier, chap. II.

ment de tous les États partiels et sans aucun détriment de leur autonomie ou indépendance, suivant le sens que lui donne le même publiciste, fait vraiment honneur à son talent. Mais, on peut très-bien imaginer un État universel sans que pour cela on identifie l'État avec l'Humanité, surtout quand, d'après Bluntschli, l'État universel ne serait qu'un nouvel organisme social destiné à unir et harmoniser les diverses nationalités, en administrant leurs intérêts communs et en donnant une solution pacifique aux querelles internationales.

On le voit: annulation de la Société, confusion de l'État avec elle et même avec l'Humanité entière; doctrines dangereuses qui ont été la source ou qui ont donné gain de cause à toutes ces écoles politiques et économiques qui, proclamant comme justes et légitimes les intrusions du Gouvernement dans le domaine de toutes les activités, conduisent, directement ou indirectement, à l'absortion de l'individu dans la Société et de celle-ci dans l'État, restreignent la liberté dans ses diverses manifestations, sanctionnent l'arbitrariété des pouvoirs publics, qui se traduit par despotisme ou tyrannie, et vont jusqu'à prétendre détruire toute association libre et partant naturelle, pour lui substituer tel ou tel système d'association artificielle et forcée.

On dit d'ordinaire que l'État définit le droit. Expliquons-nous. Si par ces mots on veut signifier que cette institution, chargée comme elle est de maintenir la liberté de tous et de chacun, partant d'empêcher les collisions entre les libertés des divers individus et des divers organismes sociaux, met des bornes ou des limites à la liberté, et par conséquent aux droits qui s'exercent librement, nous n'avons pas de difficulté à admettre une telle doctrine. Mais si on prétend en déduire que tous les droits sont à la merci du Gouvernement, et qu'en sus de leurs limites naturelles, qui sont celles de la liberté, il peut encore les restreindre à son gré, alors nous la repoussons comme despotique et contraire à la justice, et même à la

Morale, qui déclare l'homme libre, tant comme individu que comme membre de la Société.

On dit aussi que l'État réalise le droit, et ceci demande également une explication. Il est, en effet, un droit de l'État, correspondant à son devoir, et qui consiste dans la faculté de décerner la justice à tous les citoyens; mais ceux-ci ont aussi leur droit ou leurs droits propres, inhérents aux devoirs que la Morale leur prescrit et qui sont très différents de celui de l'État. Le premier se nomme *droit public* ou *politique*, qui comprend le *droit administratif*, et se réalise par cette institution, ou bien par le Gouvernement qui la personnifie; le second se dénomine *droit commun* ou *civil*, et il se réalise par les personnes auxquelles il concerne, c'es-à-dire par les individus ou par les divers organismes sociaux, selon qu'il se rattache à l'une ou à l'autre de ces deux entités juridiques.

De sorte que le seul droit que l'État réalise c'est son propre droit. S'il devait réaliser tout le droit, «son action s'étendrait à la vie entière, depuis l'intimité de la conscience, où nos actes commencent, jusqu'à leur manifestation extérieure, ce qui n'est nullement, parce qu'à l'idée d'État se joint toujours celle de coaction ou force collective, et le droit donne lieu à un grand nombre de rapports tout à fait étrangers à la sanction externe, qui est la seule applicable par le pouvoir public [1].»

Nous ne nous arrêterions pas à cette longue explication, si tous les juristes avaient un concept précis de l'État; mais il n'en est pas ainsi, comme nous l'avons dit, puisque, partant de l'idée que cette institution réalise le droit, ils confondent la sphère de l'État avec celle du droit, ainsi que la sphère de la Nation ou société politique avec celle de toute la société.

De cette confusion se ressentent la plupart des défini-

---

[1] Manual de Instituciones de Hacienda pública española, partie générale, section première, chap. II.

tions qu'on a données du droit, et surtout celles de Taparelli, Kant et Ahrens, ci-dessus exposées. Qu'on examine attentivement ces définitions, et l'on verra qu'elles se rapportent, non pas au droit, mais à l'État, deux choses tout à fait différentes et que cependant ces écrivains ne réussissent pas à distinguer.

En effet, qu'est ce que le droit pour Taparelli? Le pouvoir par lequel un homme est irréfragablement faculté pour imposer sa volonté aux autres. Or, ce pouvoir ne réside que dans l'État.

En quoi le droit consiste-t-il suivant Kant? Dans l'ensemble de conditions moyennant lesquelles la liberté de chacun peut coexister avec la liberté de tous. Or, c'est seulement l'État qui procure ces conditions.

Comment Ahrens conçoit-il le droit? Comme l'ensemble de conditions dépendantes de la liberté et nécessaires pour l'accomplissement du but humain. Or, c'est aussi l'État qui doit maintenir la liberté.

Toujours la même confusion, de l'État avec le droit, en supposant que l'un et l'autre ont la même sphère d'action, tandis que le second s'étend à tous les actes de la vie et le premier seulement à ceux qui troublent ou empêchent l'exercice de la liberté.

C'est ainsi qu'Ahrens et toute son école, aujourd'hui prédominante dans la Science du Droit, ont pu dire que «l'État doit protéger directement tout le développement social [1]» tandis que cette mission appartient au droit, et encore le droit est chargé de protéger aussi le développement individuel.

C'est ainsi qu'on a attribué à l'État deux fonctions, l'une régulatrice, qui consiste à maintenir l'équilibre, la proportion et l'harmonie entre toutes les activités sociales —et pourquoi pas entre les activités individuelles?—ce qui revient au même qu'à garantir la liberté, et l'autre

---

[1] Philosophie du Droit, deuxième volume, page. 339.

dite *complémentaire, supplémentaire* ou de *tutelle*, que l'on fait consister à suppléer l'insuffisance des mêmes activités sociales—toujours la Société et jamais l'individu!—en venant directement à leur aide pour qu'elles puissent accomplir le but humain [1].

Il est vrai que dans ces vagues indications il n'y a rien de précis sur la prétendue fonction complémentaire; son propre inventeur Ahrens reconnait qu'on n'a pas encore fixé la manière comme l'État doit protéger la culture sociale, et quoique il prétend de le faire, c'est avec si peu de succès qu'il va jusqu'à défendre les doctrines les plus absurdes, telles que c'est au Gouvernement de déterminer les fruits de la terre qu'on doit cultiver de préférence et de pourvoir à la subsistance de ceux qui exercent les plus hautes professions de la Société, surtout celle de ministres de la Religion.

Mais tous les disciples d'Ahrens n'acceptent pas ces conclusions. Ainsi Mr. Piernas, qui appartient sans doute à ce nombre, quoiqu'il admet que l'État ne doit pas être indifférent à l'égard d'aucun des buts humains et que cette institution doit y pénétrer *en quelque sorte*—laquelle?—ajoute qu'elle doit le faire sans détriment des efforts individuels et respectant dans tous les cas leur indépendance, «tellement qu'il ne lui appartient de diriger l'industrie ni de réglementer le commerce, mais c'est son droit de limiter le travail des enfants et des femmes à ce qui est propre de leur condition [2],» comme si cette limitation n'était pas dépressive des efforts individuels, qui d'après le même auteur doivent être respectés *dans tous les cas*.

Bluntschli, qui en sus du but principal et direct de l'État, se rattachant, dit-il, à la Nation, lui attribue des devoirs indirects ou relatifs aux *intérêts privés* des personnes, s'exprime à ce propos comme il suive:

---

[1] Cuesta, Elementos del Derecho político, chap. III, §. IV.

[2] Vocabulario de la Economía, art. État.

«L'homme doit développer son individualité, ses facultés, son caractère, dans le cercle harmonique des devoirs de la famille, du peuple, de l'Humanité. Pour accomplir ce devoir, la *liberté privée* lui est indispensable. L'État doit, donc, la protéger contre toute attaque injuste; il lui est interdit de l'opprimer. Il faut ici que l'État se rende clairement compte des bornes de sa nature même.

»1. Organisation externe de la vie commune, il n'a des organes que pour la vie extérieure; il n'en a pas pour la vie interne de l'esprit, tant qu'elle ne s'est pas manifestée par des paroles ou par des actes. Il est impossible que l'État s'étende à *toutes* les fins de la vie individuelle, par cela déjà que plusieurs d'entre elles sont cachées à ses yeux, soustraites à sa puissance. Ce n'est pas l'État qui distribue les *aptitudes*; il ne peut ni guérir le fou, le poltron ou l'aveugle, ni suivre la pensée du savant ou réfuter les vieux préjugés. Le domaine de la *vie individuelle*, surtout celle *de l'esprit*, est donc naturellement hors de son pouvoir.

»2. L'État repose entièrement sur la nature commune des hommes, et spécialement de ses habitants. Son pouvoir ne s'étend donc pas à la vie privée dans ce qu'elle a d'essentiellement individuel, mais seulement dans ce qui est déterminé par la nature commune de tous et dans la mesure des besoins communs. Ainsi l'État peut protéger également la propriété de chacun; mais c'est à l'individu qu'il appartient de disposer de la chose à sa manière. Il y a dans la propriété un côté délicat, qui est purement individuel et dont l'État n'a point à s'occuper. La propriété de Paganini sur son violon, de Litz sur son piano, de Kaulbach sur son crayon, a un sens tout différent de celle qui appartient au premier venu sur des instruments semblables. De même l'État peut bien marquer en traits généraux et grossiers les conditions du mariage et les droits des époux; il le doit même pour le maintien des familles et des mœurs. Mais sa puissance ne va point jusqu'à en régler la consommation, ou jusqu'à déterminer la forme délicatement individuelle de la vie de famille. Humboldt allait trop loin en soustrayant toute l'institution du mariage au pouvoir de l'État, pour l'abandonner complètement à la liberté privée. Le droit canon tombe dans l'excès contraire, en réglementant des choses qui appartiennent à celle-ci. L'État qui punissait l'hérésie, comme un crime, franchissait les bornes naturelles de son pouvoir.

»3. L'État ne peut *commander* que lorsqu'il s'appuie sur un droit, car toute contrainte légitime a un fondement juridique. Inversement, le droit des individus est limité:

»*a*. Par les *nécessités de la coexistence paisible et rapprochée des personnes, c'est-à-dire par les règles reconnues des conditions nécessaires de la vie commune* (droit privé et droit pénal);

»*b*. Par l'*existence* et le *développement* de la Nation, supérieure au droit privé dans la mesure des exigences du bien public (impôt, service militaire, droit constitutionnel, droit administratif).

»L'État est l'autorité suprême en matière de droit; la loi et l'application du droit sont essentiellement choses de l'État.

»4. Lorsque l'*action* de l'État cesse de s'appuyer sur un droit et sort ainsi des bornes de l'ordre juridique, elle perd essentiellement la forme de la contrainte; elle n'est plus qu'*aide, tutelle, encouragement* (*économie générale, soins de l'État* pour les progrès de la *civilisation*). Le bien public s'étend ici au *bien de la Société*, à cause de l'*appui dont celle-ci a besoin* [1].»

Tels sont, aux yeux de Bluntschli, les devoirs indirects de l'État, ou bien ses fonctions supplémentaires, dont nous avons parlé ci-dessus. Azcárate va plus loin et il *s'incline à croire*—ne cherchons pas dans l'école des convictions arrêtées—que l'État doit protéger *directement* le développement social, seulement par des *raisons historiques*, qui le forcent à exercer une véritable tutelle sur les autres buts

---

[1] Théorie générale de l'État, livre cinquième, chap. IV.

et sociétés partiels; «mais non parce qu'une telle intervention découle de l'idéal de l'État [1];» ce sont ses propres mots.

Cette manière de voir réduit déjà la prétendue fonction supplémentaire de l'État à une attribution circonstantielle, accessoire, *historique*, comme le même écrivain la qualifie parfaitement, attribution pareille à celle qui réserve certains services publics au Gouvernement, tels que la fabrication de la monnaie, la construction des voies de communication, les postes, les télégraphes, etc., et en ce sens nous n'avons pas de difficulté à l'admettre, comme tous les économistes, même les plus individualistes ou radicaux.

Ainsi A. Smith reconnait dans l'État trois devoirs, très importants, dit-il, mais clairs, simples et aisément compréhensibles. «Le premier c'est le devoir de défendre la Société de tout acte de violence ou d'invasion de la part des autres sociétés indépendantes. Le second c'est le devoir de protéger, autant que possible, tous les membres de la Société contre l'injustice et l'oppression de tout autre membre, ou le devoir d'établir une bonne administration de la justice. Le troisième c'est le devoir de fonder et d'entretenir certains travaux publics et certaines institutions, que l'intérêt privé ne saurait jamais parvenir à fonder ni à entretenir, parce que le profit ne compenserait pas la dépense pour un ou pour plusieurs particuliers, quoique pour une grande société cette utilité soit plus que suffisante pour en compenser la dépense [2].»

Et ailleurs l'illustre économiste ajoute:

«Les dépenses pour maintenir les voies sûres et commodes, et pour faciliter les communications, sont sans doute profitables pour la Société, et partant elles peuvent sans

---

[1] Estudios económicos y sociales.—Notion du droit, note.

[2] An inquiry into the nature and causes of the wealth of nations, livre IV, ch. IX.

injustice se faire payer au moyen d'une contribution générale.» «Les dépenses des institutions pour l'éducation publique et pour l'instruction religieuse sont pareillement sans doute des dépenses qui profitent à toute la société, et elles peuvent aussi sans injustice se faire avec le produit d'une contribution générale.» «Lorsque les établissements et les travaux publics, utiles à toute la société, ne peuvent être, ou ne sont pas de fait, entretenus en totalité aux dépens des membres particuliers qui en profitent plus immédiatement, il faut que le déficit soit comblé dans la plupart des cas avec le produit de la contribution générale de toute la société: outre l'obligation de pourvoir aux dépenses de la défense publique et de celles qu'exige la dignité du premier magistrat, elle doit être encore employée à suppléer le déficit de beaucoup de branches particulières de revenus [1].»

J.-B. Say distingue parfaitement les organes essentiels des organes accidentels de l'État, en appelant accidentels ceux qui peuvent être ou ne pas être sans que le corps social en dépende à la rigueur [2], et à propos de l'instruction populaire, il dit que ce qui n'est pas dans l'intérêt privé, mais qui touche à l'intérêt universel, doit être fait aux dépens du public [3].

Bastiat, qui passe pour être le plus grand adversaire de l'ingérence gubernative, et le representant le plus autorisé de l'école individualiste, ne se montre pas plus rigide que J.-B. Say sur les attributions de l'État. «Qu'une nation, dit-il, après s'être assurée qu'une grande entreprise doit profiter à la communauté, la fasse exécuter sur le produit d'une cotisation commune, rien de plus naturel [4].»

---

[1] Loco citato, livre V, chap. I.

[2] Cours complet d'Économie politique pratique.—Part. IX, tableau général, 2.e section.

[3] Ibidem.—Part. VII, chap. 28.

[4] Petits pamphlets.—Travaux publics.

Mais ceux qui ont interprété le mieux, à notre avis, la pensée des économistes à ce propos sont Minghetti et Opzoomer.

«Il me semble, dit le premier, qu'outre le maintien de la justice, attribut essentiel de l'autorité civile et que tous lui concèdent, on doit lui assigner aussi celui de fournir et de compléter le déficit de la tâche des particuliers, des familles, des associations, dans ces parties qui regardent directement l'utilité publique. Cependant, mettons que la famille, les institutions spéciales, l'Église, suffisent à pourvoir à l'instruction, à l'éducation populaire; mettons que les travaux de routes, de ponts, de canaux, soient conduits et entretenus par des compagnies particulières; mettons, en fin, que le système d'assurances mutuelles soit combiné et étendu de manière à réparer les calamités inopinées. Il n'y aurait point alors besoin de s'en remettre au Gouvernement, ni pour l'enseignement, ni pour les travaux publics, ni pour la bienfaisance.» «On ne peut donc établir, comme maxime absolue et immuable, que l'unique office du Gouvernement soit de protéger la sécurité et les droits privés, et qu'il lui soit interdit de mettre le pied en dehors de ce cercle. Une intervention ultérieure dans les choses d'importance, ou pour écarter ce qui fait obstacle à l'activité privée, ou pour en faciliter l'exercice, peut être juste et opportune, pourvu qu'elle ait les deux conditions suivantes: 1.° qu'elle soit supplétive et complémentaire, et de là que le Gouvernement s'abstienne de se mêler de tout ce qui peut être fait convenablement par les particuliers, par les familles, par leurs associations volontaires, et se garde, pour faire autrement ou mieux, d'usurper la tâche d'autrui; 2.° Qu'elle soit temporaire, et de là que le Gouvernement tende toujours à déposer le fardeau à lui conféré par la nécessité des temps, et restreigne d'autant son action que va se développant l'activité des particuliers et des corporations. Je vois là une conciliation de la méthode rationnelle et de la méthode historique, en posant la liberté comme la fin à la quelle on vise, mais en tenant compte de ces difficultés pratiques, trop souvent méconnues par les économistes ou par eux negligées avec une légèreté excessive [1]. »

De son côté, Opzoomer, en commentant la formule d'Adam Smith, s'exprime comme il suit:

« 1. La principale fonction, toujours indispensable et indiscutible de l'État, c'est la protection des personnes et des propriétés contre toute offense qui vienne de l'extérieur ou de l'intérieur, c'est-à-dire le maintien du droit contre d'autres États ou d'autres individus, nationaux ou étrangers.

» 2. Tout autre office de l'Etat est sujet à discussion, et celle-ci doit se borner à la recherche des avantages et des dommages, qui dépendent toujours des circonstances.

» 3. Toute nouvelle attribution que l'on veuille donner à l'État, doit être préalablement examinée avec attention, et accordée seulement quand il sera démontré d'une manière péremptoire que la chose est nécessaire et urgente dans l'intérêt de la Nation, qu'elle peut être utilement et promptement exécutée par l'État et qu'autrement elle ne le serait qu'incomplètement et tardivement.

» 4. Il ne faut pas que l'État se débarrasse subitement ou s'occupe légèrement de ce dont il est depuis longtemps chargé. Il faut qu'il tienne ferme à ce qu'il a créé et fondé, et qu'il ne le laisse pas périr par la seule raison qu'il le juge étranger à ses attributions.

» 5. Il ne doit pas s'obstiner non plus à le retenir indéfiniment dans ses mains. Au contraire, il doit constamment permettre et même exciter les tentatives pour transférer une partie de ses labeurs aux citoyens et aux sociétés libres. Qu'en tout cela, il agisse surtout selon les vœux et les idées de la Nation. S'y opposer serait un grand er-

[1] Des rapports de l'Economie publique avec la Morale et le Droit, livre IV.

reur; qu'il y consente volontiers, en y concourant de bon gré et en préparant les voies sans une dangereuse précipitation [1].»

On voit donc que les économistes orthodoxes ne refusent pas absolument à l'État ce que Bluntschli appelle ses devoirs indirects et d'autres juristes sa fonction supplétive ou complémentaire; mais considérant toujours cette fonction comme un simple accident, et n'accordant à l'État d'autre but que celui d'organiser et de réaliser le droit de défense, ou bien de maintenir, ainsi que nous l'avons dit maintes fois et nous le répétons encore, la liberté de l'individu et de tous les organismes sociaux.

Ce but est essentiel ou nécessaire; partant l'État, institué pour le réaliser, l'est également. Ainsi le déclarent tous les économistes, et si Molinari a nié quelque part, comme l'affirment MM. Piernas et Miranda [2], la légitimité de l'État, en supposant que c'est une institution condamnée à disparaître avec la civilisation et le progrès, voilà comment il s'exprime en revanche dans l'article *Nation* du Dictionnaire de l'Économie politique:

«L'Économie politique n'est pas *an-archiste*. Les économistes sont parfaitement convaincus que les gouvernements remplissent au sein de la Société un rôle nécessaire, et c'est même parce qu'ils apprécient toute l'importance de ce rôle qu'ils sont d'avis que les gouvernements ne doivent pas s'occuper d'autre chose.» Et plus loin, il ajoute: «En résumé, l'Économie politique reconnaît que le fractionnement de l'Humanité en nations a son utilité, sa raison d'être; elle reconnaît qu'aucune nation, à moins de la supposer composée d'anges, ne saurait se passer de gouvernement.»

---

[1] Die Grezen der Staatsmatch.

[2] Manual de Instituciones de Hacienda pública española, part. générale, première section, chap. II.—Vocabulario de la Economía, art. Individualisme.

Les socialistes de la chaire accusent cependant les économistes, qu'ils appellent *smithiens*, de regarder l'État comme un *mal nécessaire*, qu'on doit restreindre autant que possible.

Ils ont trouvé sans doute un prétexte à cette accusation dans certaines phrases échappées à quelques économistes allemands, dans l'ardeur de la lutte que ceux-ci ont soutenu avec la nouvelle école, et que Cusumano, un des plus enthousiastes propagateurs de ses doctrines en Italie, se plait à faire ressortir. Voici ces phrases, selon cet écrivain [1]:

«L'État devrait se disoudre plutôt que de donner un cours forcé aux billets de Banque.»

«L'État et la Société sont de simples *abstractions*, et non des réalités: attribuer quelque responsabilité à l'un ou l'autre c'est la même chose que ne l'atribuer à personne.»

Quant à A. Smith, il ne défendit jamais de telles idées, et vainement chercherait-on dans ses écrits quelque chose qui leur ressemble. C'est J.-B. Say qui a dit que les lois et l'administration devraient être considérées comme un remède que nos maux font nécessaire, et dont il convient de faire le moins d'usage possible [2]. Mais, comme Ciconne le remarque avec raison [3], il y a des propositions qui s'émettent seulement pour frapper l'imagination : elles sont comme des mots aigus, qui ont plusieurs côtés, et regardés dans un sens, elles sont vraies, et dans un autre, elles sont fausses. Le mot *mal nécessaire*, appliqué á l'État, ou pour mieux dire au Gouvernement, en est un exemple. Le Gouvernement agit par la force: se soumettre à la force est sons doute un mal, mais un mal nécessaire pour obtenir un bien, qui est la justice et l'ordre. Les lois qui menacent de peines sont pour les méchants;

---

[1] Le scuole economiche della Germania, págs. 36 y 68.

[2] Cours complet d'Économie politique pratique, part. VII, chap. 16.

[3] La nuova scuola economica tedesca, chap. VI.

si ceux-ci n'existaient pas, l'amour de la vertu suffirait au lieu des lois.

Au surplus, comment peut-on accuser les économistes orthodoxes ou individualistes d'anarchistes ou ennemis de l'État, quand ce sont eux qui attribuent au Gouvernement le caractère de producteur, que lui refusent leurs accusateurs, les socialistes de la chaire et les néo-économistes?

Mais c'est assez de disquisitions juridiques. Nous croyons avoir déterminé clairement le concept du droit et de l'État. Cela fait, la détermination des rapports de l'Économie avec la Science du Droit c'est la chose la plus simple.

Nous avons vu que le bien individuel est le but nécessaire de l'activité économique.

Nous avous dit, aussi, que le droit se fonde sur la nécessité de réaliser le bien.

Il est, donc, évident que l'exercice de l'activité économique, et partant tous les actes et toutes les œuvres de ce genre supposent un droit.

Et, en effet, la science juridique reconnait comme autant de droits:

1.° L'élection d'art ou profession, qui comprend celle du maître, de la méthode et de la doctrine dans l'apprentissage.

2.° Le travail dans tous ses procédés et applications.

3.° L'association des producteurs et la réunion d'efforts et de moyens économiques.

4.° La contractation de toute espèce de rétributions.

5.° L'appropriation et la transmission de toute sorte de produits (possession, propriété, épargne, hérédité, échange, crédit et consommation de la richesse).

Tout principe, toute institution, tout acte qui s'oppose à ces droits, est faux, injuste, abusif, et on peut le repousser par la force (droit de défense).

L'État ne doit faire autre chose que garantir le libre exercice des droits, et partant:

La liberté de l'instruction et de l'enseignement;

La liberté du travail et du travailleur;

La liberté du capital et du capitaliste;

La liberté de réunion et d'association;

La liberté de contractation, qui comprend celle du commerce et du crédit;

La liberté de tester;

La liberté de la consommation.

Tels sont, à notre avis, les rapports de l'Économie avec la Science du Droit. Teut ce qui, d'après la première, est utile, convenable ou conforme au bien individuel, la seconde le déclare juste et l'État le fait libre, en se chargeant de maintenir la liberté nécessaire à l'accomplissement du droit, comme à l'exercice de l'activité économique. Ni plus ni moins.

«L'Économie politique estime, donc, que l'État a rempli toute sa mission et tout son devoir, en Industrie, quand il a garanti la sécurité et la loyauté des transactions, quand il a assuré à chaque producteur la liberté, la justice et le droit commun. Elle repousse une immixtion directe de l'État, soit à titre de producteur, soit à titre de regulateur ou de protecteur.

»D'abord l'État n'est pas compétent en semblable matière. Où l'homme d'État puiserait-il le principe de cette compétence? Les fonctions si grandes, si vastes, si complexes par elles-mêmes, qui lui incombent en propre, ne sont-elles pas d'un ordre tout différent que ce qui constitue les aptitudes industrielles, soit agricoles, soit manufacturières, soit commerciales, soit même, généralement parlant, économiques? Il faudrait des connaissances et un génie universels pour pouvoir décider pertinemment sur toute chose.

«Qu'arrive-t-il, dès lors, si l'homme politique veut faire acte d'autorité hors de la sphère de ses légitimes attributions? Il arrive que c'est dans les considérations d'ordre politique que le Gouvernement cherche comment il doit décider et agir. C'est par rapport aux intérêts politiques, dont il est le représentant et l'instrument, qu'il résoudra les questions d'Économie sociale, attribuées indûment à son arbitrage. Il favorisera les uns et maltraitera les autres, suivant les convenances ou la situation gouvernementale du jour, suivant les doctrines officielles en honneur, suivant les influences de classe ou de parti, dont il relève plus ou moins. Ainsi, la politique, à son tour, sera viciée dans son principe, et tirera une puissance abusive du maniement des intérêts. La corruption des gouvernants et celle des gouvernés sortiront fatalement d'une telle source.

»Il y a encore autre chose à voir. Lorsque l'État prend l'initiative de telle ou telle entreprise, ou lorsqu'il fait pencher la balance dans tel ou tel sens, au milieu de la compétition des intérêts, sur qui retombe la responsabilité effective de son action? Est-ce sur les gouvernants eux-mêmes? Nullement: si un particulier entreprend, dépense, échange, etc., il le fait à ses risques personnels; il s'enrichit ou se ruine, suivant l'issue de ses opérations. Il est donc sollicité de la façon la plus énergique par son propre intérêt à agir prudemment et économiquement. Mais, quand l'État opère, soit qu'il dépense, soit qu'il emprunte, soit qu'il accorde des privilèges, ce n'est point sa fortune propre, car il n'en a pas, c'est la fortune des gouvernés qui est en jeu et qui devra, en fin de compte, d'une façon ou d'une autre, supporter la conséquence des faux calculs, ou des entreprises mal conduites. Voilà pourquoi ce que fait l'État coûte habituellement plus cher que ce que fait l'industrie privée. Toute responsabilité directe, au sens économique, manque à l'action de l'État. —Verrait-on les nations modernes chargées, comme elles le sont, pour la plupart, d'une dette publique énorme, si la position personnelle des gouvernants eût dû s'en trouver atteinte?

»Faire l'ordre, la paix, la sécurité; rendre justice à chacun, garantir le droit commun et toutes les libertés publiques et privées, voilà au contraire une mission aussi pure que grande, une mission vraiment morale, vraiment digne de l'ambition et des hautes capacités du souverain ou de ses auxiliaires [1]. »

S'en suit-il, comme le supposent quelques néo-économistes [2], que nous prenions la liberté comme *but* de l'activité humaine, tandis qu'elle en est seulement le moyen? Au contraire.

« La grande importance de la liberté, dit Ciconne [3], pour le progrès de la vie des nations, a donné lieu au faux concept vulgaire qui regarde la liberté comme un but, tandis qu'elle ne peut constituer qu'un moyen; car, n'étant qu'une forme et une manière d'exercer nos facultés, elle doit nécessairement en partager la nature. Or, nos facultés ne sont pas un but en elles-mêmes, mais des moyens pour obtenir un but, qui est celui de nous procurer les ressources capables de satisfaire nos besoins, et si parfois, dans les actes qui visent au perfectionnement de nos facultés, il semble que celles-ci sont un but en elles-mêmes, c'est une pure illusion; parce qu'alors il s'agit de perfectionner le moyen, pour le faire plus approprié à l'accomplissement de son office: c'est comme lorsqu'on aiguise le fer pour le rendre plus apte à couper. Et cette vulgaire préocupation, qui regarde la liberté comme un but, est peut-être la cause qui fait que les peuples trouvent insuffisantes les plus amples libertés, et qu'ils ne se croient jamais assez libres s'ils ne peuvent pas abuser de la liberté impunément. »

« Le but économique, avons nous dit ailleurs [4], ne saurait s'accomplir tant que l'homme ne soit pas libre, tant qu'il n'exerce son activité sans que les mœurs ni les institutions politiques s'y opposent. Si quelque obstacle difficulte cet exercice, si quelque cause l'annule ou

---

[1] Introduction à l'étude de l'Économie politique, X.e séance, § III.

[2] Voyez Vocabulario de la Economía, par Mr. Piernas, art. Concurrence.

[3] Principi di Economia politica, livre VI, chap. III, § 3.

[4] Tratado didáctico de Economía política, 3.o edition, p. 27.

le limite, on ne doit pas attendre que les théories de la science se traduisent en faits: elles demeureront toujours vraies, mais stériles et infécondes, dans les régions spéculatives.

«Les lois économiques ne se réalisent qu'au milieu de la liberté. L'activité libre est le seul *moyen* que l'homme possède, la seule force qu'il porte dans lui-même pour atteindre son bien-être. Lorsqu'on empêché cette force d'agir, lorsqu'on lui donne une direction contraire ou seulement distincte de celle que l'intérêt personnel voudrait lui donner, le bien-être devient tout à fait impossible. C'est pour cela que le travail, premier et principal facteur de la richesse, est si peu productif dans le régime de l'esclavage; que l'échange, source de tout progrès, s'arrête ou dégénère dans le système du protectionnisme; enfin, que l'association forcée conduit fatalement à l'inertie et la misère.»

Où l'on voit que la liberté n'est pour nous, comme pour tous les économistes orthodoxes, qu'une condition indispensable de l'exercice de l'activité en Économie. Mais ceci est notre véritable péché, aux yeux de nos adversaires, comme le prouvent leurs attaques contre la concurrence, qui est la forme de la liberté économique.

Nous ne nous arrêterons pas ici à défendre ce grand principe: on ne défend pas le soleil, comme dit très-bien Coquelin [1], quoique il brûle quelquefois la terre qu'il est destiné à éclairer et réchauffer: or, la concurrence est au monde industriel ce que le soleil est au monde physique.

«La concurrence, dit aussi Dameth [2], est une loi naturelle de l'économie sociale, par cette raison décisive, qu'elle est la liberté en action, la liberté se réalisant et se protégeant elle-même. Sans concurrence, il n'existe aucun réfuge certain contre le monopole, c'est-à-dire contre

---

[1] Dictionnaire de l'Économie politique, art. Concurrence.

[2] Introduction à l'étude de l'Économie politique.—Appendice, § V.

l'asservissement de l'intérêt général à l'interêt particulier.»

«La liberté, en Économie, écrit enfin Ciccone [1], se montre sous la forme de la concurrence, et elle a été invoquée par les économistes comme le remède aux vices d'un autre système, celui du privilége. Or, il faut chosir, ou le privilége ou la concurrence; entre les deux, il n'y a qu'une sortie, le communisme. Mais le communisme est hors de question: le privilége et la concurrence ont subi l'épreuve de l'experience, et il est maintenant démontré que le développement merveilleux de la richesse dans ce siècle est dû à la concurrence substituée au privilége. Sans doute que de la concurrence est découlé, avec beaucoup de bien, quelque peu de mal; mais sans l'eau et le feu on ne peut pas vivre, et de l'eau viennent les inondations et du feu les incendies. Ainsi que l'on cherche les moyens de prévenir les dangers du feu et de l'eau sans renoncer à leur usage, il est raisonnable de faire une étude attentive des maux causés par l'abus de la concurrence et d'en chercher les remèdes opportuns. Les socialistes de la chaire proposent l'intervention de l'État; une proposition aussi générale peut dire trop ou trop peu: mais discutée dans chaque cas particulier, elle ne serait pas absolument repoussée par les économistes orthodoxes.»

Ciccone est dans le vrai: nous admettons volontiers l'intervention de l'État pour empêcher ou pour réprimer les abus de la liberté économique: c'est précisément le rôle que nous attribuons à cette institution: seulement nous n'en avons pas une idée si élevée que nos adversaires.

Pour eux l'État c'est:

Un moyen universel de culture [2];

Le créateur et l'organe suprême du droit [3];

---

[1] La nuova scuola economica tedesca, chap. V.

[2] Scheel—Die theorie der socialen frage, p. 36.

[3] Rossler, cité par Block.—Journal des économistes, april 1875.

Le plus important des organismes moraux, famille, Église et Municipe, qui complète et fait plus forte la vie individuelle, et qui a pour but de réaliser l'homme idéal dans le grand organisme de le collectivité [1];

La force puissante de la totalité organisée, organe de civilisation, force et volonté commune [2];

La plus haute potentialisation possible sur la terre de tous les intérêts généraux humains [3];

L'esprit présent à lui-même et se développant dans la forme et dans l'organisation réelle d'un monde [4];

Le directeur du plus féconde enchaînement et ordonnement de toutes les économies privées [5];

Le représentant de la collectivité la plus étendue et la mieux contituée, la Nation [6];

L'institution sociale la plus avancée, celle qui réalise le mieux l'unité et qui se rapproche le plus du concept de Société [7];

La plus magnifique et la plus glorieuse institution morale et éducative de la race humaine [8];

En résumé, une espèce de Providence sur la terre, ainsi que le rêvait déjà J.-J. Rousseau et que Lamartine le dépeignait avec sa grandiloquence quand il s'écriait: «L'État se donne la mission d'éclairer, de développer, d'agrandir, de fortifier, de spiritualiser et de sanctifier l'âme des peuples [9].»

¡Singulière foi dans l'État! Nous croyons, au contraire,

---

[1] Schmoller.—Die Lehre von Einkommen in ikrem Zusammenkang mit der grund principien der Steuerlehre.

[2] Schonberg.—Arbeitsämter.

[3] Held.—Die Arbeitergilde.

[4] Hegel.—Philosophie du Droit.

[5] Schäffle.—Das gesellschaftliche System der menschlichen Wirtchs-chaft, V, I.

[6] Piernas.—Vocabulario de la Economia, art. Concurrence.

[7] Le même.—Ibidem, art. État.

[8] Luzzati.—Nuova Antologia, sept. 1874.

[9] Voyez le pamphlet de Bastiat "l'État."

qu'il a été souvent un instrument d'oppression et de tyrannie.

Dans l'Antiquité, dit Bluntschli [1], il ne reconnaît les droits personnels de l'homme, ni par suite les droits individuels de la liberté; la moitié au moins de la population est esclave, et l'esclave n'a pas de patrie; les droits d'homme lui sont refusés [2]. A cette époque l'État embrasse la vie entière; le sacerdoce est une fonction publique [3]; le pouvoir de l'État a un caractère absolu; il se trouve bien limité au dehors par la résistance des autres États; mais c'est en fait seulement, ce n'est pas en vertu du droit international; Rome poursuivait sans scrupule l'empire du Monde, comme un privilége naturel.

Au Moyen âge, ajoute le même auteur [4], on fait dériver de Dieu même l'État et le pouvoir; le prince est le représentant de Dieu; les incrédules et les hérétiques n'ont aucun droit public; on les poursuit, on les extermine, tout au plus on les tolère; le clergé s'élève bien au-dessus des laics; l'Église dirige l'éducation de la jeunesse et étend son autorité sur la science elle-même; la souveraineté territoriale est assimilée à une propriété privée, le pouvoir du prince à un bien de famille, etc.

Et du temps des monarchies absolues, que Bluntschli passe en silence ou il confond avec celui du féodalisme, comment l'État se conduit-il? Il comprime toutes les activités; il se mêle de toutes les affaires privées; il entrave le commerce; il étouffe le génie et arrête les progrès de l'Industrie sous le régime des maîtrises; il taxe l'usure et les prix; il met des limites arbitraires à la consommation, en marquant à chacun les vêtements et jusqu'à la coiffure qu'il doit

[1] Théorie générale de l'État, livre premier, chap. VI.

[2] La loi romaine regardait l'esclave, non comme un homme, mais comme une chose; *non tamquam homo sed tamquam res*.

[3] A peu près comme de nos jours dans les pays protestants et dans tous ceux où le clergé perçoit un traitement de l'État.

[4] Loco citato.

porter; il s'attribue un empire absolu sur les vies et sur les fortunes des particuliers, il fait régner partout le monopole et le privilége.

Et c'est en présence de ces faits que les néo-économistes et les socialistes de la chaire s'adressent à l'État pour pousser directement, selon les vœux d'Ahrens, au développement social ! Ne dirait-on pas qu'ils ont oublié l'Histoire ou qu'ils ferment volontiers les yeux et les oreilles à ses enseignements?

Mais ce n'est pas l'État historique, ce n'est pas l'État de l'Antiquité, du Moyen âge ou des derniers siècles, c'est l'*État moderne* qu'ils ont en vue lorsqu'ils nous vantent les excellences et les vertus de cette institution. L'*État moderne!* Mais est-ce que par bonheur l'État est déjà constitué sur des bases plus conformes au droit? Nullement: il maintient encore des lois aussi injustes qu'oppressives; il accable les peuples sous le poids d'impôts et de taxes insupportables; il arrache les bras de la jeunesse aux fécondes labeurs de l'Industrie et des Arts, pour les charger des armes de la destruction et de la mort; il asservit les citoyens, en les soumettant tous indistinctement au joug de la discipline militaire; il rêve toujours de guerres et de conquêtes; il s'entoure d'ordinaire d'une bureaucratie aussi ignorante que tracassière; il énerve l'initiative individuelle avec les passe-droits et les entraves de la centralisation administrative; il donne partout l'exemple de la dissipation et du gaspillage.

L'*État moderne!* Mais c'est le plus arriéré des organismes sociaux. L'Église, la Science, l'Industrie, tous lui ont devancé, malgré les désordres et les troubles qu'il a porté au sein d'eux, par ses fréquentes invasions dans le domaine de leurs activités. L'Église est déjà, il y a plusieurs siècles, en possession d'une morale et d'un dogme acceptés par tous les peuples civilisés. La Science a conquis des vérités éternelles, et brille aux horizons de la pensée avec tout l'éclat de sa lumière éblouissante. L'Industrie a fait d'immenses progrès, et elle est aujourd'hui la source de richesses qui, mieux distribuées et plus sagement employées, suffiraient sans doute pour pourvoir aux besoins toujours croissants de l'Humanité. Tandis que l'État, non-seulement manque encore d'une organisation solide et régulière, mais il ignore son propre but, et si quelquefois il l'entrevoit, c'est pour marcher vers lui comme à tâtons, par des chemins étroits et tortueux, et presque toujours à travers de révolutions, c'est-à-dire de ruines et de sang.

Et comment pourrait-il en être autrement? L'État n'agit que par la force, et la force est de sa nature aveugle et brutale: aussi, au lieu de se mettre au service du droit, elle se tourne souvent contre lui et s'emploie à maintenir l'injustice et la spoliation légale. C'est pour cela qu'il y a eu de tous les temps une lutte, tantôt sourde, tantôt ouverte, entre gouvernants et gouvernés; c'est pour cela que tous les peuples civilisés s'évertuent aujourd'hui à prendre dans leurs constitutions politiques tant de garanties contre l'État.

Pour prétendre que l'État ou le Gouvernement se charge de diriger tous les intérêts sociaux, il faut avoir une confiance illimitée dans la capacité et dans l'honnêteté des gouvernants. Cependant les socialistes de la chaire n'en ont pas apparemment, si l'on doit juger par la manière dont s'expriment quelques-uns de leurs prédécesseurs, comme Schäffle, ou de leurs coriphées, comme Schmoller et Scheel.

«L'abus, dit le premier [1], n'est pas seulement dans la dégéneration de la noblesse territoriale et sacerdotale; on trouve plus de raffinement encore dans les abus de la noblesse de l'or, que Platon et Aristote, dont les opinions étaient d'ailleurs si diverses, se sont accordés à marquer du sceau de l'infamie. De nos temps cet abus est plus

[1] Das gesellschaftliche system der menshlichen Wirthschaft, V. 1.°, page 33.

grand que jamais de la part de l'aristocratie de l'or, qui se dit libérale. Beaucoup de millions ont été usurpés par les chefs influents parlementaires du liberalisme; la justice est devenue un instrument de parti, et avec l'abominable abus du nom de la liberté constitutionnelle, ce libéralisme expoliateur ne prend pas le moindre souci pour émanciper la grande majorité des populations.»

«Dans quelques États, dit encore Schmoller [1], l'administration des affaires publiques n'est qu'un moyen de faire de l'argent. Même chez nous, on commence à croire que l'on s'évertue à faire dégénérer nos libres formes constitutionelles, l'administration autonome et le système parlementaire, comme nous voyons dans l'Histoire toute constitution libre dégénérer avec le temps en un moyen d'enrichissement pour ceux qui ont une influence politique, et de là la domination des classes possédantes.»

Selon Scheel [2], «la question ouvrière est une question de lutte entre les faibles et les forts; partant elle exige qu'un pouvoir plus haut intervienne en faveur des premiers: c'est en outre une question de classes, et de là vient, pour la résoudre, la nécessité de mesures qui s'étendent à toutes les classes et aux grands groupes de celles-ci. Voilà pourquoi on attribue à l'État la solution de la question sociale. Mais comment pourrait-il la donner? Là où les possédants sont ceux qui gouvernent et ils sont intéréssés à maintenir l'État actuel» il n'y a pas lieu à espérer un changement favorable aux prolétaires.

Non, on ne peut pas avoir dans l'État la foi que suppose le concept que le socialisme de la chaire s'est formé de cette institution.

«L'État, comme le remarque parfaitement Ciconne [3],

---

[1] Ueber einige Grundfragen des Rechts un der Wolkswirthchsaft. p. 184.

[2] Die theorie der socialen frage, p. 104-131.

[3] La nuova scuola economica tedesca. chap. V.

est une entité morale, et il prend seulement une forme concrète lors qu'il est représenté par des entités réelles: l'État ne se conçoit pas sans citoyens. Le pouvoir politique fort est une autre entité morale, le Gouvernement; mais le Gouvernement ne peut pas exister sans hommes qui gouvernent et hommes qui se laissent gouverner. Pourquoi les socialistes de la chaire veulent-ils substituer l'autorité à la liberté? Parce que les hommes sont pervers, et que, forts de leur liberté, ils mettent dans les transactions économiques l'égoïsme au lieu de la morale. Mais qu'est ce que l'État dans l'administration? C'est le Gouvernement, et le Gouvernement c'est l'ensemble des hommes qui ont dans leurs mains le pouvoir politique fort. Or, quelle raison y a-t-il pour croire que les gouvernants ne se laissent pas guider par l'égoïsme, plutôt que par la morale? D'autant plus que le pouvoir n'est pas exercé seulement par ceux qui occupent les hautes places de l'administration, mais encore par la série infime des fonctionnaires publics, depuis le Ministre de la Justice jusqu'au dernier greffier, depuis le Ministre des Finances jusqu'au dernier douanier, depuis le Ministre de l'Intérieur jusqu'au dernier gendarme.»

Gournay et Quesnay connaissaient, donc, bien la nature de l'État lorsqu'ils donnaient une portée scientifique à ces mots, adressés à Colbert par le négociant Légendre, et devenus après célèbres: *Laissez faire, laissez passer*. Seulement il ne faut pas les détourner de leur acception véritable, ni se méprendre sur l'intention qui les dictait.

Que disait Quesnay? «Laissons faire tout ce qui n'est nuisible ni aux bonnes mœurs, ni à la liberté, ni à la propriété, ni à la sûreté de personne. Laissons vendre tout ce qu'on a pu faire sans délit.» Et il ajoutait: «Il n'y a que la liberté qui juge bien, et que la concurrence qui ne vende jamais trop cher et qui paye toujours au raisonnable et légitime prix.»

Il faut, cependant, comme le remarque très-justement

Wolowski [1], des institutions qui complètent l'exercice de l'indépendance acquise au travail, et des lois qui régularisent cet exercice. Le *laissez faire* et le *laissez passer* des économistes, ajoute cet éminent écrivain [2], ne ressemble nullement à cette formule absolue que l'on a voulu, d'une part, dénoncer et, d'autre part, utiliser, comme dispensant l'autorité de tout soin et de toute intervention.

«Pour bien comprendre cette maxime, il faut se reporter au régime oppressif de l'ancienne société; la formule de Quesnay a surtout été une protestation contre les entraves qui gênaient le libre développement du travail; mais elle ne tendait point à faire abdiquer l'office du législateur, ni à retirer à la société et à l'individu l'appui de la force publique, qui veille sur l'accomplissement de nos destinées.

»Il a pu paraître commode de trouver dans la solennité d'un prétendu principe d'Économie politique une excuse pour les douceurs du *far niente* législatif et administratif; mais on est généralement arrivé à comprendre que le rôle de l'autorité s'est agrandi sous le régime de la liberté du travail, au lieu de s'effacer [3]. La tâche est aujourd'hui rude pour tout le monde, pour le Gouvernement comme pour les particuliers; car la liberté ne dispense ses bienfaits qu'aux mâles vertus d'un peuple laborieux et éclairé.»

«Dire, d'un autre côté, que le *laissez faire* et le *laissez passer* des économistes signifie: laissez commettre le vol, laissez passer la fraude, c'est se livrer à un jeu d'esprit peu digne d'une discussion sérieuse: sous prétexte de tracer le tableau des doctrines économiques, on en crayonne la caricature.

»Tel n'est pas, tel n'a jamais été le système à l'élabo-

---

[1] Préface à la traduction française des Principes d'Économie politique, de G. Rorscher, § X.

[2] Ibidem.

[3] On pourrait dire qu'il a perdu beaucoup en étendue, mais qu'il a gagné autant en intensité.

ration duquel ont contribué les plus nobles intelligences, les cœurs les plus purs et les plus dévoués: une négation ne constitue point la science de l'Économie politique.

»Il est commode de renfermer l'Humanité dans un cercle d'action rigoureusement tracé, et de régler des mouvements prévus à l'avance; mais ces conceptions artificielles mutilent l'activité de l'homme. Lui garantir toute liberté et en empêcher les abus, telle est la donnée du problème. L'œuvre est grande et difficile: loin de le céder en élévation aux systèmes idéalistes, elle l'emporte par l'étendue et la variété des combinaisons: ceux qui en méconnaissent la portée cèdent peut-être à une certaine paresse d'intelligence.

»Maintenu dans ses limites naturelles, le fameux *laissez faire* et *laissez passer* des physiocrates mérite encore aujourd'hui notre respect et notre confiance; il doit être conservé dans la mémoire reconnaissant des hommes à côté de cette maxime que Quesnay parvint à faire imprimer à Versailles, de la main même de Louis XV: *Pauvres paysans, pauvre royaume; pauvre royaume, pauvre souverain.*»

Limitons donc l'État: renfermons-le dans ses fonctions naturelles: ne lui accordons d'autres attributions que celle d'assurer la liberté de tous les individus et tous les organismes sociaux. Encore s'il remplissait bien cette tâche! Elle est assez lourde et assez noble pour absorber l'activité et pour faire la gloire des princes et des magistrats, des législateurs et des hommes d'État.

# VI.

## QUALIFICATION DE L'ÉCONOMIE.

Nous avons jusqu'ici qualifié l'Économie de *science*, pour nous conformer au langage des maîtres; mais cette qualification n'est pas universellement admise par le vulgaire, et il y a, à l'heure qu'il est, des gens qui se demandent si l'Économie a vraiment un caractère scientifique.

L'impertinence d'une telle question ressort, à notre avis, de tout ce que nous venons d'exposer dans les chapitres précedents, et nous pourrions opposer un silence dédaigneux à ceux qui la soulèvent, ou nous borner à les envoyer à l'École, ainsi que le fait si justement J. Garnier [1]; mais, comme ils ne laisseraient alors de traduire notre conduite par impuissance, nous voulons bien leur donner une réponse, qui sera, nous l'espérons, concluante.

Pour cela, nous commencerons pour dire ce que c'est une science, puisque nos contradicteurs semblent le méconnaître ou l'oublier.

---

[1] Notes et petits traités.—But et limites de l'Économie politique.

On donne le nom de *science* à un ensemble systématique de connaissances sur un objet quelconque.

La science entière est le système complet des connaissances humaines.

Par *système* on entend un tout, dont les parties ne sont pas seulement juxta-posées, mais organiquement liées entre elles et chacune avec le tout.

Une *connaissance* est un jugement complet et définitivement formé dans notre intelligence. Lorsque ce jugement n'est que rudimentaire, primitif, encore obscur ou confus, on le dénomine *notion*.

*Juger* veut dire percevoir et affirmer un rapport entre deux choses, nommées *idées* ou termes du jugement.

Dans toute connaissance on distingue un *sujet*, qui est le *moi* ou celui qui connaît, et un *objet*, qui est la chose connue.

Si la connaissance se rapporte à certains faits particuliers, dits aussi *phénomènes*, observés comme constants et immuables, on l'exprime par une proposition nommée *loi*. Les lois scientifiques sont des expressions générales ou des généralisations des faits particuliers.

Si la connaissance consiste dans l'affirmation de la cause qui produit ces mêmes faits, on l'appelle *principe* ou connaissance première. Les principes scientifiques expriment la nature ou l'essence des phénomènes connus par l'observation.

Les lois et les principes doivent être *vrais* et *certains*: autrement ils ne seraient ni des principes ni des lois, ils ne seraient pas des connaissances scientifiques.

On dit qu'une connaissance est *vraie* quand il y a accord entre le moi et l'objet, ou quand l'objet connu est réellement tel que le sujet le connaît.

On dit qu'une connaissance est *certaine* quand on a la conscience de sa vérité, ou bien quand cette vérité est ou peut être démontrée.

La *démonstration* consiste à rattacher une vérité à une autre antérieure et supérieure qui la contient.

D'après cela, le principe de la science entière est indémontrable, car il n'est pas contenu dans aucun autre, lui-même étant la vérité première, antérieure et supérieure à toutes les vérités connues. Et, en effet, il faut admettre cette vérité comme un axiome, c'est-à-dire comme une vérité évidente *per se*, ou renoncer à toute connaissance scientifique. Ainsi toute la science humaine repose sur une de ces vérités, sur l'existence de Dieu, ou de l'Etre un, infini et absolu, qui n'a été jusqu'ici démontrée *a priori*, quoique on l'a essayé quelquefois, et qui ne le sera jamais.

Par la même raison, le principe de chaque science particulière ne peut être démontré par elle-même; mais on en trouve la démonstration dans une autre science antérieure et supérieure, d'où il provient.

De toutes sortes, la vérité et la certitude des connaissances sont les deux conditions de la science, par rapport au fond. Par rapport à la forme, elle doit encore avoir *unité*, *variété* et *harmonie*. L'unité consiste dans la possession d'un principe ou vérité première, qui serve de base à la construction scientifique. La variété suppose un contenu multiple, plusieurs parties qui puissent être réunies en un tout systématique. Enfin, l'harmonie exprime l'unité dans la variété, unir sans confondre, et distinguer sans séparer, ce qui implique la possibilité de la démonstration.

Voyons si toutes ces conditions conviennent à l'Économie.

Il est d'une observation constante que chaque homme aime son bien propre, ou ce qu'il croit l'être, tellement qu'il en a un désir constant, qui s'appelle *intérêt personnel*. Ce désir est parfois si impérieux qu'il devient un *besoin* et demande à être satisfait sur le champ.

La satisfaction de ses besoins personnels ou individuels, voilà, donc, un des buts de l'homme. Comment l'atteindre? Il faut pour cela:

1.° Des moyens, des choses qui peuvent servir à notre bien, et qui en raison de cette qualité s'appellent des *biens*, des *utilités* ou des objets utiles. Ces choses existent dans la Nature. Le monde physique renferme un nombre indéfini d'êtres ou de créatures propres à satisfaire nos besoins.

Mais ces créatures sont inertes on passives, du moins par rapport à nous-mêmes; elles restent tout à fait impassibles devant l'homme, et c'est à lui de s'en emparer, de les apréhendre, de les approprier ou les appliquer à la réalisation de son but ou son bien. Peut-il le faire? Sans doute, puisqu'il a la faculté d'agir, il est une activité rationnelle, sensible, libre et responsable de ses acts. Mais pour cela il faut encore:

2.° Qu'il agisse effectivement, qu'il exerce son activité, qu'il fasse des efforts, en un mot, qu'il *travaille*. En travaillant avec intelligence, il modifie les choses de la Nature, il transforme leur utilité primitive, simple capacité de satisfaire les besoins humains, en *valeur* ou vertu réelle et efective pour le même but, et de biens naturels qu'elles étaient, il en fait des biens économiques ou des *richesses*; en un mot, il *produit*. Après quoi, il ne lui reste que profiter de ses œuvres ou ses produits, les faire servir à ses satisfactions, les employer à réaliser son bien, c'est-à-dire les *consommer*.

Cependant, les hommes étant de leur nature destinés à vivre en société, chacun travaille avec le concours de ses semblables (*coopération*), et cela lui permet de s'adonner à la tâche pour laquelle il a le plus de vocation ou le plus de moyens (*division du travail*). Les produits, ainsi obtenus, se partagent entre tous ceux qui ont contribué à les produire (*distribution de la richesse*), et comme la production partielle est insuffisante pour pourvoir à tous les besoins de l'individu, chaque producteur ou chaque groupe de producteurs troque ses produits contre ceux d'autres producteus ou d'autres groupes (*échange*), en offrant les premiers et en demandant les seconds (*offre et demande*), et c'est ainsi que chacun participe aux produits de tous, et qu'il peut réaliser complètement son bien individuel.

Voilà en résumé toute l'Économie.

N'y a-t-il ici un ensemble de connaissances sur un objet, sur les biens que l'homme acquiert au moyen de son travail, c'est-à-dire sur la richesse? Et ces connaissances ne sont-elles pas vraies, ne sont-elles pas d'accord avec la réalité ou les faits qui se passent à la vue de tout le monde? Enfin, n'ont-elles assez de certitude pour que chacun reconnaisse cette vérité dans sa conscience?

Cela quant au fond de la doctrine économique.

Quant à la forme, qu'on nous montre une autre matière d'étude qui comprende des vérités plus variées, plus harmoniques, plus systématisées ou subordonnées à un principe, à une grande vérité première qui les contienne toutes, qui les explique et les démontre jusqu'à l'évidence.

Production, distribution, échange, consommation de la richesse, autant de faits particuliers, ou de phénomènes, donnant lieu à une grande variété de connaissances parfaitement vraies, parfaitement certaines, non-seulement pour les économistes, mais pour le reste des hommes. Tout est ici divers, et tout est cependant unifié, car tout s'explique et se démontre par l'amour du bien propre, par l'intérêt personnel, dont l'aiguillon nous fait chercher ce bien, ou met en mouvement notre activité pour acquérir la richesse qui nous le procure. Aussi, quelle harmonie entre les connaissances économiques! On ne peut pas produire sans consommer et vice-versa, on ne peut pas consommer et produire sans distribuer et échanger: on ne conçoit aucun de ces phénomènes sans l'existence des autres.

On le voit: connaissances vraies et certaines sur un objet; unité, variété et harmonie de ces connaissances: tous les caractères, toutes les conditions scientifiques, l'Économie les possède. Quoi de plus faut-il pour qu'elle mérite la qualification de *science?*

«Trois termes, dit d'ailleurs Dameth [1], sont nécessaires

[1] Introduction à l'étude de l'Économie politique, 2.e séance, § 1.

à l'existence d'une science. Premièrement, un certain genre d'êtres ou de phénomènes ne pouvant se confondre avec aucun autre, ce qui ne signifie point que ces êtres soient d'une nature à part, ou ne fournissent matière qu'à un seul genre d'étude. Le même être, l'homme surtout, envisagé sous divers aspects, peut faire et fait réellement le sujet de plusieurs sciences distinctes, physiques et morales. De plus, toutes les sciences se lient les unes aux autres dans l'unité de la Nature et dans celle de l'esprit humain. Mais la distinction de chaque ordre ou de chaque aspect est assez forte pour qu'il doive être étudié en lui-même, et connu en ce qu'il a de propre, sans qu'on soit obligé, afin d'atteindre ce but, d'étudier les autres ordres.

»Toutefois cela ne suffirait pas pour qu'il y eût science: c'en est seulement la raison d'être et le domaine. Qui dit science dit construction de l'esprit humain. Il n'y à dans l'Univers que des êtres et des phénomènes. Sans doute tout est établi d'après un plan combiné par le suprême architecte; mais comme il ne nous est pas donné de posséder *a priori* la connaissance de ce plan, nous ne pouvons faire autre chose que de chercher à découvrir, par l'étude des êtres et des phénomènes, leurs rapports entre eux, et nous donnons à ces rapports une sorte d'existence *idéale*. Voilà en quoi consiste la création de la science.

»Quand les phénomènes sont bien déterminés d'après leur essence propre et leurs rapports entre eux, on arrive à reconnaître ce qu'il y a de constant et de général dans ces rapports; en d'autres termes, on formule les lois de la science, qui ne sont que l'affirmation de ces caractères de constance et de généralité dont les rapports des phénomènes nous apparaissent revêtus.

»Il est aisé de voir par là combien les lois de la science diffèrent des lois édictées dans nos codes. Quant aux lois scientifiques, loin que ce soit le législateur qui commande, qui impose sa volonté, c'est lui au contraire qui se soumet, car on ne peut avoir prise sur la Nature qu'en lui obéissant. *Naturæ nisi parendo non imperatur.*

»Enfin, pour couronner l'édifice, il faut arriver à la découverte de ce grand fait générateur et souverain, entrevu d'ailleurs dès l'origine des recherches, lequel donne à la science son cachet d'unité et de cohésion, et fournit à chacune de ses lois partielles un degré supérieur de confirmation et une valeur harmonique: tel est, par exemple, le grand fait de la gravitation pour l'Astronomie, celui de l'affinité moléculaire pour la Chimie, etc.

»Lorsqu'une science se trouve en possession des trois termes que je viens d'indiquer, on dit que cette science est constituée, fixée, mais non pas finie. Quelle que soit la richesse des acquisitions déjà faites par elle, il lui reste encore plus à acquérir. Il y a des lois nouvelles à découvrir; il y a même à compléter et à rectifier les découvertes antérieures, à modifier les classifications admises, etc., etc. Une science est donc toujours imparfaite, et c'est pour cela même qu'elle est toujours progressive.

»Maintenant, apliquons ces principes à l'Économie politique.

»L'Économie politique possède-t-elle un domaine d'études déterminé, spécial, ne se confondant avec celui d'aucune autre science? Nous l'avons démontré dans notre première séance. Nous savons désormais qu'il existe, pour ainsi dire, une société de producteurs et de consommateurs, distincte de la société politique, de la société religieuse, de la société morale, quoique composée des mêmes êtres, les hommes, et y confinant par mille points. C'est donc la sphère des phénomènes se rapportant à la production et à la consommation qui constitue le domaine de l'Économie politique. Quelle autre science pourrait revendiquer pour elle ce domaine? Quelle autre même s'en occupe explicitement? Ainsi, l'Économie politique possède la première condition, la raison d'être fondamentale de toute science.

»Mais a-t-elle découvert, par l'observation directe des

phénomènes qui lui sont dévolus, les lois de ces phénomènes? Oui, l'Économie politique a découvert, non pas toutes les lois, mais plusieurs des lois essentielles qui régissent le monde des intérêts. Il y a en Économie politique deux genres de lois: celles qui regardent l'ordre moral, et celles qui regardent l'ordre matériel, ou plutôt l'ordre industriel dans son mécanisme externe. L'Économie politique est, en effet, une science mixte, en quelque sorte; elle tient au monde physique, et l'on a pu même dire qu'elle fait partie de l'Histoire naturelle, parce qu'il s'y agit des besoins physiques de l'homme; elle tient au monde moral, parceque toutes les fois qu'on s'occupe de l'homme, même considéré sous le rapport de ses besoins matériels et des moyens de satisfaction qu'il y adapte, la partie morale de son être, ses forces morales exercent una action capitale. La science économique forme, donc, comme un point de rencontre et de raccordement entre les deux mondes. Partant elle doit renfermer des lois de l'un et de l'autre genre. Comme lois de l'ordre moral, l'Économie politique proclame la liberté du travail, la mutualité des services, l'individualité et la solidarité, l'harmonie des intérêts, la concordance de l'utile avec le juste, etc. Quant aux lois de dynamique industrielle, elles reposent avant tout sur le grand fait de la sociabilité, qui revêt, dans l'ordre spécial dont nous nous occupons, une physionomie aussi expresse que caractéristique. La sociabilité présente, en effet, ici une façon de'être propre, un véritable mécanisme ayant le travail humain pour moteur. Aussitôt la division des tâches et l'echange des services nous montrent ce mécanisme en action, au sein même des sociétés les plus élémentaires. Tout le déroulement des entreprises collectives ou individuelles par l'agriculture, l'industrie, le commerce; ses rapports, soit comme associations, soit comme transactions des intérêts entre eux; les fonctions afférentes à l'État dans le jeu de l'organisme; la création et l'emploi des instruments, capital, outils, procédés techniques, monnaie, crédit, moyens de communication, etc., ne sont que les rouages sans cesse grandissant de l'appareil primordial.

»Tel est en quelques mots le fond naturel et autonome de la sociabilité économique. On peut en déduire aisément les principes qui doivent, non moins naturellement, présider à la marche des choses. C'est la formule du *laissez faire, laissez passer*, comme rhytme normal du mouvement; c'est la loi de l'*offre* et de la *demande*; c'est la théorie des débouchés, que résument deux axiomes—*les produits s'échangent contre les produits*; *la division du travail a pour limites l'étendue du marché*—c'est le régulateur distributif, en vertu duquel, à mesure que le capital s'accroît, sous l'empire de la libre concurrence, la part des capitalistes s'accroît *absolument* et diminue *relativement*, tandis que la part du travail s'accroît dans l'un et l'autre sens. En voilà assez pour comprendre que l'Économie politique se trouve déjà en mesure de correspondre aux besoins de coordination et de direction des intérêts, mieux que l'a jamais fait aucun autre genre d'études, ou aucun mode empirique d'organisation.

»Enfin, l'Économie politique a-t-elle découvert ce grand fait générateur qui joue un rôle si décisif dans la constitution d'une science? Oui, c'est la notion de la *valeur*. A telles enseignes que bon nombre d'économistes ont proposé de définir l'Économie politique la *science de la valeur*.

»L'Économie politique possède, donc, tous les éléments intégrants d'une science. Et c'est en vain qu'on objecterait, afin de lui en refuser le titre, qu'il existe entre ses représentants des points nombreux de désaccord. Toutes les sciences, même les plus avancées, présentent pareil spectacle, et nous montrerons plus tard qu'il n'en saurait être autrement; mais ce que nous avons dit des lois découvertes et admises par tous les économistes fait dores et déjà justice de cette objection.»

Oui, non-seulement l'Économie est une science, mais elle est une des plus avancées parmi toutes les sciences particulières, surtout par rapport à celles qui ont avec elle quelque affinité.

«On peut diviser, dit Mr. Delbœuf [1], la marche des sciences en cinq moments ou périodes. Certaines d'entre elles les ont parcouru toutes; d'autres en sont restées à la premiére.

»1.$^e$ *Période d'observation.*—On collectionne des faits et on les classe (Botanique, Zoologie, et en général les sciences biologiques).

»2.$^e$ *Période de généralisation.*—On découvre des lois, on aborde des hypothèses, aussitôt renversées qu'énoncées (Géologie, Chimie, etc.)

»3.$^e$ *Période de symbolisation.*—La science d'observation a son couronnement; on formule une hypothèse suprême, d'où l'on peut tirer des conséquences par voie déductive (Physique, Théorie mécanique de la chaleur, Magnétisme, etc.)

»4.$^e$ *Période de vérification.*—On contrôle l'hypothèse, en cherchant à réaliser les conséquences qu'on en tire. A mesure que l'experience en confirme la vérité, elle acquiert un degré de plus en plus marqué d'évidence, et la foi dans son exactitude croît de plus en plus (Mécanique céleste, Acoustique, Optique mathématique, etc., etc.)

»5.$^e$ *Période de consécration.*—La confiance est désormais inébranlable: on a une telle foi dans l'infallibilité des principes et des méthodes, que l'on ne prend plus la peine d'en vérifier les conséquences (Mécanique, Géometrie, Algèbre, Arithmétique). Quand la science est arrivée à ce point, quelques penseurs s'imaginent qu'ils tirent certaines vérités de leur cerveau et que l'expérience leur est inutile. Quelques-uns même essayent alors de construire le monde réel par la seule force de leur intelligence, etc., etc.»

Telle est, selon Mr. Delbœuf, la marche historique des sciences. Sans doute que ce savant n'y a en vue que les sciences purement d'observation ou expérimentales, et

---

[1] Algorithmie de la Logique.—Revue philosophique, volume II.

que l'Économie n'est pas de ce genre, puisqu'elle tire ses connaissances, comme nous le verrons plus tard, tant de la raison que de l'expérience; mais par cela même on peut très-bien lui appliquer la marche dont il s'agit, et se demander dans lequel des périodes de développement qu'on y distingue se trouve-t-elle aujourd'hui.

Or, nous croyons pouvoir affirmer hautement que la science économique est pour le moins dans la période de vérification scientifique. Elle contrôle, en effet, depuis le commencement du siècle, non pas son hypothèse suprême, selon l'expression de Mr. Delbœuf, parce qu'elle ne repose pas, comme les sciences naturelles, sur des simples hypothèses, mais son principe fondamental, l'activité libre et intéressée, et l'expérience en confirme tous les jours la vérité, au point d'avoir acquis un degré de plus en plus marqué d'évidence. Ainsi, de même que la Mécanique céleste a découvert par le calcul l'existence de planètes que l'observation est venue plus tard confirmer, l'Économie est arrivée par le raisonnement à établir des règles et des maximes de conduite, dont la justesse a été pleinement demontrée par les faits.

«Tous ceux qui ont suivi les publications des économistes français depuis douze ans, écrivait A. Clement en 1853, et tous ceux qui voudront prendre la peine de parcourir ces publications, ont pu ou pourront facilement se convaincre que l'avortement complet de toutes les tentatives faites en 1848 par le socialisme, pour réaliser ses plans d'organisation du travail, ses systèmes d'association, de crédit, de nivellement des positions, etc., y avait été trés-fréquemment et très-positivement annoncé, plusieurs années d'avance. D'un autre côté, l'Angleterre a depuis peu de temps profondement modifié sa législation économique, dans le sens expressément indiqué par les principes de la science. C'était là une épreuve des plus solennelles, et dont les résultats étaient attendus avec anxiété par le grand nombre, mais avec une confiance absolue par les économistes. On sait que cette confiance a été justifiée sur tous les points de la manière la plus éclatante, et que les résultats annoncés se sont produits dans une mesure plus large encore qu'on ne l'avait presumé [1].»

On ne saurait, donc, raisonnablement, comme le remarque l'écrivain cité, contester le haut degré d'avancement d'une science, lorsque, dans l'ordre des phénomènes qu'elle embrasse, elle prouve qu'elle est en mesure d'annoncer d'avance les conséquences ultérieures des faits qui se produisent.

Cependant et tout en admettant qu'il y ait dans l'ordre industriel, ou dans les manifestations de l'activité intéressée, un objet de connaissance ou une matière d'étude, l'Économie, qui s'en occupe, ne serait-elle, plutôt qu'une science distincte, une partie de la Morale?

C'est la thèse que Rondelet a soutenue dans ces derniers temps, et que paraissent avoir embrassée quelques-uns des katteder-socialisten, sinon tous ces sectaires.

Suivant le premier [2], la Morale et l'Économie, considérées sous l'aspect le plus élevé, ne peuvent exister séparément, et les faits ont prouvé que la prétention de l'Économie d'agir en dehors de la Morale finit fatalement par la négation de celle-là.

Mais c'est une erreur manifeste. Les lois économiques, dit Mr. Block [3], sont nécessairement fondées sur des faits économiques. Or, une de ces lois nous apprend que lorsqu'une marchandise est rare, elle devient chère. Ceci posé, quel est l'office de la Morale? Elle conseille au vendeur de ne pas abuser de ses avantages. Mais peut-elle ordonner à la marchandise d'être à bon marché?

Non, l'Économie et la Morale sont deux sciences parfaitement distinctes: chacune d'elles a son domaine qui lui est propre; l'une recherche la richesse, l'autre la vertu. Qu'elles s'entr'aident dans l'application de leurs prin-

---

[1] Dictionnaire de l'Économie politique, Introduction.

[2] De l'espiritualisme en Économie politique, Introduction.

[3] Journal des économistes, janvier 1873.

cipes respectifs; que la Morale confirme les conclusions de l'Économie, de même que l'Économie sert de contre-preuve aux notions de la Morale, cela n'autorise pas à les confondre et les regarder comme une seule science. La Physique et la Chimie s'occupent aussi des mêmes objets; elles examinent toutes les deux des propriétés de la matière, et cependant personne ne s'avise de dire qu'elles ne peuvent exister séparément.

«De ce que la Morale et le Droit, dit Mr. Alvarez Builla [1], soient des sphères totales de l'activité humaine dans ses multiples manifestations, la première recherchant toujours le bien un et entier, le second la conditionnalité rationnelle et libre, il ne s'en suit pas que ces deux sciences influent et interviennent dans l'ordre économique, tellement qu'elles lui dictent ses lois et en déterminent les rapports; non, cet ordre est autorchique, il n'admet pas de critérium étranger, il n'accorde à aucun élément extérieur le pouvoir de régir et gouverner sa vie propre, d'autant plus qu'il a sa raison d'être dans la nature humaine. L'Économie, comme la Morale et comme le Droit, a son cercle d'action exclusif, et si ces trois sciences se lient, elles ne se confondent pas.»

Une des conséquences de cette confusion, selon Cairnes [2], c'est que l'écrivain qui traite l'Économie avec un tel système, travaille sous la tentation constante de passer des idées qui sont rigoureusement propres de son objet à des considérations d'équité et de justice, qui appartiennent à un objet beaucoup plus élevé. Au lieu d'étudier le problème qui consiste à savoir en vertu de quelles lois se produisent certains faits économiques, il cherche à expliquer comment l'existence de ces faits contribue au bien-être et à l'équité naturelle, et d'ordinaire il se forme l'illusion

---

[1] Discours lu à l'Université d'Oviedo, pour l'inauguration du cours de 1879-80, page 62.

[2] The character and logical method of political Economy, page 15.

d'avoir résous un problème, tandis qu'en réalité il n'a fait que défendre un ordre social.

Certes que les écrivains qui voudraient introduire les principes de l'Éthique dans l'Économie n'entendent pas substituer à ceux-ci ceux-là, mais les mettre d'accord et se servir des uns et des autres dans l'examen des questions économiques. Mais, comme dit très-bien Ciconne[1], ce procédé ne ferait qu'annuler l'Économie devant la Morale. En effet, ou il y aurait accord entre les principes des deux sciences, et alors les principes économiques seraient superflus, puisque sans eux ou avec eux le résultat resterait le même; ou il y aurait désaccord, et alors les principes économiques devraient céder la place aux moraux, puisque ceux-ci représentent, non pas les intérêts, mais la justice et l'équité. Partant, les principes de la Morale seraient toujours ceux qui donneraient solution aux questions économiques, l'Économie resterait réduite à un chapitre des traités de Morale, et si à la Morale philosophique on substituait la Religion, le science économique deviendrait ascétique. Et en procédant de la sorte, on ne voit pas pourquoi la Politique et la Législation ne remplaceraient leurs principes par ceux de la Morale, et toutes les sciences sociales ne se résumeraient dans l'Éthique.

Nous concluerons, avec Mr. Giner de los Rios[2], que lorsqu'on prétend, avec les économistes qu'on pourrait qualifier d'*hetéronomiques*, établir comme limite et correctif de l'ordre économique, soit la Religion, soit la moralité, soit le droit, on méconnait la substantivité, la dignité et l'indépendance propres de la vie et de la science économiques, qui se suffisent à elles-mêmes pour s'ordonner et se régir, loin d'avoir besoin d'un tel frein. Grâce à l'unité et l'harmonie de la vie, aucun principe économique peut être impie, immoral ou anti-juridique; ceux qui le parais-

---

[1] Ouvrage cité, pag. 93 et 94.

[2] Notes à la traduction espagnole de l'*Enciclopedie juridique* d'Ahrens, pages 189 et 190.

sent ne seront que de vrais erreurs ou des aberrations, qui, dans sa propre sphère, et non moyennant un critérium étranger, doivent être rectifiés.

Mais ici se présente une autre question : l'Économie est-elle vraiment une science ou un art? Mr. Coquelin répond comme il suit [1]:

«L'art consiste dans une série de préceptes ou de régles; la science dans la connaissance de certains phénomènes, ou de certains rapports observés et révélés [2]. Il ne s'agit pas ici, on le comprend, d'examiner lequel des deux, de l'art ou de la science, est supérieur à l'autre; ils peuvent avoir des mérites égaux, chacun à sa place; il s'agit uniquement de montrer en quoi ils diffèrent, quant à leur objet et à leur manière de procéder. L'art conseille, prescrit, dirige; la science observe, expose, explique. Quand un astronome observe et décrit le cours des astres, il fait de la science; mais quand, ses observations une fois faites, il en déduit des règles applicables à la navigation, il fait de l'art. Il peut avoir également raison dans les deux cas; mais son objet est différent, aussi bien que sa manière de procéder. Ainsi observer et décrire des phénomènes

---

[1] Dictionnaire de l'Économie politique, art. Économie politique.

[2] Bentham ne partage pas cette opinion: pour lui l'art est l'*exécution* d'une opération quelconque, intellectuelle ou corporelle (V. Sbarbaro, *Filosofia della richezza*), et telle est aussi la manière de voir de Mr. Piernas (V. *Vocabulario de la Economia*, art. *Art économique*), qui la fonde sur la signification du nom d'*artiste*, avec lequel on distingue, dit-il, celui qui pratique des règles, non pas celui qui les connait. Mais il est évident que pour pratiquer les règles il faut les connaitre d'avance, et que la pratique de l'art en suppose la connaissance. D'ailleurs, si on donne le nom d'*art* à l'exécucion d'une œuvre conformément à certaines règles, comment appellera t-on l'ensemble de ces règles, non encore exécutées, c'est-à-dire à l'état de théorie ou simplement spéculatif? Est-ce qu'on les comprendra sous la dénominacion de science, en les confondant avec les lois et les principes scientifiques, dont elles sont si différentes? Non: la définition que Coquelin donne de l'art est celle qui convient le mieux à sa nature, et qui est adoptée dans toutes les écoles depuis Destutt-Tracy, qui fut un des premiers à distinguer l'art de la science.

réels, voilà la science; dicter des préceptes, prescrire des règles, voilà l'art.................................

»La distinction ainsi bien posée entre la science et l'art, nous avons à nous demander maintenant auquel de ces deux ordres d'idées l'Économie politique appartient. Est-ce une collection des préceptes, une théorie d'action, ou bien un ensemble de vérités puisées à l'observation des phénomènes réels? Enseigne-t-elle à faire, ou explique-t-elle ce qui se passe? En d'autres termes, est-ce une science, est-ce un art?

»Il ne faut pas hésiter un seul moment à répondre que, dans son état actuel, l'Économie politique est à la fois l'un et l'autre; c'est-à-dire, que dans la direction des travaux et des études économiques, on donne encore aujourd'hui un nom commun à des choses qui pourraient et devraient être distinctes. Il est sensible, en effet, que dans les travaux des maîtres, dans les traités généraux composés depuis Adam Smith, il se rencontre un très-grand nombre d'observations vraiment scientifiques, c'est-à-dire qui n'ont pas d'autre objet que de faire connaître ce qui se passe ou ce qui est. On peut même dire que là les observations de ce genre dominent. Mais les avis, les préceptes, les règles à suivre s'y rencontrent aussi très-fréquemment. L'art s'y mêle donc constamment avec la science. Mais c'est bien autre chose dans la foule de ces traités spéciaux, ou de ces dissertations particulières, qui ont pour objet de résoudre certaines questions relatives à l'industrie, au commerce ou à l'administration économique des États: questions d'impôt, de crédit, de finance, de commerce extérieur, etc., etc. Là c'est toujours l'art qui domine. Les conseils, les préceptes, les règles à suivre, toutes ces choses qui appartiennent essentiellement à l'art, s'y pressent les unes sur les autres, tandis que les observations vraiment scientifiques y apparaissent à peine de loin en loin. Et cependant tout cela porte indifféremment le nom d'Économie politique. Tant il est vrai que ce nom appartient encore aujourd'hui à deux ordres de travaux très différents.»

Serait-il possible d'en faire la séparation?

Sans doute, et on l'a essayé quelquefois en donnant, par exemple, à certains travaux qui appartiennent spécialement à l'art le nom d'*Économie publique*, pour les distinguer des autres. Seulement ces tentatives, mal dirigées, n'ont pas abouti, et à l'heure qu'il est l'art et la science économiques demeurent encore mêlés et confondus. Mais ils se démêleront assurément, lorsque la science, encore si jeune et préoccupée jusqu'ici d'accumuler des connaissances et d'entasser, pour ainsi dire, des matériaux, ait eu le temps de les classer et d'y porter l'ordre, en s'abstrayant d'abord dans la contemplation des principes, pour en déduire après les règles artistiques. Pour le moment on ne peut faire autre chose que donner le critérium pour distinguer en Économie l'art de la science, et ce critérium le voici, suivant Coquelin:

«Puisque l'industrie humaine est assujetti à des lois; puisqu'il s'y révèle des relations constantes, une marche régulière, un ordre enfin, c'est cet ordre, ce sont ces relations, ces lois, qu'il s'agit d'étudier. Voilà le champ propre de l'Économie politique, considérée comme science. Expliquer comment l'Industrie s'organise dans son ensemble et ses parties; décrire l'ordre de ses évolutions, sa marche; rapporter les mouvements à leurs principes et en déduire les conséquences, tel est l'objet que la science économique, nettement distinguée de l'art, doit constamment se proposer [1].»

Cette distinction, cependant, n'a rien de commun avec celle qu'on fait d'ordinaire entre la théorie et la pratique.

«Il est certainement, dit Mr. Sanromá [2], de grandes différences entre la théorie et la pratique, entre les

---

[1] Loco citato.

[2] Nuevos tratados españoles de Economía política.—Gaceta economista, octobre 1861.

questions de science et celles d'art; mais ni la pratique est l'empirisme ni l'art une simple routine. L'art a aussi sa théorie, et celle-ci est d'autant plus achevée et parfaite qu'elle se lie plus étroitement aux éternes maximes de la science pure.»

«Il y a, dit aussi Coquelin [1], des théories d'art comme des théories de science, et c'est même des premières seulement qu'on peut dire qu'elles sont en opposition avec la pratique. L'art dicte des règles générales, et il n'est pas déraisonnable de supposer que ces règles générales, fussent-elles justes, puissent se trouver en opposition avec la pratique dans certains cas particuliers. Mais il n'en est pas de même de la science, qui n'ordonne rien, qui se borne à observer et à expliquer.»

Ceci demande cependant une explication. Les théories scientifiques consistent en des lois et des principes. Les lois expriment les faits généraux et constants; les principes la cause et la nature de ces mêmes faits. Tous les deux peuvent sans doute être vrais ou faux, selon que les lois s'accordent ou non avec les faits et que les principes servent ou non à démontrer les lois. Mais de toutes sortes, cela n'a rien à voir avec la pratique, parce que la pratique ne se rapporte pas aux principes ni aux lois; mais à l'art, aux règles qui s'en déduisent, et qui sont des modes d'action, des procédés pour agir en conformité à ces mêmes lois et à ces mêmes principes. Seulement, l'homme, étant une activité libre, peut mépriser les règles et partant se mettre en opposition avec les principes et les lois d'où elles découlent, et c'est en ce sens qu'on peut dire que la pratique est souvent en désaccord avec la théorie. Mais, lorsque cela arrive, lorsque l'homme agit contrairement aux règles de l'art, et partant aux lois et aux principes scientifiques, c'est la science qui a raison et non pas lui, et les actes humains n'invalident pas les faits

---

[1] Loco citato.

naturels, les lois qui les expriment, ni les principes qui les régissent, lesquels demeurent vrais, quoique méprisés ou inobservés : au contraire, ce sont les principes, les lois et les faits naturels qui invalident les actes humains.

En effet, à toute infraction des règles, à tout oubli des lois et des principes, suivent des conséquences funestes pour l'homme, et qu'attire sur lui sa responsabilité, en lui montrant l'irrégularité de sa conduite. Ces conséquences sont inmédiates, c'et-à-dire fatales et inévitables, lorsqu'on se trouve vis-à-vis du monde physique, dont les lois se réalisent à chaque moment, indépendamment de nous et en dehors de notre activité. Elles sont, au contraire, médiates et plus ou moins lointaines, lorsqu'on a égard au monde spirituel ou psychique, dont les lois, n'étant que nécessaires et réalisables par nous mêmes, peuvent être écartées ou ajournées indéfiniment en vertu de notre liberté.

C'est à cette dernière classe qu'appartiennent les lois économiques. Elles régissent une activité libre, et partant, quoiqu'elles se réalisent en définitive, puisqu'autrement elles ne seraient pas des lois, leur réalisation est volontaire pour l'homme, tellement qu'il peut les observer ou bien les enfreindre temporellement. L'intérêt personnel, qui le stimule à agir, a besoin de consulter la raison pour connaître ces lois et s'y conformer, et quand il ne le fait pas, ou quand la raison lui donne une réponse fallacieuse, il s'égare aisément. Certes qu'alors l'homme encoure dans la responsabilité inhérente à sa liberté, et souffre les conséquences de son erreur ou de sa malice, en tombant dans la misère, qui est la sanction des lois économiques, la peine naturellement réservée à ceux qui s'en écartent; certes aussi que cette peine, tourmentant l'homme tant qu'il ne change pas de conduite, lui fait enfin ouvrir las yeux et se soumettre à la loi, en sorte qu'il l'observe en dernier lieu, volontairement et nécessairement, comme nous l'avons dit plus haut. Mais toujours est-il que, pendant un temps plus ou moins long, la loi ne s'est pas accomplie [1].

C'est en ce sens que Mr. Cairnes a pu dire qu'une loi économique exprime, non pas l'ordre suivant lequel les phénomènes se réalisent, mais la tendance à laquelle ils obéissent, et partant que cette loi, appliquée aux faits extérieurs, n'est certaine que faute de causes perturbatrices, et elle représente une vérité hypothétique, et non pas positive [2].

Mais le célèbre économiste anglais ne nous y apprend rien de nouveau, puisque c'est comme des *tendances* que tous les économistes regardent les lois économiques, n'étant pas vrai, comme il l'affirme sans le prouver, que quelques-uns les considèrent comme fatales, et d'ailleurs toutes las lois naturelles, mêmes les physiques, ont le même caractère. En effet, qu'est-ce que la loi de la gravité sinon une tendance? Qu'est-ce qu'elle représente sinon une vérité, en quelque sorte, hypothétique, c'est-à dire, dans l'hypothèse que son action ne soit pas entravée par des obstacles ou des causes perturbatrices? Seulement ces causes se réduisent dans le monde physique à d'autres lois de la même espèce, tandis que dans le monde spirituel ou psychique il faut compter de plus avec les tiraillements des passions ou les abus de la liberté humaine.

Est-ce à dire que les lois économiques ne soient pas naturelles et universelles? C'est la thèse qu'ont soutenue dernièrement les socialistes de la chaire.

Chaque peuple, disent-ils, et chaque époque ont leur organisation économique propre, dérivant du génie, de l'histoire et des besoins nationaux; et cette organisation elle-même n'a rien de constant et d'autonome, car elle subit à toute heure l'ascendant ou l'impulsion des res-

---

[1] V. notre "Tratado didáctico de Economía política," Introduction, chap. IV.

[2] The character and logical method of political Economy.

sorts moraux de l'être humain. Les questions générales et spéciales de l'ordre économique ont ainsi, dans chaque pays, leur essence particulière et locale, ne se rattachant pas par l'unité des principes aux choses analogues des autres pays. En fait d'ordre naturel et commun, il n'existe que celui de l'univers physique, où tout est fatal, et celui du monde animal, où règne la lutte de tous contre tous, et dont l homme lui-même ne s'affranchit que par l'éducation qu'il reçoit peu à peu dans le milieu social [1].

Mais, comme Dameth le fait très-bien remarquer [2], s'il n'y a pas des lois naturelles et universelles en économie sociale, il n'y a pas, il ne peut y avoir de science économique.

«Qu'est-ce, en effet, qu'une science, sinon la connaissance des lois naturelles qui régissent un genre déterminé de phénomènes? D'où il résulte que ces lois sont aussi universelles que l'ordre des phénomènes qui en dépendent. C'est ainsi qu'ont été comprises et constituées toutes les sciencies physiques et morales, sans qu'on s'arrêtât aux différences des temps et des lieux autrement que pour retrouver l'unité sous la variété. La Chimie, la Physique, l'Astronomie, la Géologie, la Botanique, la Paléontologie, la Morale même, comme sciences, sont unes, malgré l'immense dissémination des substances ou des êtres et malgré le particularisme infini des phénomènes. Il n'y a ni une Chimie ni une Morale allemandes, distinctes comme sciences de la Chimie et de la Morale françaises; et il en est nécessairement de même de toutes les sciences. Sans cela, le plan général de l'Univers, cette merveilleuse unité de système qui enchaîne et harmonise tout, par delà le domaine de l'accident, du différent, voir du contraire, serait atteinte dans son essence. Conséquemment, dire qu'il n'y

---

[1] V. le résumé des doctrines du socialisme de la chaire, fait par Dameth dans son "Introduction à l'étude de l'Économie politique," Appendice, chap. IV.

[2] Ouvrage cité. Ibidem, chap. V.

a pas des lois naturelles en économie sociale, c'est dire que l'économie sociale ne forme pas un ordre de phénomènes *sui generis*, ayant des principes fournis tant par la nature de l'homme, généralement parlant, que par l'objet déterminé auquel correspond cette économie sociale, c'est-à-dire la satisfaction des besoins de l'homme vivant en société. »

Non, l'existence des lois naturelles qui gouvernent le monde économique n'est plus un mystère. Depuis longtemps l'Économie en a signalé et constaté un grand nombre. S'il en est quelques-unes, comme dit Mr. Coquelin [1], qui peuvent être avec plus ou moins de raison contestées ou méconnues, il en est d'autres aussi que personne, pas même ceux qui nient en principe la régularité du monde industriel, n'oserait plus mettre en question.

Montrez-nous, si vous le pouvez, dit aussi Bernard [2], un seul point du Globe, où l'abondance produise la cherté, où le travail répande la misère, où la multiplication des capitaux amène la ruine du pays, où la division du travail augmente le coût des produits, et nous serons alors forcés de convenir que les lois économiques n'ont pas d'existence ni de réalité, et qu'elles sont une idée imaginaire des rêveurs.

« Pour détruire, écrit Mr. Alvarez Builla [3], la croyance dans les lois naturelles économiques, il faudrait démontrer qu'elles n'existent ni dans l'Humanité ni dans la Nature; que chaque nation, chaque famille, plus encore, chaque homme, est un être différent, essentiellement distinct des autres et tout à fait délié d'eux, et que chaque organisme naturel n'a pas avec les autres aucun point de contact, aucun trait d'union. Mais alors, comme c'est une loi la lutte constante entre les contraires, l'Humanité vivrait livrée à un combat perpétuel, le seul fait univer-

---

[1] Loco citato.

[2] Les lois économiques, traduction espagnole, p. 17.

[3] Discours ci-dessus cité.

sel serait l'*homo homini lupus*, le *bellum omnium contra omnes*, d'Hobbes, le *struggle for life*, de Darwin, et la Nature retournerait au chaos. Et encore ceci ne serait pas la seule et absurde conséquence de la négation des lois naturelles économiques. Pour éviter le fatalisme que les socialistes de la chaire trouvent dans ces lois, on tomberait dans un autre erreur mille fois plus grand, celui de supposer l'homme incompatible avec les lois qui régissent son existence et avec les principes qui gouvernent sa vie, ce qui, tout en admettant qu'il soit possible, le conduirait par la voie de l'anarchie et la démoralisation à l'annulation la plus complète.»

Mais à quoi bon nous arrêter à réfuter la singulière doctrine dont il s'agit, quand les mêmes écrivains qui la professent nous en fournissent la plus victorieuse réfutation qu'on puisse demander?

Ainsi, Held, un des principaux socialistes de la chaire, s'exprime dans ces termes [1]:

«S'il est vrai qu'en matière économique l'activité humaine a pour but immédiat la satisfaction des intérêts, cette activité est une émanation de l'homme entier, et ses mobiles, outre les intérêts, sont les devoirs. Le principe de la production économique, c'est-à-dire, le désir d'obtenir des résultats avec le moindre effort possible, ou avec la peine la plus minime, doit être limité par le principe de l'intérêt général, en vertu duquel chacun est obligé d'accorder à son prochain ce qu'il voudrait pour lui même.»

Où l'on énonce d'abord deux lois économiques naturelles: 1.° Que le mobile de l'activité économique est, comme nous l'avons dit ailleurs, l'intérêt personnel: 2.° Que dans le cas où il soit en opposition avec l'intérêt général, c'est celui-ci qui doit prévaloir, comme nous l'avons dit aussi.

Laveleye, l'ardent propagateur en France et en Belgi-

---

[1] Grundris für Vorlesugen, p. 2.

que du socialisme de la chaire, et l'adversaire le plus passioné de l'Économie orthodoxe, quoiqu'il dit dans un de ses écrits: «Je cherche ces lois naturelles dont on parle toujours et je ne les trouve pas,» émet dans un autre ces deux propositions [1]:

1.° L'analyse montre que la propriété est la condition indispensable de l'existence de la liberté et du développement de l'homme;

2.° Le sentiment inné du juste, le droit primitif et le droit rationnel s'accordent à imposer à toute société l'obligation de s'organiser, de sorte qu'il en résulte sufisamment garantie la propriété légitime de chacun.

Où l'on reconnaît la propriété et la liberté comme deux lois naturelles du monde économique.

Brentano, un autre coryphée du socialisme de la chaire, écrit de son côté ce qu'il suit [2]:

«Dans nos recherches nous avons trouvé cette loi historique: lorsque la liberté règne, à l'abolition d'une ancienne institution économique survient nécessairement une nouvelle organisation parmi ceux qui ont été nuis par la disparition de la première; et cette loi historique est vraiment scientifique, puisqu'elle procède d'une loi de la nature humaine, de l'amour de soi-même, et de là que les forts penchent toujours pour la concurrence et les faibles pour l'association. C'est pour cela que nous avons insisté sur cette proposition: La concurrence est le principe des forts et l'association celui des faibles.»

Où l'on admet aussi des lois économiques naturelles.

Dernièrement, et pour ne pas fatiguer le lecteur avec plus de citations, le professeur de l'Université de Bonn, Nasse, également affilié à la nouvelle école allemande, a publié sous ce titre: «l'État peut-il prévenir les crises in-

---

[1] Les nouvelles tendances de l'Économie politique et du socialisme.— Revue des deux mondes, 15 juillet 1875.=De la propriété et de ses formes primitives.

[2] Arbeitergilde.

dustrielles?» un article, où l'on parle des lois naturelles économiques tellement que tous les économistes orthodoxes pourraient le souscrire [1].

A tous cela objecte cependant Mr. Piernas [2]:

«Que les phénomènes économiques sont régis par des lois naturelles, on ne saurait le douter, car ils ne peuvent pas être une exception au milieu de la création entière. Que la liberté soit nécessaire pour accomplir ces lois, c'est de même évident, puisqu'elles se rapportent à l'homme. Ce qu'on ne peut pas admettre également c'est que la liberté suffise pour qu'elles s'accomplissent, ou qu'elles se réalisent spontanément. Les lois naturelles dans l'ordre physique, de même que dans le monde de l'esprit, montrent la direction qui convient à notre activité; mais elles servent seulement pour le but de l'homme tant que celui-ci les observe et les fait effectives. L'action de la gravitation reçoit des applications continuelles, et cependant avec la même *naturalité* qu'elle nous aide, cette loi nous écrase si nous l'employons maladroitement. La force explosive de la poudre est très utile dans certaines industries, mais elle agit aussi *naturellement* lorsqu'elle écarte les obstacles dans une voie de communication que lorsqu'elle fait éclater une ville en ruines. Le bien est une loi naturelle de l'activité; la raison nous en fait voir les motifs; mais la volonté doit le réaliser et elle peut aussi le contrarier. Les lois de l'ordre juridique ne sont pas moins naturelles que les lois économiques, elles n'ont pas moins de besoin que celles-ci de la liberté: pourquoi, donc, les individualistes, au lieu de s'en tenir au *laissez faire*, demandent à l'État qu'il organise des tribunaux, qu'il entretienne une force publique et qu'il soit inexorable dans la répression des délits? Les lois économiques se trouvent dans le même cas que les autres: elles n'excluent pas l'intervention de l'hom-

---

[1] Voir la Revue "Jarbuch."

[2] Vocabulario de la Economía, art. Individualisme.

me; au contraire, elles lui marquent une ligne de conduite; elles ne se réalisent pas par le seul fait de la liberté, mais par des actes qui, bien qu'ils doivent être libres, sont déterminés d'avance. Avec la liberté du travail, de la concurrence et de la consommation, il y a des industries antiéconomiques, des échanges injustes et des applications vicieuses de la richesse: elles existent sous nos yeux, et nous sommes tous les jours témoins des infractions des lois naturelles de l'Économie.»

Ainsi s'exprime Mr. Piernas, et certes on ne saurait pas dire ce qu'il y a de plus admirable dans son raisonnement, si les sophismes qu'il recèle, ou l'esprit dont cet auteur a fait preuve pour les présenter.

Il affirme, en effet, que la liberté est indispensable pour l'accomplissement des lois économiques, et en même temps il doute qu'elles se réalisent *spontanément*. Est-ce que la liberté peut exister sans la spontanéité? Est-ce que la volonté humaine, par le seul fait d'être libre, n'est pas spontanée?

Mais la liberté, dit-il, ne suffit pas pour la réalisation des lois dont il s'agit; car ces lois servent seulement pour le but de l'homme lorsqu'il les observe. Certainement, il ne suffit pas d'être libre pour les accomplir; il faut qu'on les accomplisse effectivement. Mais qu'est-ce qu'on prétend en déduire? Qui a eu jamais l'idée de confondre la liberté d'agir avec l'action elle-même?

Le bien, ajoute Mr. Piernas, est une loi naturelle de l'activité; mais la volonté doit le réaliser et elle peut le contrarier. Rien de plus vrai; c'est en cela que la liberté consiste. L'homme peut observer ou ne pas observer les lois économiques: s'en suit-il qu'il ne les observera jamais? Alors on méconnaît le caractère de *nécessité* qu'ont ces lois; on méconnait la nature humaine, qui aime son bien et est intéressée à le réaliser; on méconnait surtout la responsabilité inhérente a la liberté, et en vertu de laquelle l'homme tôt au tard finit pour se soumettre *spontanément* au devoir, pour échapper à la peine qu'il attire autrement sur soi-même.

C'est à cause de cette responsabilité que la loi naturelle de la gravitation, comme le fait remarquer Mr. Piernas, nous écrase lorsque nous en usons maladroitement, avec la même *naturalité* qu'elle nous aide dans le cas contraire; tout cela est de la dernière évidence.

Mais que dirons-nous de l'accusation que Mr. Piernas adresse aux individualistes parce que, tout en reconnaissant que les lois juridiques ne sont pas moins naturelles ni moins nécessitées de liberté que les lois économiques, demandent à l'État qu'il réprime les délits, au lieu de s'en tenir au *laissez faire*? Est-ce sérieux? Est-ce digne d'un économiste si distingué? Mr. Piernas ne sait-il parfaitement que dans tout délit il y a un attaque à la liberté, et que c'est en intérêt de celle-ci que les délits doivent être réprimés?

Certes qu'avec la liberté du travail et de la consommation, il y a des industries anti-économiques, des échanges injustes et des applications vicieuses de la richesse; certes que nous sommes tous les jours témoins d'infractions des lois de l'Économie. Mr. Piernas ne nous dit en tout cela rien de nouveau. Mais que veut-il qu'on fasse pour l'empêcher? Supprimer la liberté ou la maintenir? Les socialistes de la chaire, comme les socialistes et les absolutistes de toutes les nuances, optent pour le premier terme de ce dilemme: les individualistes, c'est-à-dire, les libéraux, pour le second. De quel côté Mr. Piernas se range-t-il? Il faut se prononcer: ou la liberté avec tous ses dangers, ou la servitude avec sa dégradante tranquillité. Quant à nous, il y a longtemps que nous avons pris parti, et nous aimons mieux, selon la phrase de l'illustre historien romain, la liberté dangereuse que la servitude tranquille: *malo periculosam libertatem quam quietam servitudem.*

Oui, les lois économiques s'accomplissent au milieu de la liberté, et elles ne sauraient s'accomplir autrement; mais elles ne sont pas les seules qui régissent l'activité humaine. D'abord, cette activité est aussi soumise aux lois morales et juridiques, et il faut en tenir compte dans toutes nos actions.

Les faits sociaux, dit Baudrillart[1], ne doivent pas être jugés seulement du point de vue de la richesse. La Société a plus d'un but à réaliser dans ce monde. Dans la pratique plusieurs principes concourent à la solution des questions sociales. Entre autres cas, nous en citerons un, certainement des plus désastreux, la guerre. Il n'y a pas de guerre qui ne soit funeste sous l'aspect économique: le peuple qui croit s'enrichir en guerroyant, se nourrit d'illusions; car, si l'on tient compte des capitaux perdus, on verra que la guerre, quand même on en sorte victorieux, ne produit jamais que misère. Mais est-ce que l'on juge de l'opportunité de la guerre seulement sous ce rapport? Non: il y a des circonstances où l'honneur de la Nation et sa légitime influence la lui imposent comme une nécessité.

Certes que ces conflicts entre les divers principes qui régissent les actions humaines ne sont, comme le même auteur ajoute, qu'une exception, car le bien moral, le bien politique et le bien économique sont essentiellement d'accord, le bien étant un comme la vérité; mais ils se présentent souvent dans la pratique de la vie, et alors on doit suivre ceux qui répondent au but le plus élevé et le plus noble.

On conçoit, dit aussi Rossi[2], que la Morale et la Politique interviennent dans les questions sociales. Le but de la Société, comme le but de l'individu, n'est pas seulement d'être riche: ce but peut dans certains cas être subordonné à un autre plus élevé. Supposons que le travail des enfants pendant quinze heures la journée fût un moyen de richesse nationale: la Morale dirait qu'on ne doit pas le permettre, et la Politique qu'il serait nuisible à l'État, parce qu'il arrêterait l'incrément de la population, et pour avoir des ouvriers d'onze ans, on aurait des mesquins soldats de vingt. La Morale ferait valoir ses droits et la Po-

---

[1] Manuel d'Économie politique, première partie, chap. IV.

[2] Cours d'Économie politique, 2.º leçon.

litique les siens: devrait-on pour cela accuser l'Économie politique? Non certainement: l'Économie politique est une science qui examine les rapports des choses et en expose les conséquences. Elle étudie les effets du travail; c'est à l'homme de l'appliquer selon l'importance du but. Lorsque cette application est contraire à un but plus élevé que celui de la production de la richesse, elle ne doit pas se faire. S'il était démontré que les maisons où l'on recueille les malheureuses victimes de la corruption et de la misère de leurs progéniteurs contredisent les déductions de l'Économie politique, celle-ci ne devrait pas l'occulter. Devrait-on en conclure que les économistes veulent que ces maisons soient immédiatement fermées et qu'ils sont des hommes sans entrailles, des hommes qui méconnaissent tout sentiment d'humanité? Aucunement. L'Économie constate un fait et un résultat: c'est à vous d'examiner si dans les circonstances de votre pays il y a d'autres faits et d'autres conséquences qui s'opposent aux enseignements de cette science.

D'ailleurs, l'activité économique subit dans son exercice l'influence des causes extérieures, telles que le sol, le climat, l'état de l'industrie, les moyens particuliers d'agir, les idées régnantes, les mœurs, les institutions politiques, etc., et cela fait que les actes intéressés de l'homme ne répondent toujours à ce qu'en exige la science.

De là une Économie *pure* ou *rationnelle*, qui cherche les lois de la richesse ou du bien-être, se fondant sur les faits généraux et constants de la nature humaine, et une Économie *appliquée*, qui étudie les phénomènes économiques tels qu'ils se produisent dans certains pays et à certaines époques, en les comparant avec les lois et les principes de la science pure, pour voir jusqu'à quel point ils s'y rapprochent ou ils s'en écartent. Cette distinction entre l'Économie pure et l'Économie appliquée fut déjà faite par P. Rossi.

Selon lui, l'Économie politique part essentiellement de ces données: notre pouvoir sur les choses à l'aide du travail, notre tendance à l'épargne lorsque nous sommes stimulés par un intérêt suffisant, notre disposition à mettre en commun notre activité et nos forces, nos instincts de propriété et d'échange. Voilà des faits de tous les temps et de tous les lieux, des faits généraux de l'Économie politique. D'une part l'homme avec l'intelligence et les facultés qui lui sont propres, de n'importe quelle race, sous tous les climats, à toute période de la civilisation; d'autre part la matière brute et les forces de la Nature, et entre ces deux éléments les besoins et les désirs, qui, prenant naissance dans l'homme, trouvent leur satisfaction dans les objets extérieurs. Telle est la science pure. Mais les théories ne sont pas toujours d'accord avec la pratique économique, par la raison évidente que la science, en se préoccupant de la généralité, laisse de côté les circonstances de temps, de lieu, de nationalité, qui dans la vie commune jouent un très grand rôle, et c'est seulement lorsqu'on passe à l'application qu'on tient compte de ces éléments. D'où il suit qu'il faut distinguer deux idées: 1.° L'Économie rationnelle ou pure qui, se fondant sur les faits généraux, cherche les lois de la richesse, et à laquelle d'autres sciences peuvent fournir des moyens et des résultats, mais sans devoir jamais s'identifier avec elle; 2.° L'Économie appliquée, qui tient compte de toutes les circonstances qui peuvent dans la pratique modifier les principes scientifiques, et spécialement des trois ci-dessus mentionnées, le temps, l'espace et la nationalité [1].

Tout ceci est très-bien: seulement Rossi s'égare ensuite en confondant l'art économique avec l'Économie appliquée. Or, ce sont deux choses très différentes. Il y a un art économique pur ou rationnel, qui donne des règles générales pour réaliser le bien individuel, sans distinction de lieux ni d'époques, et un autre d'application immédiate à certains pays et à certaines périodes de l'Histoire.

---

[1] Cours d'Économie politique.—Introduction à l'histoire des études économiques.—De la méthode en Économie politique.

Ainsi l'a compris Minghetti, en remarquant que les règles elles-mêmes de l'action humaine, si elles sont en partie absolues, en partie cependant se modifient successivement selon un mode qui correspond aux époques diverses, de même, dit-il, que le droit historique se concilie avec le droit rationnel [1].

Mais aucun économiste n'a saisi mieux que Ciconne la distinction entre l'Économie pure et l'Économie appliquée. Voilà comme il s'exprime à ce propos [2].

«C'est un principe de Mécanique que lorsqu'un corps est animé d'un mouvement qu'aucune cause interne ou externe ne tend à modifier, ce corps doit parcourir nécessairement une ligne droite avec un mouvement uniforme, c'est-à-dire: que dans des temps égaux il doit parcourir des espaces égaux. Voilà un principe de Mécanique pure. Mais quand on jette en l'air une paille, son mouvement n'est dans une ligne droite ni uniforme; la paille s'écarte de la droite en raison des obstacles qu'elle rencontre, et sa marche se ralentit peu à peu, tellement qu'elle cesse à la fin dans un certain temps. Or l'étude des obstacles et de leurs effets, la modification que le principe absolu éprouve sous l'influence du monde réel, sont l'objet de la Mécanique appliquée. De même l'Économie pure pose en principe (ou plutôt comme règle) que lorsque le salaire réel est plus élevé dans un lieu que dans un autre, les travailleurs de celui-ci vont s'établir dans celui-là. Il peut cependant arriver que le salaire réel soit, en effet, beaucoup plus élevé à Londres qu'à Naples, et que les travailleurs napolitains ne quittent pas Naples pour aller à Londres: dira-t-on pour cela que le principe est faux? Non: seulement il a été modifié par les conditions du monde réel, et ces conditions doivent être étudiées par l'Économie appliquée.»

---

[1] Rapports de l'Économie publique avec la Morale et le Droit, livre II, note.

[2] Principi di Economia politica.—Notions préliminaires, chap. II, § IV.

Ainsi, une chose sont les faits essentiels, autre chose les faits particuliers ou accidentels de l'ordre économique: une chose sont les lois et les principes de l'Économie, autre chose sont les acts humains. Il n'y a pas toujours accord parfait autre les uns et les autres; mais les seconds doivent être subordonnés aux premiers, et c'est ce qui arrive tôt ou tard. Le but économique, philosophiquement considéré, s'offre donc à nous comme un *idéal*, vers la réalisation duquel *tend* librement l'activité de l'homme, s'y rapprochant de plus en plus, sans pouvoir jamais l'atteindre. C'est ainsi qu'on doit comprendre et juger l'Économie, dont les lois, nécessaires dans leur principe, ne le sont pas dans leur exécution, et quoiqu'elles ne s'accomplissent pas dans un moment donné de la vie, se réalisent entièrement dans le temps et dans l'espace, en recevant de l'Histoire le témoignage le plus éclatant de leur vérité et de leur excellence [1].

---

[1] V. notre "Tratado didáctico de Economía política," Introduction, chap. III.

# VII.

## CLASSIFICATION DE L'ÉCONOMIE.

La science est une: elle consiste, comme nous l'avons dit, dans l'ensemble systématique des connaissances humaines.

Mais, comme il serait impossible, dans la limitation de notre intelligence, de connaître à la fois toutes les choses connaissables, on commence pour distinguer dans cet ensemble des parties qui, malgré leurs caractères communs, qui constituent l'unité scientifique, offrent des différences assez marquées pour les concevoir séparément et en faire autant de sciences particulières. Puis on réunit par la pensée les parties qui ont entre elles le plus d'affinité, et on en forme autant de groupes ou de classes. C'est ce qu'on appelle diviser et classer la science.

Or, la science se divise de deux manières: par la source et par l'objet de nos connaissances [1]. Nous allons les exposer brièvement.

---

[1] Les logiciens admettent une troisième division, fondée sur la qualité de la connaissance elle-même, en distinguant une connaissance de ce qu'il y a de total, immuable ou essentiel, et une autre de ce qu'il y a d'individuel et déterminé dans l'objet connu. Mais, ces deux genres de connaissances, correspondant respectivement aux deux sources où nous les puisons toutes, la division dont il s'agit se confond avec celle qui a rapport aux mêmes sources.

I. Les sources de connaissance sont deux: la raison pure et l'observation ou l'expérience. Ainsi nous avons:

1.° Des connaissances *supra-sensibles* ou *rationnelles*, qu'on acquiert indépendamment des sens et qui comprendent les idées générales du bon, du juste, du beau, de l'infini, de l'absolu, de l'un, du nécessaire, qui ne sauraient être figurées ou représentées avec leur caractère d'universalité, ni dans la fantaisie, ni dans les organes corporels, mais qui naissent dans la raison elle-même.

2.° Des connaissances *sensibles* ou *expérimentales*, qu'on acquiert par les sens, c'est-à-dire par l'observation ou l'expérience, et qui comprendent tout ce qui est fini, individuel et déterminé dans ses rapports, comme les faits, les phénomènes, les accidents qui se réalisent dans le temps et dans la vie, qu'ils soient intérieurs ou extérieures à notre organisme.

3.° Des connaissances *harmoniques* ou *appliquées*, où se com[illegible]nent les deux genres de connaissances antérieurs, et s'harmonisent l'éternel avec le temporel, le rationnel avec le sensible.

Il y a donc, sous ce rapport, trois sciences particulières:

1.° Science des connaissances supra-sensibles ou rationnelles, qu'on appelle idées *a priori*, principes absolus ou nécessaires, axiomes ou vérités évidentes *per se*, parce qu'elles ne peuvent pas être démontrées (*Philosophie*).

2.° Science des faits ou des connaissances sensibles ou expérimentales, vérités démontrables ou *a posteriori* (*Histoire*).

3.° Science des connaissances harmoniques ou appliquées (*Philosophie de l'Histoire*).

II. Nous pouvons connaître de tous les êtres que comprend la Création ou l'Univers, à savoir:

L'*Esprit*, ensemble des êtres immatériels;

La *Nature*, ensemble des êtres matériels ou corporels;

L'*Humanité*, ensemble de tous les hommes, où vivent en union intime et harmonique la Nature et l'Esprit, l'homme étant un *micro-cosmos*, un univers en miniature ou un petit-monde.

En outre, sur l'Univers est Dieu, l'Être suprême, cause et raison supérieure de l'Esprit, de la Nature et de l'Humanité.

Partant, sous cet autre rapport, il y a quatre sciences particulières:

1.° Science de l'Esprit (*Neumatologie* ou *Psychologie*),

2.° Science de la Nature (*Cosmologie*), qui comprend celle des êtres corporels organiques (*Biologie* et *Physiologie*), et celle des êtres corporels inorganiques (*Physique*);

3.° Science de l'Humanité (*Anthropologie*);

4.° Science de Dieu ou de l'Être suprême (*Métaphysique*, *Ontologie*, *Théologie rationnelle* ou *Théognosie*).

Ces sciences, réunies en un seul tout, constituent la Science entière, ou la Science de l'Être, un, infini et absolu.

Dieu et l'Esprit ne sont connus que par la raison pure, car ce sont des objets qui échappent à toute expérimentation ou à tout contrôle des sens, ne pouvant être représentés en aucune manière dans les organes corporels, mais seulement dans l'intimité du *moi* ou dans la conscience humaine.

Partant, la Science de Dieu et la Science de l'Esprit, la Métaphysique et la Psychologie, sont des sciences philosophiques.

Quant à la Nature et à l'Humanité, nous les connaissons par la raison et par l'expérience, par la réflexion de notre esprit et par l'observation des faits qui se produisent respectivement au sein de l'une et de l'autre.

Partant la Science de la Nature et la Science de l'Humanité, la Cosmologie et l'Anthropologie, sont à la fois philosophiques et historiques, et en effet il y a une Philosophie de la Nature, dont les Mathématiques font partie, et une Histoire de la Nature (*Histoire naturelle*), une Philosophie de l'Humanité et une Histoire de l'Humanité (*Histoire humaine*).

De plus, la Philosophie peut être appliquée à l'Histoire de la Nature, ainsi qu'à l'Histoire de l'Humanité, et alors nous aurons la *Philosophie de l'Histoire naturelle* et la *Philosophie de l'Histoire humaine*.

Un philosophe contemporain, Mr. Delbœuf, a fait une autre classification des sciences, fondée, non pas sur l'objet ni sur la source de leurs connaissances, mais sur la manière d'envisager les êtres réels dont elles s'occupent. Les objets, dit-il [1], sont d'autant plus compliqués qu'on y remarque plus de qualités, c'est-à-dire que les sciences signalent entre eux plus de différences. L'objet de la Science sera donc réduit à sa plus simple expression, lorsqu'on supprimera par la pensée toutes les différences entre les choses, lorsqu'on les considérera toutes comme égales. Elles deviennent dans ce cas des *unités*.

Or, l'*Arithmétique* repose sur la notion du nombre, qui n'est qu'un groupe d'unités.

L'*Algèbre* sur celle de quantité, qui est un nombre en général, ou un nombre dont l'unité n'est pas déterminée.

La *Géométrie* sur celle de figure, qu'elle définit au moyen de quantités, à savoir, de distances et de directions exprimées par des droites et des angles.

En *Mécanique*, le mobile est conçu comme capable de parcourir un certain espace, dans une certaine direction, dans un temps donné. Les rapports des différentes vitesses dont il est à chaque instant animé, dans diverses directions, déterminent sa trajectoire. Son mouvement et sa vitesse à chaque moment sont ainsi représentés par une ligne d'une certaine longueur, placée d'une certaine façon, par une figure, enfin. Les problèmes de la Mécanique sont, donc, ramenés à des problèmes de Géométrie et d'Algèbre.

En *Physique*, l'objet est la trajectoire même du point (mouvement vibratoire des molécules), trajectoire définie

---

[1] Algorithmie de la Logique.—Revue philosophique, vol. II.

par le sens du mouvement vibratoire et la force d'impulsion, qui écarte le point de sa position d'équilibre où une autre force le ramène. La Physique est donc une espèce de mécanique plus délicate.

La *Chimie*, à son tour, tend à expliquer la qualité des corps naturels par des combinaisons et des enchevêtrements des mouvements propres des atomes: seulement, elle n'est pas assez avancée pour rendre compte des particularités des phénomènes à l'aide de formules physiques ou mécaniques.

Restent les *sciences biologiques*; mais elles tendent aussi, dit Mr. Delbœuf, à ramener les phénomènes vitaux à des phénomènes physiques ou chimiques.

Restent encore les *sciences psychiques*; mais elles sont poussées, selon lui, malgré leur résistance, à réduire les faits sensibles et intellectuels à des faits physiologiques.

L'ensemble des sciences forme, donc, toujours d'après ce philosophe, un édifice dont la base est l'Arithmétique, et dont les différents étages s'élèvent à mesure que l'intelligence humaine saisit des rapports de plus en plus compliqués.

Telle est la classification de Mr. Delbœuf. Comme on le voit, elle recèle une conception positiviste de la science et suppose une seule source de connaissance, l'observation ou les sens.

Mais n'y a-t-il que de connaissances sensibles ou expérimentales? Ou bien, en sus de ces connaissances, y en a-t-il d'autres, comme nous l'avons admis, suprasensibles ou rationnelles? Voilà une question qui divise les savants depuis l'Antiquité. C'est la vieille querelle entre Aristote et Platon, reproduite à travers les siècles entre Bacon et Descartes.

Platon affirmait l'existence de ce qu'il appelait des *idées innées*, connaissances puisées exclusivement dans la raison, tandis qu'Aristote professait le doctrine contraire, formulée par les scolasticiens dans ces mots: *nihil est in intellectu quin prius fuerit in sensu,* rien n'est dans l'intelligence qui n'ait été préalablement dans les sens.

Descartes posait comme condition première de toute étude le *doute,* n'admettant rien pour vrai qui ne soit clairement et distinctement conçu comme tel; mais il prétendait en même temps fonder la science sur cette proposition: *Cogito, ergo sum*; je pense, donc je suis, ce qui est déjà une affirmation, un principe nécessaire ou une vérité indémontrable. Bacon, au contraire, voulait arriver à toute connaissance au moyen de l'observation, et rejetait les théories *a priori,* qu'il qualifiait de fantômes ou d'idoles, *idolatra.* «Quand les hommes, disait-il, voudront subordonner leurs théories aux faits, ils pourront parvenir à savoir quelque chose; jusque-là, ils tourneront dans un cercle vicieux [1].»

Les positivistes se sont rangés du côté d'Aristote et de Bacon. Ainsi, ils repoussent la distinction de deux espèces de sciences: l'une reposant sur des vérites de fait, l'autre sur des principes nécessaires. Pour eux la science examine toujours des faits particuliers, dont la comparaison, à l'aide de la mesure et du calcul, conduit à des propositions générales, qui expriment les rapports constants, immuables, des phénomènes. Quand la science naissante, disent-ils, est en possession d'un nombre, plus ou moins considérable, de lois semblables, on énonce des *principes.* Mais ces principes ne sont que des hypothèses, renfermant sous une forme prudente une assertion sur les caractères de la cause des phénomènes, et il faut pour qu'on les admette, toujours à titre provisoire, qu'ils expliquent tous les phénomènes jusqu'alors constatés: autrement, si les faits sont contraires aux conséquences qu'on en tire, les principes énoncés sont à rejeter. La science, ajoutent-ils, ne s'égare pas dans la recherche des causes intimes, et quand elle énonce un principe, c'est sous cette forme dubitative et modeste: «Les choses se passent comme si les phénomè-

---

[1] Novum organum.

nes avaient telle au telle cause; par exemple, comme si les corps étaient attirés l'un vers l'autre en raison directe des masses et en raison inverse du carré des distances.» La science, donc, n'a pas la prétention de rien affirmer sur l'essence des choses [1].

Comme on le voit, c'est renverser toute philosophie, et en effet les positivistes opposent fréquemment la Science à la Philosophie, et ils vont jusqu'à nier à celle-ci tout caractère scientifique. Ils se demandent même quelle différence y-a-t-il entre elle et la poésie [2].

Mais, sans entrer ici dans une discussion, qui serait hors de notre propos et qui nous menerait très-loin, nous ferons une seule remarque. Le positivisme ne voit pas qu'il fait de la philosophie, tout en la méconnaissant, semblable au poète Ovide, qui dans son enfance faisait des vers en même temps qu'il jurait de ne pas les faire, ou à ce personnage du roman qui de toute sa vie avait parlé en prose sans le savoir. Il proteste, en effet, contre toute affirmation sur l'essence des choses, et il commence précisément pour affirmer l'identité de cette essence. Il repousse tout principe *a priori*, et il pose comme base de son système l'unité de l'être, qui est un de ces principes. Il prétend tout démontrer et il ne démontre rien, puisque, pour lui, il n'y a dans la science que des hypothèses qui attendent toujours une démonstration.

Ainsi la contradiction est dans l'essence même du positivisme, et en fin de compte, il n'échappe pas à la nécessité d'admettre des axiomes ou des vérités évidentes *per se*. C'est qu'on ne peut pas tout connaitre par les sens; c'est qu'en sus des connaissances expérimentales, il y en a d'autres purement rationnelles; c'est qu'on trouve un abyme entre l'esprit et la matière, et que si du côté de l'esprit il y a un pont-levis pour le franchir, la raison, du côté de la matière cet abyme est vraiment infranchissa-

---

[1] Algorithmie de la Logique.—Revue philosophique, vol. II.

[2] V. "Le travail humain," par Méliton Martin, 3.o partie, chap. XI.

ble. Les positivistes se vantent de ramener les phénomènes vitaux à des phénomènes physiques, et de réduire les manifestations de l'intelligence à des faits physiologiques. C'est une chimère: il n'ont pas atteint ce but, malgré leurs efforts; on ne voit pas même qu'ils soient dans la voie qu'y conduit.

Cela suffit pour que toute la classification de Mr. Delbœuf s'écroule. Elle pourrait tout au plus être appliquée aux sciences physiques, parce que les phénomènes dont ces sciences s'occupent sont d'un même ordre ou, comme disent les logiciens, d'une même qualité, et l'on conçoit parfaitement qu'on les réduise à des unités égales entre elles. Mais, comment étendre cette égalité aux phénomènes physiologiques et surtout aux psyquiques? Ils n'offrent pas les mêmes caractères que les autres, et par conséquent si l'on veut les regarder aussi comme des unités, ce seront des unités distinctes des physiques et qui ne sauraient être confondues avec celles-ci.

Nous ne pouvons, donc, admettre la classification dont il s'agit, et nous nous en tenons aux deux premières que nous avons exposées.

Quelle est maintenant la place que la science économique y doit occuper? En d'autres termes, à quelle classe de sciences appartient l'Économie, tant par l'objet que par la source de ses connaissances?

Coquelin prétend qu'elle est une science naturelle, ou une branche de l'Histoire naturelle de l'homme. «L'Anatomie, dit-il, étudie l'homme dans la constitution physique de son être; la Physiologie dans le jeu de ses organes; l'Histoire naturelle proprement dite, telle que l'ont pratiquée Buffon et ses successeurs, dans ses habitudes, dans ses instincts, dans ses besoins et par la place qu'il occupe dans l'échelle des êtres. L'Économie politique, elle, l'observe et l'étudie dans la combinaison de ses travaux. N'est-ce pas une partie des études du naturaliste, et l'une des plus intéressantes, pour le dire en passant, d'observer les travaux de l'abeille au sein de la ruche, d'en étudier l'ordre, la combinaison et la marche? Eh bien! l'économiste, tant qu'il cultive seulement la science et sans s'occuper encore de ses applications, fait exactement de même par rapport à cette abeille intelligente qu'on appelle l'homme; il observe l'ordre, la marche, la combinaison de ses travaux. Les deux études sont absolument de la même nature; avec cette différence seulement, que l'ordre embrassé par l'économiste est incomparablement plus vaste, et les combinaisons qu'il remarque plus déliées, plus étendues et plus complexes. Le théatre de ses observations c'est la grande scène du Monde. L'ordre qu'il y constate est d'ailleurs d'un caractère bien autrement élevé, et quoique moins apparent et plus difficile à comprendre, bien plus merveilleux aussi que celui qu'on peut observer au sein d'une ruche. C'est une différence égale à celle qui existe entre un misérable insecte et l'homme [1].»

Ainsi s'exprime Mr. Coquelin. Mais il faut se hâter de dire que son opinion n'est pas partagée par aucun autre économiste. La plupart de ceux-ci considère l'Économie comme une science sociale, ou comme une branche des sciences morales et politiques.

Or, il est évident que l'Économie a un caractère social, quoique le but de ses recherches soit le bien individuel, puisqu'elle étudie les lois qui régissent notre activité, s'exerçant au milieu de la société, qui est l'état naturel de l'homme.

Il est encore évident que l'Économie a aussi un caractère moral, puisqu'elle puise dans l'Éthique ses principes sur le but de l'homme, sur son activité, sur l'intérêt personnel, comme un des mobiles de cette activité, etc.

Qu'elle offre, enfin, un certain côté politique, on peut l'admettre, quoique non sans réserves, puisque toutes ses théories supposent la liberté du travail, que la Politique doit garantir, et que de plus celle-ci trouve dans l'acti-

---

[1] Dictionnaire de l'Économie politique, art. Économie politique.

vité economique l'un des plus puissants auxiliaires de ses entreprises.

Ce qui n'est pas également admissible, c'est que l'Économie soit une branche de l'Histoire naturelle de l'homme, comme l'affirme Mr. Coquelin.

En quoi se ressemblent-elles, en effet, l'Histoire naturelle et l'Économie? En ce que, dit cet écrivain, de même que la première observe, par exemple, les travaux de l'abeille au sein de la ruche, en étudiant l'ordre de ces travaux, leurs combinaisons et leur marche, de même la seconde recherche également l'ordre, la combinaison et la marche des travaux de l'homme au sein de la Société.

Mais, n'y a-t-il aucune autre différence entre l'homme et l'abeille? Comment comparer l'exercice de notre activité ou le travail humain, noble, élevé, spirituel, toujours guidé par la raison, avec cet autre exercice monotone, inconscient, purement instinctif des animaux, qui, comme nous l'avons dit ailleurs, ne mérite pas même le nom de travail aux yeux de l'économiste? Et n'est-ce pas abuser des mots, que de qualifier l'homme d'abeille intelligente?

Non, l'Économie ne peut pas être considérée comme une science naturelle, à moins que Coquelin n'applique cette dénomination aux sciences qui étudient les phénomènes de la Nature en général, c'est-à-dire de l'Univers, de la création entière. Alors toutes les sciences appartiendraient à cette classe, la Psychologie de même que l'Histoire, la Physique ou la Chimie de même que la Logique ou les Mathématiques. Mais ce n'est pas le cas. On entend par *sciences naturelles* celles qui ont pour objet l'étude de la nature *physique* ou *matérielle*, tant organique qu'inorganique, à différence des sciences psychologiques ou psychiques, qui étudient la nature spirituelle, c'est-à-dire l'esprit humain dans ses propriétés essentielles, la raison, la conscience et l'activité.

Or, l'Économie, qui s'occupe des lois qui régissent la dernière, lorsqu'elle agit dans le sens restreint du bien individuel, appartient et ne peut qu'appartenir aux sciences psychiques. Seulement notre science n'examine pas l'activité en elle-même, mais dans ses manifestations ou dans les actes dont elle est la cause, et comme ces actes sont à la fois spirituels et corporels, et comme de plus ils tombent tant sur l'esprit que sur le corps de l'homme et sur tous les êtres de la nature physique, il s'en suit que l'Économie est une science mixte, c'est-à-dire naturelle et psychique à la fois, une science *anthropologique*.

Ceci par l'objet des connaissances économiques.

Mais comment classer l'Économie par la source des mêmes connaissances? Est-ce une science historique ou une science philosophique? C'est ici que les divergences des économistes éclatent; les uns s'inclinent pour la première manière de voir, les autres pour la seconde.

Or, quoique cette question est en quelque sorte préjugée par tout ce que nous venons de dire sur le caractère anthropologique de l'Économie, nous allons la traiter ici en peu de mots, et ce caractère ressortira encore plus clairement.

On distingue en Économie deux écoles, dont nous parlerons dans la suite de cet ouvrage; l'une qui regarde cette science comme purement philosophique ou rationnelle, l'autre qui la considère comme exclusivement historique ou expérimentale. Suivant Minghetti, les représentants de la première seraient Wately et Rossi, ceux de la seconde Roscher et Knies.

Wately soutient, en effet, que l'Économie est fondée sur un petit nombre de faits, simples, universels et à la portée de l'expérience populaire. De ces faits, dit-il, on tire quelques principes généraux: la science ensuite n'est qu'une série de déductions Elle appartient, donc, aux sciences logiques ou de raisonnement, plutôt qu'aux sciences physiques ou d'observation [1].

---

[1] Introductory lectures on political Economy.

De son côté, Rossi arrive à la même conclusion, tout en affirmant cependant que l'Économie a pour objet la connaissance réfléchie de la nature des choses, et qu'elle cherche les lois en se fondant sur les faits généraux et constants de la nature humaine[1].

Mais on voit bien qu'aucun de ces deux écrivains ne s'avise de nier la valeur de l'observation ou des faits en Économie: seulement ils les subordonnent au raisonnement et aux principes; partant, on ne peut pas dire qu'ils représentent une école économique purement philosophique ou rationnelle, que d'ailleurs nous ne connaissons pas.

Quant à Roscher et Knies, Minghetti est dans le vrai: ils regardent tous les deux l'Économie comme une science purement historique. Notamment Roscher qualifie d'absurde et pleine de présomption la pensée de fonder sur un petit nombre de faits universels un art et une science économiques. Pour lui l'Économie doit se borner à l'office de décrire la nature économique et les besoins du peuple, les lois et les institutions qui sont destinées à lui être applicables et les effets qui en dérivent[2].

Il ne donne pas, cependant, les raisons où il appuie cette singulière conception de l'Économie, et certes il lui serait impossible de prouver qu'une simple description de certains faits suffit pour constituer la science économique ou toute autre, quelle qu'elle soit.

Non: l'Économie possède des principes *a priori*, puisés dans la raison pure, ainsi que des lois ou des vérités de fait, acquises par l'observation ou l'expérience. Du nombre des premiers sont ceux-ci:

Le bien individuel est un des buts de l'homme;

La réalisation de ce bien dépend de l'activité humaine;

Cette activité est libre et responsable;

Elle cherche à réaliser le bien individuel, stimulée par

---

[1] Cours d'Économie politique, 2.e leçon.

[2] Principes d'Économie politique.—Introduction, chap. III, § 26.

l'amour que l'homme ressent pour ce bien, soit par le mobile de l'intérêt personnel, etc., etc.

Parmi les secondes on peut citer les suivantes:

Toute richesse vient primitivement du travail avec la coopération de la Nature;

Les produits s'échangent contre des produits;

Les prix courants dépendent du rapport de l'offre avec la demande;

Ce rapport dépend à son tour de celui de la production avec la consommation;

La production et la consommation, la richesse et la population, tendent toujours à s'équilibrer;

Dans toute production économique on doit obtenir un produit net, soit une richesse supérieure à celle qu'on y a dépensée;

Toutes choses égales d'ailleurs, le travail de l'esclave est plus couteux que celui de l'ouvrier libre, etc., etc.

Donc l'Économie est une science de connaissances harmoniques ou appliquées, soit philosophique et historique à la fois, comme l'Anthropologie; partant elle tient également de cette science.

En résumé, l'Économie appartient par l'objet de ses connaissances aux sciences anthropologiques, tandis que par la source où elle les puise, c'est una branche de la Philosophie de l'Histoire.

Telle est aussi la manière de voir de plusieurs économistes, parmi lesquels on doit d'abord ranger Wately et Rossi, d'après ce que nous en avons dit plus haut.

Ainsi, selon J.-B. Say, l'Économie tient le milieu entre les sciences mathématiques (sciences naturelles, puisqu'elles traitent de la quantité dans ses rapports avec le temps et l'espace), et les sciences morales (sciences psychologiques, puisqu'elles étudient l'esprit). «Comme les premières, dit-il [1], elle se fonde en partie sur des consi-

[1] Note inseré dans la traduction française des *Principes* de Malthus.— Avant propos, dans la "Collection des principaux économistes," vol. V, III p. 2.

dérations de grandeur, de rapports et sur des calculs; comme les secondes, elle dépend d'une connaissance approfondie des facultés, des goûts et des travers de l'homme. Les vérités qu'elle présente sont le résultat combiné des observations que fournissent ces deux espèces d'études.»

J. Garnier la regarde comme une science à la fois naturelle et morale. «Elle est naturelle, dit-il [1], parce qu'elle observe et étudie l'homme dans ses instincts et dans la combinaison des travaux qu'il emploie pour satisfaire ses besoins individuels et sociaux: elle est d'ordre moral et politique, parce qu'elle embrasse le côté moral et intellectuel des aptitudes humaines, comme font à d'autres égards la Morale proprement dite, la Législation, l'Histoire, etc., qu'on appelle les sciences morales et politiques, par opposition aux sciences mathématiques et physiques ou naturelles.»

Suivant Minghetti, «le thème de l'Économie est tout psychologique et anthropologique, et non physique, c'est-à-dire que les lois dont elle traite ne concernent pas les œuvres manuelles et instrumentales qui produisent la richesse, mais bien l'action de l'intelligence et de la volonté humaine. Que si l'intelligence et la volonté, pour agir, ont besoin d'organes et d'instruments, d'où il suit que l'adresse corporelle et tous les progrès de la Mécanique servent au dessein de l'Économie et s'énumèrent parmi ses avantages, c'est uniquement en tant qu'ils rendent l'activité extrinsèque de l'homme plus rapide et plus efficace, laquelle chose est commune aux autres sciences morales. Mais il n'en est pas pour cela moins vrai qu'à l'intellect, dans leur origine, appartiennent les phénomènes qui sont matière de la science et de l'art. En effet, comme nous l'avons déjà dit, science et art reçoivent l'impulsion des besoins et des désirs, et trouvent leur but dans le contentement. Et tous les termes techniques, comme *valeur*, *demande*, *offre*, vous

---

[1] Notes et petits traités.—But et limites de l'Économie politique, §. 4.

expriment des conceptions de l'intellect, ou si elles vous représentent des choses matérielles, comme *salaire, intérêt, rente*, c'est toujours dans leur rapport avec l'esprit humain, dans les faits relatifs à la production et à la distribution de la richesse. Nous avons, donc, comme données constantes les lois de la Physique, de la Mécanique, de l'Hydraulique, de la Botanique, non qu'il s'agisse de rechercher pourquoi la semence jetée dans le sol germe et fructifie, ni comment les forces de la Nature s'adaptent à notre service et comment par des procédés artificiels nous pouvons les accoupler ou les isoler. Les éléments que nous étudions sont intellectuels, bien que les effets qui en résultent soient matériels [1].»

La condition économique des nations, dit aussi Stuart Mill [2], est l'objet des sciences physiques et des arts qui en découlent, lorsqu'elle est cosidérée comme résultat de l'état des connaissances physiques. Considérée, au contraire, comme résultat des causes morales ou psychologiques, et dépendant des institutions et des rapports sociaux ou des principes de la nature humaine, l'investigations de la condition économique des Nations n'appartient plus au domaine des sciences physiques ou exactes; elle devient l'objet de l'étude de l'Économie politique.

Enfin, Dameth s'exprime ainsi: «L'Économie politique est une science mixte, en quelque sorte: elle tient au monde physique, et l'on a pu même dire qu'elle fait partie de l'Histoire naturelle, parce qu'il s'y agit des besoins physiques de l'homme; elle tient au monde moral, parce que toutes les fois qu'on s'occupe de l'homme, même considéré sous le rapport de ses besoins matériels et des moyens de satisfaction qu'il y adapte, la partie morale de son être, ses forces morales, exercent une action capitale. La science économique forme, donc, comme un

---

[1] Rapports de l'Économie publique avec la Morale et le Droit, livre II.

[2] The principles of political Economy.—Observations préliminaires.

point de rencontre et de raccordement entre les deux mondes [1].»

Mais aucun économiste n'a saisi, à notre avis, mieux que Mr. Azcárate, les deux caractères anthropologique et philosophique-historique qu'offre l'Économie, selon qu'on la classe par l'objet ou par la source de ses connaissances.

Voici, en effet, ce qu'il écrit à ce propos:

«Si l'on entend par Économie la science qui a pour objet l'ordre entier des *biens économiques*, l'ordre de la *propriété*, c'est une science mixte, qui se rattache en même temps à l'homme et à la Nature, puisque le rapport essentiel et permanent entre l'un et l'autre est le fondement de tout le monde économique. Mais si, partant de la constitution actuelle de l'Économie, on la définit comme la science de l'*échange* dans l'organisme industriel, c'est une science purement anthropologique, puisqu'alors elle ne s'occupe pas des conditions que la Nature prête fatalement à l'homme, mais de celles que les hommes se prêtent librement entre eux [2].»

Et ailleurs, il ajoute: «Si l'on suppose que l'objet (de l'Économie) c'est la *propriété*, ou l'ordre des biens économiques, il y a lieu de considérer dans ce sujet: premièrement, les *principes*, c'est-à-dire ce qui est vrai par rapport à la propriété, sans tenir compte des temps ni des peuples; deuxièmement, les *faits* de la propriété, soit ses diverses manifestations dans le cours des siècles et des civilisations; troisièmement, le jugement de tous les états historiques, et une fois connus l'idéal de ce qui *doit être* la propriété et ce qu'elle *est* dans le moment actuel, la manière de mettre d'accord l'un avec l'autre. Et ainsi nous aurions: une *philosophie* de la propriété, une *histoire* de la

---

[1] Introduction à l'étude de l'Économie politique, deuxième séance, § I.

[2] Estudios económicos y sociales.—Étude sur le caractère et la nature de la science économique, § II.

propriété et une science *philosophique-historique* de la propriété, ou si l'on veut, une Économie philosophique, une autre historique et une autre philosophique-historique. De même, si nous prenons comme sujet de cette science seulement la loi de l'*échange* dans l'ordre économique, il y a lieu d'en faire trois parties: philosophie ou principes de l'échange, histoire ou faits de l'échange et science philosophique-historique de l'échange: distinction qui n'a pas produit encore la séparation correspondante de ces trois ordres ou sections, parce que les sciences commencent pour se distinguer les unes des autres, et ce n'est qu'après avoir atteint un certain développement qu'elles se distinguent intérieurement, dans les parties qui les constituent. Mais ces trois aspects apparaissent dans chaque question particulière que l'on traite. Ainsi, par exemple, lorsqu'on discute la liberté du commerce intérieur ou la liberté du crédit, on recherche premièrement la vérité absolue de ces principes; on examine après comment ils se montrent confirmés ou niés dans l'histoire, et enfin, partant de l'état actuel de chaque peuple, on propose la manière la plus convenable et la plus juste de faire que le principe se réalise [1].»

---

[1] Loco citato, § V.

## VIII.

### MÉTHODE DE L'ÉCONOMIE.

On entend par méthode scientifique une voie régulière, ou un procédé ordonné, pour arriver à la connaissance de la vérité.

La méthode, dit Cuvier [1], a pour les sciences une importance beaucoup plus grande que celle des découvertes isolées, quelque surprenantes que puisent être celles-ci.

De tous les progrès, ajoute Dameth [2], le plus grand c'est l'invention de la méthode. Ce que nous savons est toujours peu, comparé à ce que nous ignorons: les sciences, prises dans leur état actuel, constitueraient, donc, un bien petit acquis, si elles n'étaient pas armées de cette clef merveilleuse, de cette méthode qui doit leur livrer indéfiniment des secrets nouveaux. La méthode est l'arme la plus puissante que l'esprit humain se soit procurée.

Ainsi l'ont reconnu les économistes, et la preuve en est

---

[1] Cité par Roscher dans ses "Principes d'Économie politique," Introduction, chap. III, § 22.

[2] Introduction à l'étude de l'Économie politique, 4.e séance.

l'attention toute particulière qu'ils ont prêté à la question de la méthode à suivre dans la science qu'ils professent. Notamment Rossi, Jhon Stuart Mill, Macleod, Sbarbaro, Roscher, Wolowski et Dameth lui-même ont consacré á cette question de remarquables études.

Le sujet semblait épuisé, lorsque le katheder-socialisten l'ont repris pour vanter les excellences de la méthode dite *historique*, *expérimentale*, *physiologique* ou *réaliste*, qu'ils regardent comme la seule efficace en l'économie, tout en condamnant la méthode qu'on nomme *phylosophique*, *rationnelle* ou *idéaliste*, et qui, selon eux, ne conduit qu'à l'erreur.

Mais, d'abord, en quoi consiste la méthode historique? On ne le sait point d'une manière précise.

Mr. Laveleye, l'ardent propagateur en France et en Belgique du socialisme de la chaire, dit que cette méthode est celle qui s'appuie sur les faits [1]; d'où il faudrait conclure que l'autre, la méthode idéaliste, n'a pas, pour cet écrivain, le même fondement.

Or, nous ferons remarquer qu'une méthode, n'étant, comme on l'a dit, qu'un procédé pour arriver à la connaissance de la vérité, ne peut pas s'appuyer sur des choses qui, comme les faits, sont encore inconnues, puisqu'elle est chargée de les faire connaître. Et, en effet, toute méthode part de quelque notion, de quelque idée vague et confuse, de l'objet que l'on veut connaître: autrement, on ne saurait concevoir la détermination de notre activité intellectuelle dans le sens que la méthode elle-même lui marque, cette détermination supposant toujours la réception de certaines données préalables, en vue desquelles nous nous mettons en mouvement pour l'exécution de l'œuvre. Une notion, une idée incomplète et pour ainsi dire rudimentaire, voilà le *point de départ* de la méthode; vérifier cette idée au moyen de la raison, préciser sa

[1] Les nouvelles tendances de l'Économie politique et du socialisme.— Revue des deux mondes, 15 juillet 1875.

qualité ou sa valeur, voilà la première opération à faire pour former la connaissance méthodique.

D'ailleurs, qu'est ce que veut dire une méthode historique par opposition à une autre philosophique ou rationnelle? Est-ce que toutes les méthodes ne sont pas rationnelles? Est-ce qu'il y en a quelqu'une qui ne le soit pas? Alors ce sera un procédé empirique, ce ne sera pas une méthode, puisqu'empirisme et méthode suggèrent des idées contradictoires.

Et si par méthode historique on entend une construction scientifique fondée sur la connaissance des faits, nous ferons encore remarquer: 1.° Que cette construction ne peut pas constituer une méthode, puisque c'est le résultat de la méthode elle-même; 2.° qu'en tout cas elle s'appliquerait seulement à l'Histoire, qui s'occupe des faits ou des phénomènes, et non pas à la Philosophie, qui traite des principes nécessaires ou de l'essence éternelle des choses. Or l'Économie, comme nous l'avons montré dans le chapitre précédent, c'est une science philosophique et historique à la fois; par conséquent, la méthode historique, tout en admettant une méthode de ce genre, ne saurait lui être appliquée.

«Cette méthode, dit Ciconne [1], est précieuse dans les recherches spéciales; car c'est la seule qui peut nous donner la raison des mutations que subissent les fais économiques dans la succession des temps; mais elle ne peut pas être une méthode fondamentale de la science, car la science demande des principes et des lois: ainsi, donc, la méthode historique ne saurait être bien appliquée là où les lois et les principes qui régissent les phénomènes économiques seraient inconnus.»

Mais, à vrai dire, il n'y a une méthode propre de l'Histoire, pas plus qu'une méthode propre de la Philosophie, et lorsqu'on parle de ces deux méthodes, on entend sans doute parler respectivement de l'observation et du rai-

---

[1] Principi di Economia politica, Notions préliminaires, chap. II, § 7.

sonnement pur, comme sources ou moyens de connaissance. Ce qui nous porte à le croire ainsi, c'est d'abord la manière dont les auteurs s'expriment à propos des prétendues méthodes historique et philosophique [1], et ensuite l'espèce d'opposition où ils placent la méthode historique avec ce qu'ils appellent la méthode déductive, comme si la déduction était incompatible avec l'Histoire ou la recherche des faits [2]. Mais nous reviendrons sur ce point.

Non, la Logique ne reconnaît que deux méthodes: l'*analyse* et la *synthèse*.

Dans la première, on commence par se connaître soi-même, on tâche après de connaître les êtres finis qui nous entourent, on se rend compte de cette connaissance au fond de la conscience, et on s'élève en définitive du moi au principe, de l'effet à la cause, du relatif à l'absolu, du fini à l'infini.

Dans la seconde, on descend de l'unité à la variété, de la cause à l'effet, du général au particulier, de l'infini au fini.

On appelle aussi l'analyse *méthode inductive* ou *intuitive*, et la synthèse *méthode aprioristique* ou *déductive*, et en effet l'induction est propre de celle-là et la déduction de celle-ci; mais l'induction ne constitue pas toute l'analyse ni la déduction toute la synthèse.

Induire n'est que généraliser ou établir une proposition générale, qui embrasse plusieurs propositions particulières, et l'analyse comprend aussi la perception individuelle des faits, la découverte des rapports qui les unissent (*analogie*), et la séparation, dans la pensée, de ce qui est propre de chacun et de ce qui leur est commun (*abstraction*), opérations qui précèdent nécessairement l'induction.

---

[1] Voir, par exemple, Roscher, "Principes d'Économie politique," Introduction, chap. III; Wolowski, Préface à la traduction française de cet ouvrage, et Bluntschli, "Théorie de l'État," Introduction, II.

[2] Voir Laveleye, loco citato.

De même, déduire n'est que tirer d'une proposition générale les propositions particulières qu'elle contient, et la synthèse comprend quelque chose de plus, à savoir, l'étude compositive des parties et le rattachement de l'objet connu par l'expérience, ou l'observation, au principe rationnel qui le régit.

L'induction et la déduction n'excluent pas l'*hypothèse* (méthode hypothétique), qui consiste à admettre comme vrai un principe, qui, sans être sufisamment démontré ni immédiatement connu par la raison, explique tous les faits jusqu'alors constatés. Ce procédé est un auxiliaire précieux de l'expérimentation, et il a quelque utilité pour la formation des connaissances sensibles, en tant qu'il nous permet de nous élever, comme *per saltum*, à un principe, qu'autrement on n'aurait pas trouvé qu'après de longues et patientes recherches. Seulement il ne faut pas oublier que ce principe est provisoire, et que son adoption définitive dépend de la conformité des conséquences qu'on en tire avec les faits; d'où il suit la nécessité de n'employer l'hypothèse qu'avec beaucoup de prudence.

Mais, pour revenir à notre sujet, Laveleye affirme que les économistes ont préféré toujours la synthèse à l'analyse.

Adam Smith, dit-il [1], et surtout ses successeurs, comme Ricardo, Mac-Culloch, J.-B. Say, et toute l'école dite anglaise, suivaient la méthode déductive. Ils partaient de certaines vues sur l'homme et sur la Nature, en déduisant les conséquences.

Et à l'appui de cette assertion, il cite le passage du *Cours d'Économie politique* de Rossi, que nous avons cité aussi ailleurs [2], et où cet économiste dit que l'Économie, considérée dans ce qu'elle a de général, est plutôt une science de raison qu'une science d'observation.

Mais on voit bien que Laveleye confond ici le raisonne-

---

[1] Loco citato.

[2] Voir page 184.

ment pur avec la synthèse, comme si cette méthode supposait l'absence de toute observation et que l'observation fût un procédé exclusif de l'analyse.

C'est la même confusion où encoure Dameth, lorsqu'il affirme que la méthode synthétique méprise le travail d'observation, ou au moins le subordonne à un théorème primordial [1], ce qui n'est pas la même chose, puisqu'il se peut très-bien que le théorème consiste dans une vérité observée, et d'ailleurs toute observation suppose un *critérium* préalable, et partant elle doit s'appuyer sur un principe de raison, l'expérience étant tout à fait impuissante, à elle seule, pour connaître la stabilité et l'universalité des lois qui régissent les faits observés.

Du reste, ce n'est pas exact que tous les économistes aient suivi, comme l'affirme Laveleye, la méthode synthétique ou déductive. Au contraire, la plupart d'eux, même ceux de l'école qu'il appelle *anglaise*, et que les socialistes de la chaire qualifient de *smithienne* ou *manchesterienne*, ont montré d'une manière explicite leur préférence pour l'induction ou l'analyse. Si l'on en veut la preuve, il n'y a qu'à lire la discussion eue à la Société d'Économie politique de Paris en décembre 1867 [2], où presque tous les membres présents s'accordèrent à recommander la méthode analytique, en condamnant tout procédé par principes *a priori*.

Ce sont les physiocrates qui ont employé en général la méthode synthétique, quoique quelques-unes de leurs doctrines, comme celles qui se rapportent aux vrais caractères de la monnaie et aux funestes effets du mercantilisme, soient tirées de l'expérience, qui en avait été faite largement pendant des siècles et dans tous les peuples du monde civilisé.

En effet, «au lieu de procéder, dit Blanqui [3], par la

---

[1] Introduction à l'étude de l'Économiepolitique, quatrième séance, § 1.

[2] Journal des Économistes, janvier 1868.

[3] Histoire de l'Économie politique en Europe, chap. XXXIV.

méthode expérimentale et par l'observation des faits, ils avaient proclamé comme des dogmes infaillibles certaines formules, qui devaient leur servir à expliquer tous les phénomènes de la phisiologie sociale. Lorsqu'ils se rencontraient sur leur chemin un argument capable de modifier leur croyance en ces dogmes, ils s'efforçaient de le rattacher à leur système par des hypothèses ingénieuses ou hardies, et ils tombaient, sans s'en apercevoir, dans le gouffre des utopies.»

Adam Smith, au contraire, appliquait toujours la méthode expérimentale ou analytique, «au lieu de se perdre en spéculations magnifiques et hasardées [1].» «Le professeur de Glasgow s'était habitué de bonne heure à étudier les faits, à les rapprocher, à en tirer les conséquences; aussi fut-il conduit à des résultats bien différents de ceux obtenus par les économistes (physiocrates) [2].»

«En réalité, dit Lampertico [3], les faits abondent tellement dans l'ouvrage d'A. Smith, et ils sont si finement observés, que ceci est pour moi le principal mérite et la raison principale par laquelle cet écrivain est regardé comme le père de la science. Et encore il faut remarquer que Smith ne se sert pas des faits en sorte que ses théories subsisteraient quand même ils ne seraient pas vrais, mais qu'il met toujours comme base de ces théories l'observation des faits.»

Le même procédé a été suivi par les principaux disciples de A. Smith, tels que Malthus, Ricardo, Florez Estrada, Mac-Culloch, J.-B. Say, etc., et il faut une grande hardiesse d'esprit pour ranger, comme le fait Mr. Laveleye, parmi les partisans de la méthode déductive, les auteurs des théories de la population, de la rente et des débouchés, toutes expérimentales et fondées sur des faits,

---

[1] Cousin, "Cours de philosophie moderne," leçons sur A. Smith.

[2] Blanqui.—Loco citato.

[3] Economia politica dei populi et degli Stati, Introduction, chap. IV.

bien qu'incomplètement observés par rapport aux deux premières.

J.-B. Say surtout n'emploie jamais que la méthode inductive ou analytique. De la publication de son *Traité d'Économie politique* date, comme le fait remarquer Mr. Blanqui [1], la création d'une méthode simple, sévère et savante pour étudier la science économique. Quelques controverses qu'il y ait eu depuis sur plusieurs points de ses doctrines, tout le monde reconnaît aujourd'hui la supériorité de cette méthode. «Cet auteur a eu, sur tous ses prédécesseurs et sur la plupart de ses contemporains, l'avantage inappréciable d'avoir suivi la marche des événements, en observateur judicieux, et d'avoir profité des nombreuses expériences dont ces événements lui offraient l'occasion [2].»

C'est d'ailleurs la méthode analytique qu'ont mis en vogue en Allemagne Roscher et Knies, sous le nom de méthode *historique* ou *physiologique*. A écouter Roscher, le procédé des économistes doit être expérimental et analogue à celui de l'anatomiste et du micrographe: «Nous procédons, dit-il, à la manière des naturalistes: les investigations microscopiques, les dissections, etc., ne nous manquent pas [3].»

Ciconne adopte la même méthode lorsqu'il dit [4]: «Dans les sciences sociales (il place l'Économie dans ce nombre), de même que dans les sciences naturelles, c'est la *méthode inductive* qu'on doit suivre, car, n'ayant pas d'axiomes, il faut mettre à leur place les principes (il entend sans doute parler des principes secondaires ou médiats) et les lois générales, qui doivent être découvertes et formulées. Et comme ces lois ne sont qu'un fait général, soit la manifestation toujours identique du même fait dans les mêmes

---

[1] Histoire de l'Économie politique en Europe, chap. XXXIX.

[2] Ibidem.

[3] Principes d'Économie politique, Introduction, chap. III, § 26.

[4] Principi di Economia politica. Notions préliminaires, chap. II, § 7.

conditions, on ne saurait les découvrir autrement qu'en étudiant soigneusement un grand nombre de faits dans toutes leurs diverses conditions. De cette étude il résulte certains faits, qui se montrent toujours de la même manière lorsqu'ils sont dans les mêmes conditions, et ces faits, pris ensemble, représentent le fait général qui devient loi et principe, exprimé par une formule générale.»

Courcelle Seneuil est du même avis. Il affirme que dans l'étude du phénomène complexe de la richesse, la déduction ne peut être employée que rarement. Pour lui, l'économiste, comme le physicien, procède constamment par la voie inductive; il observe les faits, et il conclut à des lois plus ou moins étendues, et faites avec plus ou moins d'intelligence et de soin [1].

Dameth va plus loin et il soutient que l'Économie politique s'est formée et a grandi sous les auspices de l'analyse et de l'induction [2].

Mais c'est tomber dans l'erreur contraire à celui de Laveleye et de tous les socialistes de la chaire; car s'il est des économistes partisans de la méthode inductive, il en est d'autres qui penchent pour la méthode déductive. On pourrait citer: Rossi, dont la pensée se résume dans le passage que nous avons transcrit plus haut; Sénior, qui s'exprime à peu près dans le même sens [3]; J. Stuart Mill qui repousse l'induction, en alléguant que les économistes les plus distingués ont regardé l'Économie comme une science *a priori*; Sbarbaro, pour lequel l'analyse ne reproduit pas l'unité organique de la vie [4], etc., etc.

De leur côté il faut ranger encore tous les économistes qui ont admis la méthode dite *mathématique*, qui consiste dans l'emploi des chiffres dans l'exposition scientifique,

---

[1] Traité théorique et pratique d'Économie politique, vol. I, page 10.

[2] Ouvrage cité.

[3] Outlines of political Economy, pag. 6.

[4] Philosophia della richezza, pag. 22.

tels que Canard [1], Thünen [2], Cazaux [3], Cournot [4], Fuoco [5], Léon Walras [6] et Jevons [7].

En effet, la méthode *mathématique* n'est pas la méthode *expérimentale* ou analytique, comme plusieurs l'imaginent, c'est la méthode *rationnelle* ou synthétique.

«Les sciences naturelles proprement dites, observe à ce propos L. Walras, décrivent purement et simplement la Nature; elles ne sortent pas de l'expérience. Les sciences physico-mathématiques, comme les sciences mathématiques proprement dites, sortent de l'expérience dès qu'elles lui ont emprunté ses types. Elles abstraient de ces tipes réels des types idéaux, qu'elles définissent, et sur la base de ces définitions, ils bâtissent *a priori* tout l'échafaudage de leurs théories et de leurs démonstrations. Elles rentrent après cela dans l'expérience, non pour confirmer, mais pour expliquer leurs conclusions. Chacun sait parfaitement, pour si peu qu'il ait fait de géometrie, que les rayons d'une circonférence ne sont égaux entre eux, et que la somme des trois angles d'un triangle n'est égale à celle de deux angles droits, que dans une circonférence et dans un triangle abstraits et idéaux. La réalité ne confirme point ces définitions et ces démonstrations: elle en permet seulement une riche application [8].»

Du reste, Macleod recommande l'emploi de la méthode mathématique en Économie, dans les termes suivants [9]:

«La science de l'Économie politique est aux phénomè-

---

[1] Principes d'Économie politique.

[2] Der Isorlite Staat.

[3] Eléments d'Économie privée et publique.

[4] Recherches sur les principes mathématiques de la théorie des richesses.

[5] Saggi economici.

[6] Eléments d'Économie politique pure.

[7] The theory of political Economy.

[8] Loco citato, 6.e leçon.

[9] Dictionnary of political Economy.

nes du commerce exactement dans le même rapport que la science de la Mécanique est à la pratique de celle-ci; car l'Économie politique est la science qui traite des lois qui régissent les rapports de permutabilité des quantités, comme la Mécanique est la science qui traite des lois qui régulent les mouvements des corps..................
Or, en admettant ce concept de la science pure de l'Économie politique, nous affirmons qu'elle se fonde sur certaines idées fondamentales, soit définitions et axiomes, de même que la Mécanique; et qu'en s'y arrêtant, comme il a été fait dans les sciences physiques, elle peut être élevée au degré d'une science exacte.»

Où l'on voit que Macleod parait avoir de la méthode mathématique la même idée que Mr. Delbœuf, qui regarde l'emploi de cette méthode comme un signe du degré d'avancement des sciences, et croit qu'une science n'est arrivée à sa plénitude, ou, comme il dit, à la *période de consécration*, que lorsqu'elle peut exprimer ses connaissances à l'aide de chiffres ou de formules [1]. Mais cette opinion provient du concept positiviste que ce savant s'est formé de la science entière, et de la prétention qu'il a de réduire, comme nous l'avons dit dans le chapitre précedent, toutes les sciences particulières, tant naturelles que psychiques, à l'Arithmétique, ce qui est tout à fait absurde et impraticable.

De son côté Roscher, malgré son enthousiasme pour la méthode historique (analytique), ne nie pas la possibilité d'appliquer la méthode mathématique à l'Économie, puisqu'il dit [2] :

«L'Économie politique a dans sa partie générale certaines analogies avec les sciences mathématiques : elle abonde, comme celles-ci, en abstractions [3]. De même que dans la Nature rien ne se présente à nos yeux avec une

[1] Algorithmie de la Logique.—Revue philosophique.

[2] Principes d'Économie politique, Introduction, chap. III.

[3] Comme si cela n'était propre de toutes les sciences!

rigueur mathématique, ni ligne, ni point, ni lévier, ni centre de gravité, ni voûte céleste, on ne rencontre nulle part non plus la production ou la rente du sol dans leur entière pureté. Les lois mathématiques du mouvement, qui supposent le vide, subissent dans l'application des modifications inévitables, causées par la résistance de l'air: il en est de même de beaucoup des lois de la science économique, de celle, par exemple, qui détermine la valeur vénale des marchandises par l'offre et la demande. Elle imagine des contractants libres de tout mobile accessoire, et uniquement dirigés par l'intérêt bien entendu. Faut-il s'étonner, après cela, qu'un certain nombre d'auteurs aient eu la pensée de réduire en formules algébriques les lois de l'Économie politique? Et réellement le calcul doit être applicable là où se rencontrent des quantités et des rapports.»

Rossi se plait aussi à comparer l'Economie aux Mathématiques, parce qu'elle pose, comme celles-ci, des théorèmes absolus, et fait d'après eux les démonstrations, sans se préoccuper des obstacles qui peuvent modifier les formules abstraites.

Mais L. Walras va plus loin et, joignant le précepte à l'exemple, il donne les règles à suivre pour l'application de la méthode mathématique à l'Économie.

«Pour observer cette méthode, dit-il [1], l'Économie politique doit emprunter à l'expérience des types réels d'échange, d'offre, de demande, de marché, de capitaux, de revenus, de services producteurs, de produits, etc. De ces types réels, elle doit abstraire par définition des types idéaux et raisonner sur ces derniers, pour ne revenir à la réalité que la science une fois faite et en vue des applications. Nous aurons ainsi un marché idéal, des prix idéaux, qui seront dans un rapport rigoureux avec une demande et une offre idéales. Et ainsi de suite.»

---

[1] Loco citato.

Tout cela est sans doute très spirituel. Seulement nous ferons remarquer: 1.° Que ce qu'on appelle la méthode mathématique n'est pas, à proprement parler, une méthode, mais une manière spéciale d'exprimer nos connaissances, un langage symbolisé ou une *algorithmie;* 2.° Que, comme le dit très-bien Roscher [1], plus les faits se multiplient et perdent leur caractère primitif de simplicité, moins l'application de formules mathématiques offre des avantages réelles; elles se compliquent de manière à rendre tout travail impossible; 3.° Que les faits économiques ne sont pas fatals comme ceux de la nature physique, mais simplement nécessaires et produits de la libre activité humaine, partant incapables d'être réduits à des unités égales, comme il faudrait le faire pour les représenter par des chiffres et les soumettre au calcul.

Une fois pour toutes, il n'y a que deux méthodes: l'analyse et la synthèse. Laquelle doit-on employer en Économie? A notre avis, toutes les deux, car une science quelconque est un système, c'est-à-dire un tout composé de parties liées entre elles et chacune avec le tout, et si l'analyse nous fait connaître ces parties, c'est la synthèse qui les rassemble dans une unité harmonique.

«La première, dit Mr. Alvarez Builla [2], employée exclusivement, est d'un grand prix pour l'étude du fait, du contingent; mais elle ne permet pas de s'élever à la connaissance du principe, de l'éternel, de l'absolu; car la somme des observations appartient essentiellement à la même espèce que les sommandes, et ceux-ci étant des faits, celle-là ne saurait avoir un caractère général, mais particulier et relatif. Ainsi les prétendues lois de la matière, qui s'obtiennent par ce procédé, ne possèdent pas à la rigueur toutes les conditions de telles. Qui oserait, en effet, affirmer qu'elles régiront demain, de même qu'au-

[1] Loco citato.

[2] Discours cité.

jourd'hui? Au contraire, quand la méthode intuitive ou rationnelle domine absolument, on vit dans le monde de l'idéal, dans la région de l'absolu; mais on perd de vue le terrain des faits, la vie réelle, et l'on s'expose à prendre pour loi ce qui est une construction fantastique de notre intelligence. L'une conduit à l'*empirisme*, l'autre nous mène à l'*utopie*; et la seule manière d'éviter ces deux dangereux écueils c'est d'induire et de déduire, d'analyser et de synthétiser, en un mot, d'employer la méthode complète, et non pas un seul de ses procédés, ce qui serait scinder la science, sans pouvoir jamais arriver à la posséder en entier. Or, la science est une et la méthode doit l'être aussi. Pour acquérir la connaissance pleine et systématique des choses, il faut connaître d'avance leurs propriétés, et comme celles-ci consistent surtout dans l'essence, l'existence et les rapports, ou ce qui revient au même, dans ce qu'il y a d'un, de changeant et d'harmonique, de là la nécessité de les étudier dans leur manière d'être et dans leur racine, séparément de toute autre chose et de toute realité, dans leurs principes, dans leur raison et dans leur fondement, de même que dans leur manière d'exister, dans la variété des déterminations qui se produisent dans la vie, et enfin dans les différents rapports qui découlent de l'union consubstantielle de l'essence et de l'existence, ainsi que des autres choses qui vivent ensemble dans l'admirable harmonie de l'Univers.»

Et en effet, l'analyse et la synthèse, plutôt que deux méthodes différentes, sont deux directions d'une même méthode, qu'on appelle en Logique la méthode constructive, et qui consiste à rapprocher la vérité immédiate du point de départ analytique de la vérité absolue du principe fondamental synthétique, de manière qu'il y ait correspondance, malgré leur opposition, entre les deux directions qui forment l'œuvre organique de la science.

Cela est si évident que plusieurs économistes des diverses écoles s'accordent sur la nécessité d'appliquer l'analyse et la synthèse à la construction scientifique.

Ainsi Wagner, qui appartient au socialisme de la chaire, déclare que la méthode inductive n'est qu'un complément de la méthode déductive, et Mangold, Œttingen, Cusumano et autres de la même école partagent son opinion [1].

Ainsi Dameth, qui professe l'Économie orthodoxe, malgré son enthousiasme pour la méthode analytique, avoue qu'avant d'analyser les phénomènes un à un, l'esprit humain a tâché toujours de les embrasser d'un seul coup d'œil, en ensemble, et de les expliquer par un *a priori* hypothétique [2].

Du reste, la méthode constructive, c'est-à-dire, à la fois analytique et synthétique, inductive et déductive, s'applique à toutes les sciences, n'étant pas vrai, comme plusieurs le pensent, que l'induction soit exclusive des sciences naturelles, ou physiques, et la déduction des sciences psychiques. Comment connaît-on, dit Thibergien [3], les distances et les volumes des astres, si ce n'est en les déduisant comme un corollaire des lois de la lumière et du mouvement? L'astronome Leverrier ne découvrit pas avec le thélescope l'astre dont la science lui doit la connaissance; il ne dit pas: «Là il y a un astre, parce que je le vois;» mais «là il doit y avoir un astre, parce que je le déduis ainsi des lois qui régissent le monde astronomique.»

«Quoique l'induction et la déduction, dit aussi Gonzalez Serrano [4], soient des procédés contraires, tous les deux obéissent au même principe, puisqu'ils reposent sur l'unité de la propriété de connaître et sur l'unité de l'objet que la raison nous montre. Ainsi dans le tout se révèlent les parties, et l'on peut descendre du premier aux secondes (déduction), de même que dans les parties se révèle le tout,

---

[1] Voir Cusumano. — Le scuole economiche della Germania, pages 162-64.

[2] Le juste et l'utile.

[3] Organisation de la connaissance, livre III, chap. III.

[4] Elementos de Lógica, deuxième partie, 2.° section, chap. III.

et l'on peut s'élever de celles-là à celui-ci (induction).»

Aussi Goethe [1] considérait l'analyse et la synthèse comme la systole et la diastole (contraction et dilatation) de la pensée humaine, toutes les deux étant pour lui une seule manière de respirer, jamais isolée, mais soumise à un mouvement continuel de pulsation.

Seulement, l'induction est plus propre des sciences naturelles, et la déduction des sciences psychiques, sans que cela autorise à prescinder, comme le prétend le positivisme, de la connaissance rationnelle ou *a priori*, qui est le fondement nécessaire de tout procédé, tant inductif que déductif. Au contraire, les inductions que l'on fait dans l'étude de la Nature ne seraient jamais valables, si elles n'étaient pas guidées, d'une manière tacite ou d'une manière expresse, par le principe rationnel, par exemple, par l'idée de l'universalité et de la permanence des lois qui régissent les faits.

Ce point est parfaitement expliqué par le même Gonzalez Serrano, dans les termes suivants:

«L'induction devient aisément complète lorsqu'elle s'applique aux connaissances naturelles, car on peut acquérir une certitude indubitable dans les données empiriques que l'observation nous procure. En effet, l'activité naturelle, en produisant les faits observés, obéit à des lois fatales et continuelles, toujours accomplies, jamais perturbées, et de là la liaison et l'enchaînement qui existent nécessairement entre les effets et leurs causes, entre les faits et leurs lois. En vertu de cette liaison, on peut induire complètement à la connaissance de la cause et de la loi qui produisent l'effet et le fait naturels, pourvu que ceux-ci aient été fidèlement observés dans leur nature essentielle et dans leur propre caractère. Mais dans les sciences morales, il est plus difficile de procéder inductivement, parce que la connaissance empirique, qui sert

---

[1] Cité par Carey.—Principes de la science sociale, v. I, pages 22 et 28.

toujours de point de départ à l'induction, est imparfaite et fragmentaire, et que de plus les effets et les faits spirituels ne peuvent pas montrer une liaison avec leurs causes et leurs lois, aussi nécessaire que celle qu'on trouve dans la production fatale des effets par leurs causes dans la Nature. En tenant compte du différent caractère du constaté, c'est-à-dire de la *nécessité* (il serait plus exact de dire *fatalité*) qui caractérise les faits naturels, et de la *liberté* qui régit le monde moral, on s'explique aisément l'exactitude des inductions dans les sciences naturelles et l'imperfection du même procédé pour former les sciences morales, et surtout l'Histoire (humaine). Il n'est pas possible que les inductions historiques acquièrent une grande exactitude, puisqu'elles procèdent exclusivement de l'observation des faits librement réalisés, et dont on ne peut saisir tous les éléments, soit faute de données suffisantes pour cela, soit parce qu'ils se rattachent à des mobiles et des propos toujours intimes et partant inconnus. Se fondant sur ce caractère imparfait de l'induction historique, dont les résultats sont toujours fragmentaires, on dit souvent que l'Histoire, ainsi formée, est un arsenal qui fournit tout genre d'arguments [1] ».

De toutes sortes, l'analyse doit précéder la synthèse, parce qu'il n'y a pas un autre point de départ pour procéder à la formation de la connaissance que les données relatives au connaissable, qui s'offrent à nous comme présentes dans la conscience. Rejeter ces données et fonder la construction scientifique sur la simple virtualité du sujet, serait oublier le caractère *réceptif-actif* du rapport de la connaissance, et prétendre démontrer la réalité de la chose connue par l'idée que s'en fait le même sujet. Or, une telle manière de procéder est une transposition violente des termes du problème, qui consiste à acquérir une connaissance réellement vraie. De plus, si la synthèse procède de

---

[1] Loco citato.

la contemplation du principe à la déduction de tout ce qu'il contient, elle ne fait pas connaître l'existence réelle et effective des choses qui se donnent sous le même principe, puisque par ce moyen on perçoit seulement l'existence nécessaire et non l'effectivité des objets. Pour que la connaissance ne se borne pas à cette simple perception, il faut qu'elle soit précédée d'une autre perception directe, moyennant l'analyse, qui prépare l'esprit à comprendre le fondement des mêmes objets sur leur principe [1].

Telle est aussi l'opinion de Carey. Cet auteur regarde l'analyse comme une préparation de la synthèse.

«Les détails de la vie, dit-il [2], tels qu'ils se montrent autour de nous, sont ceux que nous devons étudier, en commençant par l'analyse pour arriver à la synthèse, comme fait le chimiste, lorsqu'il décompose en atomes le morceau de granit et il acquiert ainsi le secret de la composition de la masse.»

Il y a cependant des savants qui jugent préférable l'analyse pour l'investigation ou l'invention, et la synthèse pour l'exposition ou l'enseignement de la science, et que par cela appellent la première *méthode heuristique* et la seconde *méthode didactique*.

C'est une erreur. L'enseignement et la recherche scientifiques doivent suivre la même voie, en exposant la vérité à mesure qu'elle est trouvée et moyennant une attention sérieuse sur l'objet. Autrement cette exposition deviendrait une stérile et mécanique répétition des concepts dogmatiques, qui étoufferait la native spontanéité de l'esprit et arrêterait le libre essor de la raison humaine.

Certes que l'analyse a pour mission spéciale l'invention ou la découverte de la vérité: mais par la même raison elle est très à propos pour l'expliquer et la faire pénétrer

---

[1] Gonzalez Serrano.—Ouvrage cité, deuxième partie, troisième section, chap. I.

[2] Principles of social science, chap. I, § 4.

dans toutes les intelligences, à moins que l'on ne prétende témérairement que la voie par où un homme est arrivé à la possession du vrai ne peut pas conduire les autres au même but. Au contraire, la vérité expliquée analytiquement nous séduit et il nous semble *ne pas la recevoir de la main d'autrui*, mais la découvrir par nous mêmes [1].

[1] César Baldinotti.—Arte de dirigir el entendimiento en la investigacion de la verdad, ó Lógica.

## IX.

### HISTOIRE DE L'ÉCONOMIE.

Nous allons esquisser ici un tableau historique des doctrines, et non des institutions et des événements économiques. Outre que l'histoire de ceux-ci serait hors de propos dans un livre de Philosophie, comme le présent, elle a été déjà écrite, et de main de maître, par d'autres économistes, parmi lesquels nous citerons Blanqui [1], Boeckh [2], Dureau de la Malle [3], Cibrario [4], Colmeiro [5], Pechio [6], Inama-Sternegg, [7] Reynier [8] et Du Mesnil-Marigni [9].

---

[1] Histoire de l'Économie politique en Europe.

[2] Économie politique des Athéniens.

[3] Économie politique des Romains.

[4] Della Economia politica del Mezzo Evo.

[5] Historia de la Economia politica en España.

[6] Historia della Economia politica in Italia.

[7] Deutsche Wirthschaft geschichte, etc.

[8] De l'Économie publique et rurale des Celtes, des Germains, des autres peuples du Nord et du centre de l'Europe.—De l'Économie publique et rurale des Perses et des Phéniciens.—De l'Économie publique et rurale des Arabes et des Juifs.—De l'Économie publique et rurale des Egyptiens et des Carthaginois.

[9] Histoire de l'Économie politique des anciens peuples de l'Inde, de l'Egypte, de la Judée et de la Grèce.

Or, l'Économie, comme science, est d'une origine récente; on peut dire qu'elle ne compte pas plus de cent années d'existence. Jusqu'au dernier tiers du XVIIIe siècle, les connaissances économiques étaient très rares et très incomplètes, et encore elles se trouvaient mêlées à d'autres d'un ordre très différent; elles formaient un seul corps de doctrine avec celles du Droit, de la Morale, de l'Histoire, et en général de la Philosophie, qui a absorbé longtemps toutes les branches du savoir humain.

Les idées régnantes dans l'Antiquité, au Moyen âge et même dans les premiers siècles de l'âge moderne, jusqu'à la révolution philosophique qui précéda la révolution politique survenue en France en 1789, n'étaient nullement favorables à la naissance ni au développement de la science économique.

Cette science a pour principe fondamental l'activité libre et intéressée, d'où découlent logiquement la liberté du travail, dans toutes ses applications, et le libre usage de ses fruits, c'est-à-dire la propriété entière et absolue des biens produits par le travail lui-même, dont l'ensemble constitue la richesse. Or, ce principe était méconnu aux époques dont il s'agit; tout au plus on y regardait la propriété et la liberté comme l'apanage exclusif de certaines races ou de certaines classes sociales, que l'on supposait privilégiées par la Nature.

Ainsi dans l'Inde et dans l'Egypte, berceau de la civilisation primitive, la Société était divisée en castes, de diverses conditions ou hiérarchies, dont chacune jouissait d'une activité très restreinte, et ne pouvait s'adonner qu'à certains offices ou occupations, ni s'approprier librement les produits de son travail.

L'organisation sociale de la Grèce et de Rome, au même âge, était moins complexe, mais non moins anti-économique, puisque leurs habitants se partageaient en deux grandes classes: celles des citoyens ou hommes libres, investis de tous les droits personnels, au moins dans la mesure que ceux-ci étaient reconnus par l'État, et celle des esclaves, qui vivaient sous la dépendance absolue des premiers, et qui étaient tenus, selon l'énergique expression de la loi romaine, non pas pour des hommes, mais pour des choses; *non tamquam homo sed tamquam res.*

D'ailleurs, les anciens États de la Grèce et de Rome, surtout celui-ci, étaient organisés pour la guerre, plutôt que pour le travail; la guerre était leur principale affaire, et c'est dans la guerre, c'est-à-dire dans l'asservissement des autres peuples, dans le pillage et le butin, qui en constituent les procédés et les résultats nécessaires, qu'ils fondaient le bien-être, la puissance et la richesse. «La vertu militaire, disait Cicéron, excelle sur toutes les autres: c'est à elle que le peuple romain, c'est à elle que la république doivent la gloire éternelle qui leur est dévolue.»

Les colonies grecques, surtout celles d'Éphèse, de Milet, de Phocée, de Smyrne, de Rhodes, de Crète et de Sicile, qui adoptèrent des idées plus conformes aux principes économiques, et s'adonnèrent au commerce et aux arts, devinrent bientôt riches et florissantes, au point d'éclipser la métropole; mais elles dépensèrent dans le luxe et dans les plaisirs les trésors qu'elles auraient dû employer à consolider leur indépendance, et englouties par la conquête dans le vaste empire romain, elles perdirent à la fin leur autonomie et leur fortune.

Les juifs furent peut-être, parmi tous les peuples de l'Antiquité, les seuls qui, reconnaissant en quelque sorte le libre exercice de l'activité, durent entrevoir les conséquences scientifiques qui découlent de ce fécond principe. Chez eux, en effet, excepté les esclaves qui ne furent jamais nombreux, il n'y avait qu'une caste ou tribu privilégiée, celle des *Lévites*, consacrés spécialement au sacerdoce; le reste de la Société, au moins telle qu'elle se constitua lors de son établissement dans la *Terre promise*, s'adonnait au travail pacifique, au commerce, à l'agriculture et à l'élève du bétail. Mais ni la propriété territoriale y était reconnue, puisque tous les cinquante ans on y faisait une nouvelle distribution des terres, conformément à l'institution du *Jubilé*, ni l'emploi des produits de l'Industrie y était libre, puisque la loi interdisait l'intérêt dans les prêts aux nationaux[1]. D'ailleurs le peuple juif était voué à des destins plus hauts que celui d'accumuler la richesse; Dieu l'avait élu pour être le dépositaire des vérités révélées, et sa mission consistait à préparer l'avénement de l'ère sacrée, de l'ère de la rédemption de l'Humanité, qui devait avoir lieu au sein de lui-même. Il était ainsi destiné à servir de transition entre la société ancienne, sensuelle, égoïste et idolâtre, et la société nouvelle, spirituelle, humanitaire et déiste. Toutes ses connaissances scientifiques devaient, donc, se résumer dans l'Histoire symbolique et traditionnelle, le Misticisme et la Théologie. Ses savants étaient des prophètes, ses législateurs des prêtres, ses rois et ses capitaines des envoyés de la Divinité.

Ce n'est pas dire que, depuis les temps les plus reculés, on n'ait donné au but économique toute l'importance qu'il mérite. Le bien-être individuel, la richesse, ont été l'objet des aspirations de tous les hommes et de tous les peuples. Mais les moyens employés pour s'enrichir étaient empiriques, et même injustes ou barbares; l'expoliation, l'esclavage, la conquête, les monopoles, les priviléges, remplaçaient partout le travail libre et l'appropriation légitime de ses fruits. A de telles pratiques devaient nécessairement répondre des théories absurdes.

Platon disait que la Nature n'a fait ni cordonniers ni forgerons, et que ces occupations dégradent les gens qui les exercent, vils mercenaires, misérables sans nom qui sont exclus, par leur état même, des droits politiques. Quant aux marchands, accoutumés à mentir et à tromper, on ne doit, selon lui, les tolérer dans la cité que comme un mal nécessaire[2].

---

[1] Non fœnerabis fratri tuo, ad usuram, pecuniam nec fruges nec quamlibet aliam rem.—Antiguo Testamento.

[2] Traité des lois, livre XI.

Xénophon déclarait que las arts manuels sont infâmes et indignes d'un citoyen [1].

Aristote affirmait que la Nature crée des hommes pour la liberté et d'autres pour l'esclavage, et qu'il est juste et utile que l'esclave obéisse [2].

Cicéron lui-même, si supérieur aux idées de son temps, écrivait [3]: «On regarde commme bas et sordide le métier des mercenaires, ainsi que de tous ceux dont on achète le travail, car le salaire même est pour eux un contrat de servitude. On n'estime pas davantage ceux qui achètent en gros pour revendre en détail: à ce trafic on ne gagne qu'à force de mensonges, et il n'y a rien de plus honteux que la mauvaise foi. Toute industrie est vile et méprisable, car il ne peut y avoir rien de noble dans une boutique ou dans un atelier.»

Toutes les industries étaient tenues pour dégradantes chez les peuples de l'Antiquité, et seulement l'Agriculture parait avoir trouvé grâce à leurs yeux. On sait, en effet, que les plus illustres citoyens ne dédaignaient pas, dans les anciens États de la Grèce et de Rome, de labourer, comme Cincinnatus, de leurs propres mains, leurs terres, et l'Histoire nous a transmis les noms de quelques patriciens romains comme ceux des plus célèbres agronomes de leur temps.

Quant au commerce et aux arts mécaniques, ils étaient regardés avec mépris de même par le vulgaire que par les philosophes, et l'on en abandonnait l'exercice aux étrangers et aux esclaves.

A tout cela il faut ajouter, comme le remarque Minghetti [4], le caractère absorbant de l'État dans les so-

---

[1] Économiques, livre II.

[2] Politique, livre I, chap. III.

[3] Traité des devoirs, livre I, sect. 42.

[4] Des rapports de l'Économie publique avec la Morale et le Droit, livre I.

ciétés de l'Antiquité et sa tout-puissance sur les particuliers.

«Là, en effet, le devoir du Gouvernement ne se bornait pas à protéger les droits du citoyen, à veiller à son éducation, à lui fournir une direction générale; il allait jusqu'à régler les petits détails de la vie, à exercer une intervention intime dans les affaires de la famille et économiques; comme si l'homme n'était qu'un pur instrument de la grandeur et de la gloire de la patrie, ou au moins qu'il ne pouvait rien sans l'aide et presque l'empreinte de l'autorité publique. Ainsi, donc, tout ce qui chez les anciens concernait la richesse et les mesures pour la conserver et la répartir convenablement, se reglait par les décisions du Gouvernement.»

Le Gouvernement intervenait, au moyen de la loi, dans la distribution des terres; il déterminait l'intérêt des prêts; il ordonnait à chaque citoyen le logis, les aliments et les habits dont il devait faire usage, selon la classe sociale à laquelle il appartenait. De là les lois dites agraires et somptuaires; de là l'institution de la censure, chargée chez les anciens Romains de surveiller les mœurs et les coutumes, tant privées que publiques.

De plus, dans l'Antiquité, on regardait comme une vérité indiscutible, d'après la remarque judicieuse de Mr. Madrazo [1], que la vertu était inséparable de la pauvreté, et l'opulence cause de corruption et d'immoralité, tant pour les individus que pour la Société. Ainsi, tandis que les grands, de même que le bas peuple, les savants, de même que les ignorants, cherchaient les richesses avec une cupidité insensée et criminelle, il était très fréquent d'entendre ceux qui les possédaient, et en jouissaient dans la mollesse et dans le faste, faire l'apologie de la pauvreté.

Tout au plus, quelques philosophes de la Grèce, comme Platon et Aristote, quelques poètes de Rome, comme

---

[1] Lecciones de Economia politica, leçon XCII, § 1.°

Horace, vantaient dans cet âge la médiocrité des fortunes, *aurea mediocritas*, et anathématisaient également l'opulence et la misère: la première parce qu'elle enfante, disaient-ils, les vices et l'oisiveté, la seconde parce qu'elle donne lieu à la bassesse et à l'envie, l'une et l'autre parce qu'elles conduisent aux révolutions et aux troubles sociaux.[1].

Dernièrement tout porte à croire que les anciens partageaient le préjugé, qui s'est perpétué jusq'à nos jours, au sujet des métaux précieux, et qu'ils considéraient l'or et l'argent comme la richesse par excellence.

«L'argent, dit Xénophon [2], ne ressemble pas aux autres productions de la terre. Que le fer ou le cuivre deviennent communs, au point que les ouvrages faits de ces matières se vendent à trop bon marché: voilà les ouvriers complètement ruinés. Je dis la même chose des cultivateurs dans les années ou le blé, le vin ou les fruits sont très abondants. Pour l'argent c'est tout le contraire. Plus on trouve des mines et plus on les exploite, plus on voit des citoyens s'efforcer d'en devenir possesseurs... En cas de guerre, l'argent est nécessaire pour nourrir les troupes et payer les alliés. On m' objectera peut-être que l'or est pour le moins aussi utile que l'argent: je me garderai bien de soutenir le contraire.»

Et cependant, il y a encore des écrivains qui prétendent donner à l'Économie une origine de longue date. Ces écrivains ressemblent à certains héraldiques de nos jours, assez habiles pour faire remonter aux siècles les plus reculés la généalogie des nobles improvisés, en faisant descendre un obscur plébéien de quelque célèbre barbare du Moyen âge. La science n'a pas besoin d'une telle noblesse. Il lui suffit pour son prestige de ses vérités transcendantales, sans faire appel à des parchemins douteux, et si

---

[1] V. "La République," livre II, et "La Politique," livre II, chap. XI.

[2] Des moyens d'augmenter les revenus de l'Attique, chap. IX.

l'on veut à tout prix lui trouver des progéniteurs illustres, ce n'est pas certainement parmi les philosophes de la Grèce qu'on doit les chercher.

Nous n'entendons pas dire par cela que les livres de l'Antiquité ne contiennent aucun heureux pressentiment des principes économiques.

Ainsi Platon, devançant en quelque sorte les découvertes de A. Smith, de J.-B. Say et des grands économistes modernes, expliqua avec assez de lucidité les avantages de l'échange, de la division du travail et de la monnaie.

«Ce qui donne naissance à la Société, dit ce philosophe [1], c'est l'impuissance où nous sommes de nous suffire à nous mêmes et le besoin que nous avons d'une foule de choses. Ainsi, le besoin ayant engagé l'homme à se joindre à un autre homme, la Société s'est établie dans un but d'assistance mutuelle.—Oui, mais on ne communique à un autre ce qu'on a, pour en recevoir ce qu'on n'a pas, que parce qu'on croit y trouver son avantage.—Assurément.—Bâtissons donc une ville par la pensée. Nos besoins la formeront. Le premier et le plus grand de tous, n'est-ce pas la nourriture?—Oui.—Le second besoin est celui du logement; le troisième est celui du vêtement.—Sans doute.—Comment notre ville pourra-t-elle fournir à ces besoins? Ne faudra-t-il pas, pour cela, que l'un soit laboureur, un autre architecte, un autre tisserand? Ajouterons-nous un cordonnier ou quelque artisan semblable?—Je le veux bien.—Toute ville est, donc, composée de plusieurs personnes; mais ¿faut-il que chacun des habitants travaille pour tous les autres; que le laboureur, par exemple, prépare à manger pour quatre et qu'il y mette quatre fois plus de temps et de peines? Ou ne serait-il pas mieux que, sans s'occuper des autres, il employât la quatrième partie du temps à préparer sa nourriture et les trois autres parties à se bâtir une maison, à se faire des

[1] République, livre II.

habits et des souliers?—Il me semble que la première manière serait plus commode pour lui. En effet, nous ne naissons pas tous avec les mêmes talents et chacun manifeste des dispositions particulières. Les choses iraient, donc, mieux, si chaque homme se bornait à un métier, car la tâche est mieux faite et plus aisément quand elle est appropriée aux goûts de l'individu et qu'il est dégagé de tout autre soin.—Voilà, donc, les charpentiers, les forgerons et les autres ouvriers qui vont entrer dans notre petite ville et l'agrandir. Il sera presque impossible, dès lors, de trouver un lieu d'où elle puisse tirer tout ce qui est nécessaire à sa subsistance.—La ville aura besoin de personnes qui aillent chercher dans le voisinage ce qui pourra lui manquer.—Mais ces personnes reviendront sans avoir rien reçu, si elles ne portent pas aux voisins de quoi satisfaire aussi à leurs demandes.—Assurément, et il faudra des gens qui se chargent de l'importation et de l'exportation des marchandises. Ce sont ceux qu'on appelle commerçants.—C'est ce que je pense, et même, si le commerce se fait par mer, voilà encore une foule de gens nécessaires pour la navigation.—Mais dans la ville, comment nos citoyens se feront-ils part les uns aux autres de leur travail?—Il est évident que ce sera par vente et par achat—Il nous faut, donc, encore, un marché et une monnaie, symbole du contrat.»

Le même philosophe, après avoir condamné le commerce et les arts mécaniques, démontre leur utilité et leur nécessité dans ces termes:

«Si par une hypothèse, chacun dans la cité, hommes et femmes, se trouvait obligé de faire le métier, soit d'aubergiste, soit de vendeur de légumes, ou d'exercer un négoce quelconque, et que l'obligation se prolongeât un certain temps, on verrait alors de quel bien ou de quel prix sont pour l'Humanité les professions de cette sorte, et l'on aurait pour ceux qui les exerceraient avec probité le respect que l'on a pour une mère ou pour une nourrice.»

Et plus loin il ajoute:

«La classe des artisans, qui, par leurs métiers, fournissent les choses nécessaires à la vie, est sacrée pour Vulcain et pour Minerve. Pour Mars et aussi pour Minerve est sacrée la classe de ceux qui, par une autre espèce de métiers défensifs, préservent les œuvres des travailleurs, et c'est avec justice que les uns et les autres sont sacrés aux dieux, car tous ne cessent d'avoir en souci la patrie et le peuple; ceux-ci en allant au combat, ceux-là en fabricant, moyennant une rétribution, les outils et les marchandises.»

Xénophon, de son côté, recommanda la tempérance, l'activité, la bonne distribution des travaux; il traça soigneusement les tâches respectives de l'homme et de la femme dans le mariage, les avantages de l'ordre, de l'émulation et des récompenses, et il fit des observations heureuses sur le caractère des biens économiques.

«Il ne faut entendre par *bien*, dit-il [1], que ce qui peut nous être utile. Les terres que nous cultivons ne sont pas des biens lorsque nous perdons à leur culture. L'argent même n'est pas un bien, si l'on n'en fait pas usage.»

Aristote consacra quelques études à la théorie de la formation des richesses, qu'il propose d'appeler *Chrématistique* (art de faire de l'argent), et on y lit un passage qui tend à établir la distinction, introduite plus tard dans la science par A. Smith, entre la *valeur en usage* et la *valeur en échange*.

«Tout objet de propriété, dit-il [2], a deux usages, tous deux inhérents à l'objet, avec une destination particulière: l'un c'est l'usage naturel, l'autre l'usage artificiel. Ainsi l'usage naturel d'une chaussure est de servir à marcher; son usage industriel c'est d'être un objet d'échange.»

Ailleurs il explique parfaitement l'invention et les qualités de la monnaie.

«On convint de donner et de recevoir dans les transac-

---

[1] Économiques, livre I.

[2] Politique, livre I, chap. VI.

tions une matière utile et d'une circulation aisée. On adopta pour cet usage le fer, l'argent et d'autres métaux. Ce premier signe d'échange ne valut d'abord qu'à raison du volume et du poids: ensuite on le frappa d'un signe qui en marquait la valeur, afin d'être dispensé de toute autre vérification. Après l'adoption nécessaire de la monnaie pour les échanges, il se fit une révolution d[illegible]a manière de spéculer; le trafic parut. Peut-être fut [illegible]eu compliqué à l'origine; mais bientôt on inventa des combinaisons plus habiles, afin de tirer des échanges le plus grand bénéfice possible. Il est arrivé de là qu'on s'est accoutumé à restreindre l'art de la spéculation à la seule monnaie; on a pensé que cet art était d'amasser des métaux précieux, parce que le résultat définitif de ses opérations c'est de procurer de l'or et des richesses. Cependant, la monnaie ne serait-elle pas un bien imaginaire? Sa valeur est toute dans la loi. Où est celle qu'elle a de la Nature? Si l'opinion qui l'admet dans la circulation vient à changer, où est son prix réel? Quel besoin de la vie pourrait-elle soulager? A côté d'un monceau d'or, on manquerait des plus indispensables aliments. Quelle folie d'appeler richesse une abondance au sein de laquelle on meurt de faim!»

Mais rien de plus admirable, dans les doctrines économiques d'Aristote, que celle de la productivité des professions et des arts libéraux, que quelques écrivains s'obstinent encore à exclure du domaine de l'Économie.

«Eh quoi! s'écrie-t-il [1], la cité ne serait constituée que pour les besoins physiques! Des cordonniers et des laboureurs suffiraient à tout!—Quelle est la partie de l'homme qui le constitue essentiellement? C'est l'âme plutôt que le corps. Pourquoi, donc, les seules professions qui pourvoient aux premiers besoins composeraient-elles une cité, plutôt que la profession d'arbitre impartial des droits ou celle de sénateur délibérant pour le bien de l'État? Ces professions ne sont-elles pas l'âme agissante de la cité?»

---

[1] Politique, livre IV, chap. IV.

On doit citer aussi, à ce propos, Carète de Paros et Apollodore de Lemnos, qui traitèrent spécialement de l'agriculture et des mines, ainsi que Hiéroclès et Callicratidès, qui donnèrent des préceptes sur le sobre usage que l'on doit faire des biens, et qui, sous le titre d'*Économie*, firent de sages réflexions sur le bon gouvernement de la famille.

Cicéron démontra, à son tour, l'importance des fortunes privées et la nécessité de développer la richesse nationale[1].

Enfin, les jurisconsultes de l'Empire romain, et surtout Papinianus, Ulpianus, Paulus, Modestinus et Çajus, éclaircirent quelques matières économiques, quoique les circonstances historiques dont ils étaient entourés leur ont fait méconnaître les lois de la production de la richesse. Ainsi le droit de propriété, dit Mr. Madrazo [2], qui est si important pour la productivité du travail, fut exposé par eux dant sa vraie nature et dans toute son étendue, et les générations scientifiques qui leur ont succédé n'ont fait qu'accepter avec respect leurs décisions et les transcrire dans les Codes avec de légères variations.

Voilà, pourtant, toute la science économique des anciens. Des doctrines partielles, des notions obscures et incomplètes sur les causes de la richesse, tout en méconnaissant absolument la libre activité humaine, qui en est la véritable source.

Il était réservé à la religion chrétienne de réhabiliter ce grand principe, et en effet, avec la prédication de l'Évangile, il survint dans les relations et dans les rangs sociaux un changement profond, qui fit regarder le travail comme la condition naturelle et nécessaire du bien-être individuel, comme le seul moyen d'enrichir les hommes sans les dégrader.

---

[1] Loco citato.

[2] Lecciones de Economía política, leçon XCII, § 2.

Certes que l'Évangile n'avait pas pour but la production de la richesse, et que ses doctrines n'ont aucun rapport direct avec l'ordre économique; mais son esprit ouvrit des nouveaux horizons aux classes laborieuses, et dès son apparition on vit s'élever la personnalité humaine, et avec elle le concept de la liberté et de la propriété. En outre, le sentiment étroit et égoïste de race ou de classe, qui avait prévalu dans les sociétés anciennes, s'affaiblit pour faire place au principe de l'égalité des hommes devant Dieu, et surtout on commença à honorer les arts utiles, en les cultivant au sein des communautés religieuses qui se formèrent dans les premiers siècles du Christianisme.

Malheureusement la décadence de l'Empire romain et les dévastations que subit l'Europe avec l'invasion des tribus barbares du Nord, suspendirent l'action bienfaisante de la religion chrétienne et plongèrent le monde civilisé dans le chaos le plus épouvantable.

On vit alors surgir le Moyen âge, qu'on peut diviser, avec Minghetti, en trois grandes époques; celle de l'établissement des envahisseurs sur les terres conquises, celle de la féodalité et celle de la Renaissance.

La première époque, non-seulement n'offre pas de traces d'études économiques, mais tout ce qui se rapporte à l'Industrie et à la prospérité des nations s'y efface et disparaît. Les barbares pillent et dispersent les richesses, mettent le feu aux villes et aux campagnes, massacrent leurs pacifiques habitants et répandent partout la désolation et la terreur. Une partie de la population périt par le glaive, par la famine ou par la peste; les survivants sont réduits en esclavage par le vainqueur, ou se réfugient dans les lieux écartés, dans les bois, sur les montagnes ou au milieu des lacunes. L'Empire romain tombe en lambeaux, et ses débris sont partagés, comme des fiefs ou territoires dépendants des rois conquérants, parmi les guerriers ou les capitaines qui les ont aidé dans la conquête. Ainsi se forme une aristocratie des seigneurs féodaux qui, au droit de propriété sur les dits territoires, joignaient ceux de la souverainété la plus absolue sur leurs habitants, et qui par cela furent nommés en Espagne *barons de potence et de couteau*, ou de haute et de basse justice.

Ici commence la seconde époque du Moyen âge, que constitue la féodalité. On voit alors un commencement d'organisation substituer l'anarchie antérieure; les paysans retournent aux campagnes, se groupant autour des chateaux seigneuriaux; et à l'ombre d'une paix relative, et sous l'influence de la religion chrétienne, que les nouveaux seigneurs embrassent, ainsi que de leur propre intérêt, qui les conseille de chercher la conservation et l'adhésion de leurs vassaux, l'ancien esclavage se transforme dans le régime plus humanitaire du servage, et naissent le métayage et les baux emphithéotiques, moyennant lesquels le serf devient en quelque sorte propriétaire et presque homme libre. En même temps, les sciences et les lettres trouvent un asyle dans les monastères, où elles sont cultivées avec un grand zèle, et où l'on reconstruit peu à peu sur les anciens parchemins, véritables débris du savoir humain, sauvés comme par miracle du commun naufrage, le système des connaissances acquises jusqu'à cette époque.

L'Europe commençait ainsi à se remettre des malheurs subis, lorsqu'elle se vit de nouveau menacée par la barbarie. Les Arabes, le Koran dans une main et le glaive dans l'autre, avaient subjugué la Syrie, l'Egypte, la Perse, l'Asie mineure, le littoral de l'Afrique, les îles de la Méditerranée et une grande partie de l'Espagne, en portant avec eux, au milieu des horreurs de la guerre, tous les progrès faits dans les Arts et dans l'Industrie par la civilisation orientale; mais ils furent suivis des Turcs, tribus complètement féroces et sauvages, et devant la terreur qu'ils inspiraient, devant le danger de voir s'élever sur les autels du Christ ceux de Mahomet, dont les deux peuples envahisseurs professaient la foi, l'Europe, entrainée en même temps par l'esprit aventurier et de conquête, s'élança aux expéditions guerrières, les plus vastes et les plus sublimes qu'ont contemplées les siècles, les *Croisades*. On abandonna tout pour suivre le drapeau de la croix; les rois et les grands s'enrôlaient sous lui à l'envie, et partaient vers l'Orient pour combattre les infidèles et arracher à leur domination Jérusalem et la Terre Sainte, dont ceux-ci étaient déjà les maîtres. De grands maux découlèrent sans doute de cette véritable épopée, plusieurs fois renouvellée pendant des siècles entiers; mais elle produisit aussi de grands biens. Les seigneurs croisés vendirent leurs terres ou les engagèrent pour se procurer les ressources nécessaires pour lever des armées; une partie de la propriété inféodée fut ainsi divisée et passa à des mains plus laborieuses; on affranchit nombre de serfs, soit parce qu'ils suivaient leurs maîtres à la guerre, soit par un sentiment de charité; il fut permis de prolonger la durée de la paix intérieure, sous le nom de *trêve de Dieu*; on fit de rapides progrès dans la navigation et dans la construction des vaissaux; l'emploi de la boussole et les connaissances géographiques devinrent vulgaires; des relations commerciales s'établirent entre les pays les plus éloignés; on apporta en Europe des productions et des appareils mécaniques jusqu'alors inconnus, entre autres ceux de la soie, du verre et des moulins à vent; l'agriculture s'enrichit de plantes nouvelles, comme le mûrier, la canne à sucre et beaucoup de fruits et de légumes: il survint, enfin, une révolution économique, en même temps que sociale et politique, dont la civilisation et la science devaient tirer un grand profit.

Un des effets de cette révolution fut la fondation des municipalités, qui signale la troisième période du Moyen âge, nommée de la Renaissance. Les habitants des bourgs et des villes, qui avaient conservé les traditions du municipe romain, se déclarèrent indépendants de leurs seigneurs féodaux, ils construisirent des fortéresses pour s'en défendre, et ils se donnèrent une législation et un gouvernement local, que les rois s'empressèrent de sanctionner, pour étendre leur autorité aux dépens de l'aristocratie féodale. A l'ombre de ce régime, qui introduisait déjà dans les institutions politiques un certain degré de liberté, on vit naître et se multiplier les fortunes mobilières à côté de la grande propriété foncière; on organisa les corporations d'arts et de métiers, qui, s'ils furent plus tard un obstacle au développement de l'Industrie, servirent d'abord pour la sécurité et la protection de l'ouvrier, et il se forma une classe d'artisans et de marchands, qui avec le temps devait prépondérer sur les autres dans la Société. La *Ligue anséatique*, composée de quatre-vingts villes confédérées, parmi lesquelles excellaient Brunswick, Danzig, Lubeck et Cologne; les républiques italiennes de Venise, Gênes, Pise, Florence et autres, donnèrent une nouvelle et extraordinaire activité au commerce et à l'industrie; le crédit mercantile apparut avec la lettre d'échange et avec les Banques de dépôt, fondées à Gênes et à Venise, et la voie des grandes découvertes géographiques s'ouvrit avec les voyages maritimes du gênois Vivaldo et des venitiens Marco Polo, Sanuto et Ca da Mosto, précurseurs de Christophe Colomb et d'Amérique Vespuce.

Cependant le servage et le vasselage subsistaient encore dans les campagnes, et au sein même des villes et des cités libres on excluait du commerce et des arts ceux qui n'appartenaient pas aux corporations qui s'étaient réservé le monopole de leur exercice. Les vilains vivaient en lutte perpétuelle avec les seigneurs féodaux, moins pour conquérir la liberté que pour leur ravir leurs priviléges; la plus grande partie de la propriété territoriale demeurait aux mains des barons de potence et de couteau, et celle qui avait été déjà désinféodée était vinculée dans les bénéfices de l'Église et dans les majorats, qui constituaient une nouvelle noblesse; enfin, l'esprit de la féodalité, avec l'amortissement de la terre, avec la confusion des pouvoirs publics, avec son cortège de violence, de discordes et de guerres civiles, planait sur la Société, et empêchait sa constitution régulière et solide. Et pour plus de malheur, le Christianisme, qui dans les commencements avait eu une tendance si favorable aux classes laborieuses, s'en détourna pendant tout le Moyen âge, et au milieu des rayons de lumière dont il illuminait sans cesse les âmes, il prit une direction tout à fait contraire; il voulut faire du misticisme, qui comme exception et comme exemple d'austérité peut être salutaire, la règle même de la vie et la meilleure pratique des vertus religieuses. De là le mépris de la richesse, l'abandon des sciences expérimentales, la répugnance à l'industrie et aux arts utiles, considérés comme incompatibles avec le salut éternel, la multiplication des couvents, qui absorvaient les bras laborieux et les intelligences fécondes, en même temps qu'ils étouffaient par le célibat les germes de la population. A tous ces obstacles généraux à l'exercice de l'activité économique, il faut ajouter ceux que spécialement lui opposait l'autorité des rois et des seigneurs féodaux. Ils entravaient, en effet, le commerce intérieur et extérieur avec des restrictions de toute espèce; ils adultéraient la monnaie; ils limitaient l'intérêt des prêts; ils poursuivaient, par avarice ou par fanatisme, les juifs qui accaparaient alors l'argent; ils renouvelaient enfin les anciennes lois somptuaires de la Grèce et de Rome.

Tel était l'état social du monde civilisé au commencement de l'âge moderne, marqué par la prise de Constantinople par les Turcs. D'autres événements viennent alors imprimer une plus grande impulsion à l'activité économique. L'ardeur pour les études classiques s'éveille en Italie; Guttemberg invente l'imprimérie en Hollande; un schisme religieux éclate en Allemagne, et après de longues et sanglantes luttes, enlève au Catholicisme un grand nombre de ses fidèles; Vasco de Gama double le Cap de Bonne-Espérance, et trouve ainsi un accès facile aux régions orientales; Christophe Colomb découvre l'Amérique; les relations commerciales se multiplient; les arts acquièrent une splendeur extraordinaire; le bien-être et la richesse s'accroissent et se généralisent. En même temps l'aristocratie féodale tombe, vaincue par les rois, aidés par les municipes; la monarchie absolue s'élève sur ses ruines; le pouvoir se centralise, l'autorité s'unifie, et on voit s'établir au sein des États l'ordre, la sécurité individuelle et la paix, si propices aux travaux productifs. Tout semblait alors présager la découverte des lois économiques; mais elle fut encore retardée par les idées et les sentiments qui prévalurent sous le nouveau régime.

On fit de la monarchie une institution divine, et en invoquant l'ancien axiome romain *lex est quod principi placuit,* on regarda la volonté du chef de l'État comme la source de tout droit, et on lui attribua un pouvoir illimité sur la vie et sur la fortune de ses sujets. Fondés sur ces principes, les monarques confisquèrent à leur profit, non-seulement les franchises politiques, mais encore les libertés privées; ils abolirent les priviléges des municipes, comme ils avaient aboli d'avance ceux de la noblesse, et ils remplacèrent par le despotisme royal la tyrannie des seigneurs féodaux. Leur autorité n'eut pas de bornes, et ils l'employèrent le plus souvent à extorquer les peuples et à anéantir les germes de la richesse. Ainsi, non-seulement ils se firent un devoir de maintenir toutes les institutions anti-économiques du Moyen âge, telles que l'amortissement de la propriété territoriale, les corporations des arts et des métiers, la taxe de l'intérêt, les lois somptuaires et les restrictions commerciales, mais ils les augmentèrent de toute espèce de priviléges, qu'ils accordaient gratuitement comme des donations de leur munificence, ou qu'ils vendaient au prix le plux élevé comme des mercis souveraines. D'ailleurs, les guerres extérieures où ils s'engageaient continuellement pour se disputer la prépondérance politique, les fastueuses prodigalités des cours, les abus et les dilapidations des favoris, épuisaient les caisses royales, et pour les remplir on recourait souvent au funeste expédient d'adultérer la monnaie, on engageait à perpétuité les revenus de la Couronne, alors confondus avec ceux de la Nation, et l'on imposait aux classes laborieuses, les seules qui contribuaient aux dépenses publiques, car l'Église et l'aristocratie, qui possédaient d'immenses richesses, étaient exemptes de cette charge, des tributs de plus en plus accablants. Parmi ceux-ci, on doit citer, comme les plus contraires à l'activité économique, les droits excessifs qui, dans un but purement fiscal, ou par haine aux autres nations, furent établis dans tous les pays à la sortie des produits propres ou à l'entrée des étrangers. A la fin les antipathies nationales prévalurent, et ces droits se transformèrent en prohibitions à l'importation ou à l'exportation de certains articles. Ainsi devint générale une politique commerciale, nommée *système prohibitif*, que Colbert, ministre du roi de France Louis XIV, employa plus tard à protéger et à stimuler l'industrie nationale, en réservant à ses produits le marché intérieur, et qui donna naissance au *système protectionniste*.

L'un et l'autre systèmes n'étaient qu'un ensemble de pratiques empiriques; mais ils s'élevèrent au rang de théorie en vertu de l'ancien préjugé, dont on fit à cette époque un principe, d'après lequel l'argent constituait à lui seul la richesse.

En effet, les manufactures et le commerce s'étaient développés par suite des événements qui signalèrent, comme nous l'avons dit, le commencement de l'âge moderne; de grandes fortunes avaient été créées, et comme cela coïncidait avec l'accroissement extraordinaire de la monnaie circulante, fabriquée avec les métaux précieux qui arrivaient sans cesse de l'Amérique, on se mit à penser que l'un et l'autre phénomène avaient entre eux le rapport de cause à effet.

De là la théorie mercantiliste ou système mercantile, qui inaugura, pour ainsi dire, les études économiques. Cette théorie faisait consister la richesse dans l'abondance de l'argent, et comme il n'y a que deux moyens de l'acquérir, ou extraire du sein de la terre les métaux précieux dont il est fabriqué, ou vendre des marchandises aux nations qui le possèdent, on en déduisait qu'il fallait d'un côté s'adonner de préférence à l'exploitation des mines de ces mêmes métaux, et de l'autre surexciter l'exportation des marchandises, tout en difficultant l'importation, afin que, les différences entre l'une et l'autre étant compensées en numéraire, celui-ci affluât à l'intérieur de chaque pays, seul cas où l'on croyait favorable le résultat du commerce extérieur, ou, comme on disait alors, le jeu de la *Balance mercantile*. Pour atteindre ce but, on ne s'arrêtait pas aux moyens, quelque injustes et quelque violents qu'ils fussent, et les émigrations européennes à l'Amérique, en quête des métaux précieux, les guerres commerciales pour imposer aux étrangers des traités où ils s'obligeraient de s'assortir exclusivement dans les marchés du vainqueur, le système colonial qui conférait à la métropole le monopole du trafic des colonies, les compagnies privilégiées de commerce, la prohibition d'exporter le numéraire et d'importer certains produits, les primes accordées et les droits prélevés à l'entrée ou à la sortie d'autres, tous les deux perpétués jusqu'à nos jours sous le nom pompeux de *système protecteur* ou *protectionniste*, furent autant d'applications de la théorie dont il s'agit.

«En résumé, dit Minghetti [1], l'Économie, selon elle, avait pour but d'accaparer l'or et l'argent; par moyens la force ou l'industrie; comme obstacles, elle rencontrait l'habilité et la grandeur des autres nations, et elle faisait de leur ruine la condition de sa prospérité. La direction économique appartenait en tout pays au Gouvernement, et l'art de la richesse se confondait avec l'administration de l'État.»

«Il n'y a, dit Storch [2], exagération à affirmer que très-peu d'erreurs politiques ont enfanté plus de désastres que le système mercantile. Armé du pouvoir, il a imposé des ordonnances et des prohibitions là où il aurait dû protéger. La manie de réglementer, qu'il a inspirée, a exercé

---

[1] Ouvrage cité, livre I.

[2] Cours d'Économie politique, vol. I, page 102.

envers l'industrie des vexations de mille espèces pour la détourner de ses voies naturelles. Le système mercantile a persuadé à chaque nation que le bien-être des nations voisines était incompatible avec le sien propre; de là est né le désir réciproque de se nuire et de s'appauvrir réciproquement, et avec lui cet esprit de rivalité commerciale qui a été la cause immédiate ou éloignée de la plupart des guerres modernes. C'est le système mercantile qui a poussé les nations à employer la force ou la ruse pour extorquer à la faiblesse ou à l'ignorance des nations rivales des traités de commerce, qui n'ont été d'aucun avantage réel pour elles-mêmes. C'est ce système qui a présidé à la formation des colonies, dans le but de donner à la métropole la jouissance exclusive de leur commerce et de les contraindre à s'adresser uniquement aux marchés de la métropole. Là où ce système a produit le moins de mal, il a retardé les progrès de la prospérité nationale; partout ailleurs, il a fait couler des torrents de sang, il a dépeuplé et ruiné plusieurs pays, dont on pouvait supposer qu'il porterait au plus haut degré la puissance et la richesse.»

Tels ont été les effets du système mercantile, dont tous les efforts visaient à chercher, selon la phrase de Lafontaine,

son bien premièrement et puis le mal d'autrui;

quoique, à vrai dire, en voulant faire exclusivement son bien, il ne faisait que le mal de tous.

Singulier préjugé! Il vint réaliser en quelque sorte la fable, aussi spirituelle que profonde, de ce roi de l'Antiquité, auquel les dieux, exhaussant ses propres vœux, accordèrent le pouvoir de changer en or tout ce qu'il touchât de ses mains, et qui fut sur le point de mourir d'inanition au milieu des monceaux de ce métal que sa cupidité avait entassés. Il a prévalu longtemps en Europe, et peuples et gouvernements ont rendu culte à ses doctrines, en faisant d'elles des lois, des institutions et des règles de conduite.

Toutefois c'est à peine s'il a pénétré dans le sanctuaire

de la science, tellement que, quoique tous les écrits de l'époque sont imbus de son esprit, il ne nous est pas arrivé un seul livre consacré à l'exposer et à le défendre sous une forme vraiment scientifique.

L'ouvrage de l'écrivain italien Antoine Serra [1], que plusieurs regardent comme le code du mercantilisme, est très-loin de mériter ce titre; car, si l'auteur part du principe que l'argent constitue la richesse, il signale en même temps, parmi les causes de celle-ci, la fécondité du sol, la situation topographique, la race, l'industrie et, ce qui est plus remarquable, la forme du Gouvernement et la bonne administration de la justice.

D'autres écrivains pourraient, à plus forte raison, être placés de préférence parmi les mercantilistes; mais, pour abréger, nous citerons seulement Arnould [2], Belloni [3], Capmani [4], Child [5], Galiani [6], Lethinois [7], Thomas Mun [8], Bernharde de Ulloa [9] et Jerôme de Uztariz [10].

C'est encore comme un corollaire du mercantilisme qu'on doit considérer le système de Law, connu dans l'Histoire sous le nom de *système*, dont on fit en France une si large application au commencement du XVIII^e siècle, sous la Régence du duc d'Orleans, et qui produisit des résultats si funestes.

Law partageait l'opinion, alors dominante, qui fait de l'abondance du numéraire la cause principale de la riches-

---

[1] Breve tratatto delle cause che possono fare abondare i regni d'oro et d'argento.—1613.

[2] Système maritime et politique des Européens dans le XVIII^e siècle. —1797.

[3] Dissertazione sopra il commercio.—1765.

[4] Discurso económico-politico.—1778.

[5] A new discourse on trade.—1742.

[6] Dialogue sur le commerce des blés.—1796.

[7] Apologie du système de Colbert.—1771.

[8] England treasure by foreing trade.—1664.

[9] Restablecimiento de las manufacturas y del comercio en España.— 1780.

[10] Teoría y práctica del comercio y de la marina.—1780.

se, et comme il avait vu en Hollande et en Angleterre, où les Banques mercantiles étaient déjà en fonctions, que les billets de Banque circulaient partout en qualité de monnaie et que leur émission n'avait pas de limites fixes, il se mit à croire qu'il suffisait de multiplier indéfiniment ces titres de crédit pour accroître dans la même proportion la richesse. Il lui semblait, cependant, que le crédit privé, c'est-à-dire, celui qu'accordent les banquiers et les prêteurs ordinaires, était souvent funeste pour l'Industrie, à cause de l'intérêt élevé que les uns et les autres exigent dans leurs prêts, et il voulut remplacer ce crédit par celui de l'État. Imbu de ces idées, qu'il exposa dans plusieurs écrits [1], il demanda et il obtint en 1716 le privilége de créer à Paris, sous le nom de *Banque générale*, un établissement de crédit qui escomptait les valeurs de commerce, se chargeait des comptes des négociants et émettait des billets payables au porteur en écus de poids et de loi déterminés. Cette Banque, purement privée à l'origine, eut un plein succès; mais elle ne tarda pas à perdre son caractère primitif. Dans le mois d'avril 1717 on lui accorda pour 25 ans le privilége de la Compagnie de la Louisiane, et Law forma une société en commandite pour la colonisation et le commerce de cette région, sous le nom de *Compagnie de l'Occident*, au capital de 200.000 actions de 500 livres, payables seulement en billets de l'État, qui avaient perdu jusqu'à 72 p. 100, mais qui remontèrent peu à peu au pair. Un an après, cette compagnie devint adjudicataire de la ferme des tabacs, et elle fut déclarée *Banque royale* ou *de l'État*, en ordonnant que le nombre de ses billets dépendrait des arrêts du Conseil, qu'on pourrait en faire le payement en écus de Banque ou en *livres tournoi-*

[1] Les principaux sont ceux-ci:
Considérations sur le commerce et sur l'argent.—1705.
Mémoire sur les Banques, présentée à S. A. le Régent de France.—1715.
Deuxième mémoire sur les Banques.—1716.
Mémoire sur l'usage des monnaies, présentée au Conseil de Finances de France —1720.

*ses*, c'est-à-dire en monnaie de valeur variable, et que l'emploi de ces billets ou de l'or serait obligatoire dans toutes les transactions au dessus de 600 livres.

Depuis lors, Law chercha à faire monter le prix des actions de sa compagnie, soit par des achats directs, soit par l'acquisition, moyennant l'émission de nouvelles actions, du privilége des compagnies du Sénégal, de la Chine et des Indes orientales, après quoi il changea le nom de *Compagnie de l'Occident* en celui de *Compagnie des Indes*. Il se fit de plus conférer le bénéfice de la fabrication de la monnaie, et par suite de ces manœuvres le prix des actions monta, en effet, considérablement, et l'on vit se produire un agiotage effréné dans la rue Quincampoix de Paris, qui était le centre des banquiers et des hommes d'affaires. Mais bientôt à cette faveur du public succéda la réaction avec la rapide descente des valeurs de la compagnie, et ce fut en vain que le Gouvernement, à l'instigation de Law, prit, pour y poser remède, les mesures les plus violentes, telles que la démonétisation des espèces, la prohibition des bijoux, la fixation du prix des actions et des billets de l'État; la *Banque royale* succomba, comme il devait nécessairement arriver, et à la suite survint la banqueroute de l'État et la ruine d'un grand nombre de particuliers, qui s'étaient intéressés de bonne foi dans les spéculations de cet établissement, tandis que d'autres, profitant du crédit qu'il obtint dans les commencements, avaient improvisé des fortunes colossales [1]. Telle fut la triste fin du système de Law, véritable essai de *papier-monnaie*, qui, malgré tout, devait se reproduire plus tard en France et ailleurs avec les mêmes résultats.

Mais déjà vers cette époque, des idées plus saines en

---

[1] Pour plus de renseignements, on peut consulter les ouvrages suivants:

A. Thiers.—De Law et de son système de finances.

A. Cochut.—Law, son système et son époque.

E. Daire.—Notice sur Law, dans la "Collection des principaux économistes," vol. I.

matières économiques commençaient à se produire parmi les penseurs.

Ainsi Fénélon, par un éclair du génie, proclamait, au milieu de grandes erreus, dans son admirable ouvrage *Aventures de Télémaque*[1], les avantages de la liberté du commerce. Bandini émettait dans son *Discours économique*, publié en 1737, cette maxime: «Qu'il faut dilater le cœur des peuples avec un souffle de liberté,» et demandait la suppression de toutes les entraves du commerce de grains, l'abolition des lois fiscales, la simplification du régime administratif, le développement de l'Agriculture, comme la vraie source de la richesse, et la création d'un impôt unique.

Des idées analogues étaient professées en France par Vauban[2], et surtout par Boisguillebert[3], qui démontra aussi les avantages de la libre circulation des céréales, les excellences de l'Agriculture et les vraies fonctions de la monnaie; en Espagne par François Centani qui, d'après Madrazo[4], disait en 1665 «que la terre est la cause véritable et physique de la fortune» et qui conseillait de remplacer toutes les contributions indirectes par une autre directe et territoriale; en Angleterre, par Dudley-North[5], Hume[6] et Stewart[7], et en Italie par Genovesi[8], Verri[9], Beccaria[10], Ortés[11] et Filangieri[12].

---

[1] Livre III.
[2] Projet d'une dime royale.—1707.
[3] Détail de la France.—1707.
[4] Lecciones de Economía política, leçon XCIII.
[5] Discourses upon trade.—1697.
[6] Essays moral, political and litterary.—1767.
[7] An inquiry into the principles of political Economy.—1767.
[8] Lezioni di Economia politica.—Opuscoli di Economia politica.—1768.
[9] Meditazioni sulla Economia politica.—1771.
[10] Elementi di Economia politica.—1804.
[11] Della Economia nationale.—1774.
[12] Delle leggi politiche e economiche.—1783.

Mais la gloire de réunir les idées de tous ces écrivains dans un corps de doctrine, vraiment scientifique, appartient au groupe de philosophes appelés *physiocrates*, qui méritèrent aussi par excellence le nom d'*économistes*, et qui formèrent la première école parmi celles qui se disputent la direction de la science économique.

Exposons maintenant les principes que chacune d'elles soutient.

---

# X.

## ÉCOLES DE L'ÉCONOMIE.

Une science n'est pas une religion, dont les principes, comme des révélations réelles ou prétendues de la Divinité, ont le caractère de dogmes, s'imposent à la raison, sont acceptés sans examen, et déterminent ainsi parmi leurs adeptes une seule foi, une même croyance, une adhésion unanime et absolue.

Dans les sciences tout est discutible; la raison individuelle fonctionne en entière liberté; chacun admet seulement les principes qui sont d'accord avec la sienne, et de là la diversité d'opinions et de doctrines parmi ceux qui professent une même science.

Lorsqu'une doctrine parvient à s'attacher un certain nombre de prosélytes, qui la défendent dans les livres et dans la chaire, ou bien qui l'adoptent comme critérium de conduite pour ses actions, pour ses œuvres scientifiques, littéraires ou artistiques, en somme pour toutes les manifestations de l'activité où elle peut avoir quelque application, on dit que cette doctrine forme *école*.

Il y a, donc, au sein de chaque science plusieurs écoles,

toutes d'accord sur l'objet de leurs connaissances, ce qui constitue l'unité de la science, mais non pas sur ces mêmes connaissances.

Les différences entre les écoles se rapportent, soit aux connaissances premières, cardinales ou fondamentales, c'est-à-dire aux principes, soit aux vérités de second ordre, quoique toujours importantes, et elles donnent ainsi lieu à deux sortes d'écoles, que nous appellerons respectivement *écoles principales* et *écoles secondaires.*

Les écoles principales en Économie sont: l'*école économiste*, l'*école socialiste* et l'*école économico-socialiste.* Voici les doctrines qui les caractérisent.

## § I.er—ÉCOLE ÉCONOMISTE.

Cette école peut être divisée en trois autres secondaires qui, plutôt que des écoles distinctes, représentent trois époques ou périodes de développement de la science économique: l'*école physiocratique* ou *agricole* (période de formation), l'*école industrielle* ou *smithienne* (période d'organisation) et l'*école moderne*, que nous appellerons *syncrétique* ou *harmonique*, car elle embrasse et harmonise les deux premières (période de constitution ou consolidation).

Toutes les trois apparaissent en effet successivement, chacune héritant de l'antérieure ses recherches scientifiques; toutes ont des principes communs en Philosophie, et diffèrent seulement, comme on va le voir, dans les conséquences qu'elles en déduisent ou dans les applications qu'elles en font à l'ordre économique.

ÉCOLE PHYSIOCRATIQUE OU AGRICOLE. Les idées les plus absurdes régnaient au XVIIIe siècle en matière de Morale et de Droit publiques.

On croyait alors que les hommes, livrés à leurs inclinations, ne pouvaient se guider dans la pratique de la vie sociale que par l'égoïsme le plus raffiné, chacun cherchant son bien propre dans le mal d'autrui.

Pour les contraindre à vivre en société, sans se dévorer

les uns les autres, il fallait qu'une entité supérieure, un monarque, un prince, un souverain, investi par Dieu même (droit divin) de la faculté de décerner la justice, en réunît sous son autorité le plus grand nombre possible, et les organisât en collectivités distinctes, nommées États ou Nations.

Ces États étaient de leur nature sans aucun lien entre eux; ils devaient se regarder, non pas comme des membres de la famille humaine, mais comme des ennemis acharnés; ils ne pouvaient prospérer que les uns aux dépens des autres, et ils n'avaient d'autres limites que ceux de la puissance de leurs chefs respectifs, qui se disputaient les armes à la main la domination du Monde, la conquête étant un des meilleurs titres de souveraineté.

D'ailleurs, tout État constituait une propriété du souverain, qui était considéré comme le maître des vies et des fortunes, avec le droit d'en disposer conformément au bien de l'État lui-même, ou à ce qu'il jugeait l'être, partant de taxer les fortunes particulières avec toute espèce d'impôts et même de les confisquer entièrement à son profit, si cela lui semblait nécessaire pour atteindre le but susdit.

Ces idées avaient donné naissance à des institutions et des mœurs publiques, très nuisibles pour le bien-être matériel et moral des peuples.

La ruse et la force présidaient aux relations entre les divers États.

Les guerres internationales étaient fréquentes, et on y consommait des monceaux d'or et des torrents de sang.

La plus grande partie de la propriété territoriale, qui était alors la principale richesse, était amortie et ne pouvait être vendue ni transmise librement.

L'Agriculture languissait dans la routine et dans l'empirisme.

Le régime des maîtrises et jurandes difficultait l'exercice des arts mécaniques et des manufactures, et paralysait le développement de l'Industrie.

Le commerce extérieur était soumis à une foule d'entraves et de vexations, soit pour empêcher l'exportation du numéraire, regardé alors comme la richesse par excellence, soit pour mettre le marché national à l'abri de toute concurrence étrangère.

D'autres restrictions entravaient le commerce intérieur, et surtout le trafic de grains et d'articles de subsistance aux époques de disette.

Le crédit privé devenait impossible avec la taxe de l'intérêt dans les prêts, et avec les sevères punitions infligées à l'usure.

Le crédit public était presque inconnu, et le désastreux essai qu'on en avait fait en France, avec le système de Law, inspirait une grande aversion à ses combinaisons.

L'administration civile était aussi compliquée que dispendieuse.

Les nombreux priviléges du fisc et des particuliers absorbaient les fruits les plus précieux du travail.

Les tributs étaient énormes et accablants.

La Noblesse et le Clergé, en possession de presque toute la richesse, ne contribuaient cependant aux dépenses de l'État.

Toutes les charges publiques pesaient sur les petits propriétaires, sur les artisans, sur les paysans, et en général sur les classes laborieuses, qui vivaient pleines de privations et de souffrances, dans la misère ou dans l'indigence.

Le trésor public était, cependant, presque toujours vide et ses obligations négligées.

Tel était le tableau que le monde sociale et politique offrait à l'époque dont il est question.

Ce tableau avait déjà attiré l'attention de quelques penseurs, qui, employant le *libre examen*, proclamé d'abord en Religion par le Protestantisme, et admis plus tard dans toutes les spéculations scientifiques, l'avaient critiqué partiellement et avec plus ou moins de succès.

Montesquieu, surtout, avait propagé dans son *Esprit*

*des lois* des principes plus rationnels de droit; Rousseau avait prétendu, dans son *Contrat social*, substituer au droit divin la volonté des majorités; les philosophes encyclopédistes combattaient les abus de l'Église et du pouvoir royal; une partie du régime politique régnant, dans ses rapports avec l'ordre économique, avait été l'objet d'études sérieuses et profondes de la part d'illustres publicistes, tels que Bandini, Boisguillebert, Centani, Dudley-North, Hume, Stewart, Beccaria et Ortés, dont nous avons cité les ouvrages dans le chapitre précédent; mais seulement les physiocrates parvinrent à démontrer les vices de ce régime, dans son ensemble, et à proposer à sa place un autre plus conforme avec la justice et l'utilité publique.

Dans ce but, ils imaginèrent un système complet de Philosophie, d'Économie et de Politique.

Les idées philosophiques de l'école, telles qu'elles résultent des écrits publiés par ses principaux adeptes, et surtout par Quesnay, qui en est considéré comme le fondateur, peuvent être formulées, avec J. Garnier [1], comme il suit.

Le monde est gouverné par des lois physiques et morales qui sont immuables.

Il appartient à l'homme, être intelligent et libre, de les découvrir, de les observer ou de les violer, pour son bien ou pour son mal.

Le but assigné à l'exercice de ses forces intellectuelles et physiques c'est l'appropriation de la matière à ses besoins, qui lui permet d'améliorer sa destinée. Mais il doit accomplir cette tâche conformément à l'idée du juste, corrélative avec l'idée de l'utile.

Les principales manifestations de la justice sont la liberté et la propriété, c'est-à-dire le droit pour chacun de faire tout ce qui ne blesse en rien l'intérêt général, et d'user à son gré des biens qu'il possède légitimement.

---

[1] Dictionnaire de l'Économie politique, art. Physiocrates.

La liberté et la propriété dérivent, donc, de la nature de l'homme, et sont des droits si essentiels que les lois ou conventions humaines doivent se borner à les reconnaître, à les formuler et à les sanctionner. Les gouvernements n'ont pas d'autre mission que de sauvegarder ces deux droits, qui, à bien prendre les choses, embrassent tous les besoins matériels et moraux de la Société.

Dire que la liberté et la propriéte sont des droits essentiels, c'est dire qu'ils concordent avec l'intérêt général de l'espèce, c'est dire qu'avec elles la terre est plus fertile, l'industrie plus productive et le développement de toutes les aptitudes morales et intellectuelles plus sûr et plus rapide.

«En résumé, dit E. Daire [1], Quesnay et l'école physiocratique firent l'étude scientifique de l'utile; considérèrent les hommes vivant en société, surtout comme consommateurs et producteurs, et firent ressortir cette conclusion, que les idées de droit, de paix et de fraternité entre les hommes ne reposent pas exclusivement sur le dogme mystérieux de la vie future, mais encore sur l'observation des lois naturelles, qu'on peut profitablement observer et qu'on ne viole pas impunément sur cette terre.»

Dans l'ordre économique, les physiocrates partaient du principe que la richesse consiste dans l'accroissement matériel des choses nécessaires pour la vie. A leurs yeux, il n'y avait d'autre industrie productive que l'Agriculture, parce que seulement la terre rapporte une quantité de matière plus grande que celle qu'on emploie dans la culture, les récoltes étant supérieures aux semences, et parce que c'est du sein de la terre qu'on extrait tous les éléments de la fabrication et des manufactures, ainsi que tous les articles de subsistance, en sorte que le travail agricole, en sus du nécessaire pour maintenir le travailleur pendant ses tâches, donne un excédant qu'ils appelaient *produit net*.

---

[1] Journal des économistes, vol. XVIII, p. 353.

Les physiocrates regardaient les autres industries comme stériles ou improductives, dans la croyance que leurs produits ne représentent que l'équivalent de la richesse dépensée à les obtenir, mais avouant en même temps, par une heureuse inconséquence, et pour ne pas méconnaître tout à fait la vérité, que les arts mécaniques, le commerce et les professions scientifiques sont essentiellement utiles. Aussi, pour eux, la classe prédominante dans la Société devait être celle des propriétaires territoriaux, aux mains desquels ils supposaient que toute la richesse se concentrait, pour être ensuite distribuée aux classes restantes, qui, sous le nom de *salaire*, percevaient la part qui leur correspondait par leur concours dans les opérations productives. En revanche, ils voulaient que cette classe dépensât tous ses revenus, ne faisant pas des économies inutiles, pour ne pas restreindre de la circulation et de la distribution une partie de la richesse, et que l'on cherchât à procurer le bien-être du bas-peuple, parce qu'autrement il ne pourrait contribuer à la consommation des articles qui n'ont pas des débouchés à l'étranger, et parce que la rente de la Nation s'amoindrirait en conséquence. Ils se declaraient en outre partisans de la grande propriété et de la grande culture, surtout pour les céréales, en conseillant que les terres employées à cette production se réunissent, en tant que possible, pour former de vastes fermes, exploitées par de riches laboureurs, parce qu'il y a, disaient-ils, moins de dépenses, pour l'entretien et la réparation des bâtiments, et en proportion plus de produit net, dans les grandes entreprises agricoles que dans les petites.

«La multiplicité de petits fermiers est préjudiciable à la population. La population, la plus assurée, la plus disponible pour les différents travaux qui partagent les hommes en différentes classes, est celle qui est entretenue par le produit net. Toute épargne faite à son profit, dans les travaux qui peuvent s'exécuter par le moyen des animaux, des machines, des rivières, etc., revient à l'avantage de la population de l'État, parce que plus de produit net procure plus de gain aux hommes pour d'autres services, ou d'autres travaux. [1]

Quant aux idées politiques, ou plutôt financières et administratives, de l'école, car toutes étaient de ce dernier ordre, si l'on en excepte sa préférence pour le gouvernement absolu [2], les physiocrates voulaient:

1.° Que l'État vecût toujours de ses propres ressources, sans recourir, même pour les besoins extraordinaires, aux emprunts publics, qui le chargent de dettes accablantes, donnent lieu à un agiotage stérile dans la négociation des titres de rente, privent l'agriculture des capitaux nécessaires pour l'exploitation et l'amélioration des terres, et créent des fortunes clandestines qui, selon l'heureuse expression de Quesnay, ne connaissent ni foi ni patrie.

2.° Que l'on établît un seul impôt, qui serait perçu sur le produit net des terres et payé exclusivement par les propriétaires. Tous les autres impôts, de même les personnels que ceux qui affectent à la consommation, alors connus, comme de nos jours, sous la dénomination d'*indirects*, devaient être abolis, car ils nuisent beaucoup au commerce et leur perception est très dispendieuse.

3.° Que l'impôt fût modique et proportionné à la masse du revenu national, parce qu'autrement il dégénère en spoliation et cause le dépérissement et la ruine de l'État.

4.° Que le Gouvernement, sans commettre des abus ni se livrer à des prodigalités, dépensât tout ce qu'il faudrait pour la prospérité du royaume, car ces dépenses sont reproductives et augmentent en définitive la richesse publique.

5.° Que l'on facilitât les débouchés et les transports

---

[1] Quesnay.—Tableau économique.

[2] Cette préférence, fondée sur ce que le pouvoir d'un seul garantit mieux que celui de plusieurs la sécurité individuelle et l'intérêt public, n'empêchait pas que le système physiocratique fût empreint d'un grand libéralisme, le principe de liberté dominant dans toutes ses doctrines.

des produits, par la réparation des chemins et par la navigation des canaux, des rivières et de la mer; car plus on épargne sur les frais du commerce, plus on accroît le revenu du territoire.

6.° Qu'on maintînt la liberté du commerce et en général de toutes les professions, car tout obstacle mis à cette liberté est une violation des droits fondamentaux du travail et de la propriété, et altère artificiellement le prix des produits et les bénéfices de l'Industrie, parfois aux dépens des producteurs, parfois aux dépens des consommateurs, et toujours au détriment de la richesse publique et de la matière imposable.

7.° Que l'État s'abstînt de réglementer l'exercice des arts et de se mêler dans les transactions privées, autrement que pour garantir tous les droits et maintenir le respect de la justice, car la meilleure police du commerce intérieur et extérieur consiste dans la pleine liberté de la concurrence, principe que les physiocrates formulaient dans ces célèbres mots, si mal interprétés par les protectionnistes et les socialistes de la chaire: *laissez faire, laissez passer*.

Telles étaient les principales doctrines de l'école physiocratique. Sans nous arrêter ici à discuter la part d'erreur et de vérité qu'elles contiennent, on ne saurait mettre en doute que les recherches de ses adeptes jetèrent une vive lumière sur plusieurs matières de l'Économie, et surtout sur les rapports de cette science avec la Morale et le Droit.

En effet, ils constatèrent l'existence dans l'ordre économique de lois naturelles, sans lesquelles, quoi qu'en disent les socialistes de la chaire, cet ordre ne serait pas possible, et ils posèrent ainsi les fondements scientifiques de l'Économie.

Ils proclamèrent les premiers l'harmonie essentielle de tous les intérêts.

C'est à eux que l'on doit la plus brillante réfutation du système mercantile, qui tant de maux a infligé aux peuples.

Ils propagèrent la vraie notion de la monnaie, en démontrant que, loin de constituer à elle seule la richesse, comme les mercantilistes le prétendaient, elle n'est qu'un instrument des échanges et un équivalent de tous les produits.

Ils combattirent victorieusement la taxe de l'intérêt, en défendant la liberté des prêts en argent.

Ils presentirent déjà le rapport qu'il y a entre la population et la richesse, que Malthus devait formuler plus tard dans sa célèbre théorie.

«Que le souverain et la Nation, disait Quesnay [1], ne perdent jamais de vue que la terre est l'unique source des richesses et que c'est l'Agriculture qui les multiplie, car l'*augmentation des richesses assure celle de la population.*»

La division du travail, les procédés du commerce, les avantages du crédit, furent aussi l'objet de profondes observations de la part des physiocrates. Les plus savants économistes de notre siècle n'ont pas montré plus heureusement qu'eux l'influence du taux de l'intérêt sur toutes les entreprises.

«On peut le considérer, dit Turgot [2], comme une espèce de niveau, au dessous duquel tout travail, toute culture, toute industrie, tout commerce, cessent. C'est comme une mer répandue sur une vaste contrée. Les sommets des montagnes s'élèvent au dessus des eaux et forment des îles fertiles et cultivées. Si cette mer vient à s'écouler, à mesure qu'elle descend, les terrains en pente, puis les plaines et les vallons, paraissent et se couvrent des productions de toute espèce. Il suffit que l'eau monte ou baisse d'un pied, pour inonder ou pour rendre à la culture des plages immenses. C'est l'abondance des capitaux qui anime toutes les entreprises, et le bas intérêt de l'argent est à la fois l'effet et l'indice de l'abondance des capitaux.»

---

[1] Maximes générales d'un gouvernement économique.

[2] Réflexions sur la formation et la distribution des richesses.

D'ailleurs, l'école physiocratique eut une grande influence sur les idées et les institutions économiques des peuples. Cette influence se fit sentir d'abord en France, où elle contribua à déraciner l'esprit réglementaire et prohibitif, qui opposait tant d'entraves au commerce, aux arts et en général à toutes les applications du travail. C'est à elle sans doute que sont dues la suppression des douanes provinciales et la liberté du commerce intérieur, la chute des corporations privilégiées, l'abolition des corvées et toutes les réformes libérales et progressives de la révolution française, n'ayant pas dépendu certainement des physiocrates qu'elles ne fussent pas réalisées par des moyens pacifiques, comme le prouvent les hardies, quoique malheureuses, tentatives faites dans ce but par Turgot pendant son ministère.

Dans les autres nations de l'Europe, il y eut plusieurs princes et hommes d'État qui réglèrent aussi leur conduite politique sur les principes physiocratiques. Le grand duc Léopold les appliqua en Toscane; le roi de Suède Gustave III, le roi de Pologne Stanislas Auguste, le roi de France Luis XVI et le margrave de Bade les embrassèrent avec enthousiasme, et ces principes trouvèrent un écho même en Espagne, dans les écrits et dans les actes administratifs de Floridablanca, Campomanes et Jovellanos, ministres de Charles III.

Les principaux maîtres de cette école furent Quesnay [1], Mirabeau, le père du célèbre orateur [2], Mercier de la Rivière [3], Baudeau [4], Létrosne [5], Dupont de Nemours [6], le margrave de Bade [7] et surtout Turgot [8], le plus illustre

---

[1] Tableau économique.—1758.
[2] Philosophie rurale.—1763.
[3] Ordre naturel et essentiel des sociétés politiques.—1767.
[4] Introduction à la Philosophie économique.—1771.
[5] De l'ordre social.—1777.
[6] Origine et progrès d'une science nouvelle.—1767.
[7] Abrégé d'Économie politique,—1772.
[8] Ouvrage cité.—1778.

de tous, non-seulement par ses écrits, mais encore pour avoir réalisé, comme fonctionnaire public et comme ministre de Luis XVI, quelques-unes des théories physiocratiques.

ÉCOLE SMITHIENNE OU INDUSTRIELLE. Les matériaux de l'Économie une fois préparés, ses fondements posés par les physiocrates, ce fut A. Smith qui se chargea de construire l'édifice de la science. Les idées de ce grand économiste, notre maître à tous, se trouvent dans un livre admirable [1], et la meilleure manière de les exposer c'est d'en donner un bref résumé, comme nous allons le faire.

D'abord, A. Smith s'inspira des mêmes principes de Philosophie morale et politique que l'école physiocratique. Il proclama, comme cette école, l'harmonie essentielle des intérêts, et il en chercha, comme elle-même, la conciliation dans la liberté, en démontrant que l'intérêt privé, libre de toute entrave, mène nécessairement les capitalistes à préférer, dans des circonstances égales, l'emploi de la richesse le plus favorable à l'industrie nationale, parce que cet emploi est aussi le plus profitable pour eux-mêmes.

«L'effort naturel, disait-il [2], que fait sans cesse tout individu, pour améliorer sa condition, est un principe de conservation capable de prévenir ou de corriger, sous divers aspects, les mauvais effets d'une économie partielle et même jusqu'à un certain point oppressive...........
Tout système qui tende, ou par voie d'obstacles extraordinaires à attirer à une espèce particulière d'industrie une partie du capital social, plus grande que celle qu'on y emploirait naturellement, ou par voie d'impédiments également extraordinaires à écarter artificiellement quelque autre partie du même capital d'une espèce particulière d'industrie, où elle chercherait de soi-même emploi,

---

[1] An inquiry into the causes of the wealth of nations. — 1776.
[2] Ibidem, livre IV, chap. XK.

est en réalité un système subversif de l'objet qu'il se propose d'atteindre. Loin d'accélérer, il retarde les progrès de la Société vers son bien-être et sa prospérité; loin d'accroître, il amoindrit la valeur réelle des terres et le produit annuel de la terre et du travail. Tous ces systèmes de faveurs et d'obstacles une fois éliminés, le système simple et facile de la liberté naturelle se présente de lui-même et se trouve pleinement établi. Chacun, tant qu'il ne blesse les lois de la justice, est en pleine liberté de suivre la voie que lui montre son intérêt, et de porter où bon lui semble son industrie et son capital, en concurrence avec ceux d'une autre personne ou d'une autre classe. Le souverain se trouve entièrement libre d'un office qu'il ne pourrait exercer sans s'exposer infailliblement à être trompé de mille manières, et que nulle prudence humaine pourrait convenablement accomplir, l'office d'être le surintendant de l'industrie des particuliers et de la diriger vers les emplois les plus favorables aux intérêts généraux de la Société.»

A. Smith considérait, donc, la liberté comme une condition nécessaire pour le développement complet des forces productives, et au lieu de la fonder, comme Quesnay et Turgot, sur la justice, il la justifiait par l'utilité et la convenance publiques.

Il faut dire, cependant, pour faire voir jusqu'à quel point l'une et l'autre écoles coïncidaient sur les idées fondamentales de la science, que Mercier de la Rivière, un des plus brillants écrivains physiocrates, avait déjà entrevu sous le même aspect le principe dont il s'agit.

«Il est de l'essence de l'ordre, disait il [1], que l'intérêt particulier d'un seul ne puisse être jamais séparé de l'intérêt commun de tous; nous en trouvons une preuve bien convaincante dans les effets que produit naturellement et nécessairement la plénitude de la liberté qui doit régner

[1] Ordre naturel et essentiel des sociétés, vol. II, pags. 444 et suivantes.

dans le commerce, pour ne point blesser la propriété. L'intérêt personnel, encouragé par cette grande liberté, presse vivement et perpétuellement chaque homme en particulier de perfectionner, de multiplier les choses dont il est vendeur, de grossir ainsi la masse de jouissances que les autres hommes peuvent lui procurer en échange.»

Du principe de la liberté, A. Smith, d'accord aussi en ceci avec les physiocrates, déduisait la nécessité d'abolir les monopoles et de supprimer les restrictions commerciales. Les monopoles, surtout, lui inspiraient une indignation qui faisait jaillir de sa plume des invectives véhémentes.

«C'est ainsi, disait-il [1], que les rampants artifices des trafiquants subalternes sont érigés en maximes de politique pour la conduite d'un grand empire. C'est par de telles maximes qu'on a enseigné aux nations que leur intérêt consistait à réduire tous leurs voisins à la mendicité. On leur a appris à voir d'un œil d'envie la prospérité des peuples qui commercent avec elles, et à regarder tout le gain qu'ils font comme une perte pour elles-mêmes. Le commerce, qui pour les nations et pour les individus devrait être un lien d'union et d'amitié, est devenu la source la plus féconde des animosités et de la discorde. L'ambition capricieuse des rois et des ministres n'a pas été plus fatale au repos de l'Europe, dans le cours de ce siècle et de celui qui l'a précédé, que l'impertinente jalousie des commerçants et des manufacturiers. La violence et l'injustice de ceux qui gouvernent le Monde sont un mal qui date de loin, et contre lequel la nature des afaires humains laisse peu espérer de remède assuré. Mais la basse rapacité, le génie monopoleur des négociants et des manufacturiers, qui ne sont ni ne doivent être les maîtres du Monde, sont des vices incorrigibles peut-être, mais qu'on peut aisément empêcher de troubler le repos de personne, si ce n'est de ceux qui en sont possédés.»

---

[1] Ouvrage cité, vol. II, page. 88.

A. Smith croyait encore, comme les physiocrates, à l'existence des lois naturelles économiques, quoique il n'a pas formulé cette croyance d'une manière aussi explicite, et il avait le même concept de la mission et des attributions de l'État, qu'il regardait comme une institution chargée de veiller à la liberté et à la propriété des citoyens, sans lui refuser pour cela le devoir de rendre certains services qui, étant souvent, comme les voies de communication, au dessus des ressources d'une entreprise particulière, intéressent toute la Nation ou toute la société politique.

Ici finissént, cependant, les points de rencontre entre les deux écoles. En pénétrant à l'intérieur de la science, les doctrines de l'une diffèrent considérablement de celles de l'autre. Les physiocrates avaient cherché la source de la richesse dans la fécondité de la terre: A. Smith la fait dépendre du travail humain. Le travail est, à ses yeux, le seul moyen de faire produire la terre; c'est au travail que les nations doivent, selon lui, les produits de leurs manufactures et les gains de leur commerce. Ce grand principe sert de point de départ à toutes les recherches de notre auteur, qui le pose, dès le début de son ouvrage, en ces termes: «Le travail annuel d'une nation est le fond primitif qui fournit à sa consommation annuelle les choses nécessaires et commodes à la vie; et ces choses sont toujours, ou le produit immédiat du travail, ou achetées des autres nations avec ce produit.»

Toute richesse provient, donc, selon A. Smith, du travail, et elle peut être conservée, détruite ou bien accumulée par l'épargne. Celle qu'on accumule se divise en deux portions: l'une qui doit être immédiatement ou prochainement dépensée pour la satisfaction de nos besoins personnels; l'autre qui est employée à former de nouveaux produits et qui constitue spécialement le *capital*.

A. Smith nous présente après le travail en action, explique d'une manière admirable les effets de sa *division* et par suite la nécessité de l'échange, et démontre que l'une et l'autre contribuent au perfectionnement des produits, à leur diffusion sur la surface du Globe, à leur bas prix, qui les fait de jour en jour plus accessibles à toutes les fortunes, et à l'accroissement de la richesse. Il signale encore les grands services que les *machines* ont prêtés au genre humain, sans se dissimuler leurs inconvénients passagers, et pose les limites de leur emploi, en déterminant par l'étendue du marché la sphère de la division du travail.

Les produits sont déjà formés, la richesse produite; leur qualité essentielle consiste dans la *valeur en échange*, différente de la *valeur en usage*, en ce sens qu'avec la première on peut se procurer beaucoup de choses, tandis que la seconde ne sert à se procurer aucune. Le rapport entre deux valeurs échangeables s'appelle *prix*. Le prix se compose de trois éléments: le *salaire* du travailleur, le *profit* de l'entrepreneur et la *rente* de la terre, qui fournit les premières matières de la production. Mais comment se règlent les prix? Quelles sont les fonctions de cet intermédiaire des échanges, qu'on nomme la *monnaie*?

«Graves questions, dit Blanqui [1], qu'il (Adam Smith) a résolues avec une supériorité et une lucidité incomparables. C'est lui, en effet, qui a établi victorieusement le premier l'influence de l'offre et de la demande sur la hausse et la baisse des prix, en même temps qu'il expliquait les fonctions de la monnaie dans la circulation des produits. Les applications qu'il a fait de cette théorie aux billets de Banque et au papier-monnaie sont de la plus haute importance dans la pratique, et peuvent être considérées comme l'une des plus utiles conquêtes de la science.»

Quant à sa doctrine sur les impôts, elle différait aussi essentiellement de celle des physiocrates. Ceux-ci n'admettaient pas à contribuer aux dépenses publiques que les propriétaires territoriaux, seule classe de la Société qui,

---

[1] Histoire de l'Économie politique en Europe, vol. II, chap. XXXIV.

selon eux, produisait la richesse: A. Smith soumet indistinctement tous les citoyens aux mêmes obligations envers l'État; il leur exige des tributs proportionnés à leur fortune, et il dicte sagement des règles pour l'exaction et le prélèvement des impôts.

Tel est le livre de A. Smith, ci-devant cité. Il y a toute une révolution dans les idées économiques admises jusqu'alors. En effet, il ne s'agit plus de fonder la richesse sur l'abondance des métaux précieux ou sur la fécondité de la terre: à leur place, on met le travail, c'est-à-dire l'homme avec son activité, avec toutes ses facultés, dont la puissance s'augmente par la division des tâches et l'accumulation des capitaux. Les manufactures et le commerce, regardés par les physiocrates comme stériles et tributaires de l'Agriculture, deviennent aussi utiles et aussi respectables que celle-ci; ils sont élevés au rang qu'ils doivent occuper dans la Société, et on leur ouvre le chemin de la fortune, en les invitant tous à s'enrichir par l'exploitation du monde matériel et par la fusion de tous les intérêts. Balance mercantile, système restrictif, système agricole, avec ses élucubrations sur le produit net, avec ses rêves sur l'impôt unique et ses arbitraires classifications sociales, tout cède, tout tombe devant la logique sévère d'A. Smith. Ses observations sur les colonies préparent la chute du système de monopole suivi jusqu'alors; ses analyses des Banques réhabilitent le crédit; l'industrie fabrile lui doit l'abolition de presque toutes ses entraves, et le commerce extérieur les premières réductions des tarifs douaniers.

De nombreux penseurs poursuivirent cette œuvre, entre autres Malthus et Ricardo, justement réputés comme de nouveaux maîtres de la science économique.

Malthus étudia les rapports entre la population et la richesse [1], en affirmant que la première, lorsqu'elle n'est

---

[1] An essay on the principles of population.— 1798.

arrêtée par aucun obstacle, croît en progression géométrique, tandis que la seconde, dans les circonstances les plus favorables pour la production, ne peut jamais s'augmenter qu'en progression aritméthique, et quoique cette théorie, contredite par Godwin [1] et par Everett [2], soit un peu fataliste, on ne saurait nier qu'elle renferme un grand fond de vérité, de moralité et de convenance publique, en tant qu'elle fait ressortir l'infériorité de la puissance productive de l'homme par rapport à sa vertu prolifique, lui donne des conseils de prévision et de tempérance, et tend à prévenir la misère, les épidémies, la corruption des mœurs, les crimes, les guerres, les révolutions et les maux de toute espèce, qu'attire sur la Société une population excessive ou disproportionnée aux subsistances.

«La doctrine de Malthus, dit Blanqui [3], a le mérite d'avoir appelé l'attention des gouvernements, aussi bien que celle des citoyens, sur le danger des unions imprévoyantes et des secours prodigués sans discernement. Les hommes prudents ont appris à réfléchir sur les conséquences du mariage, et cet acte solennel de la vie a cessé d'être considéré aussi légèrement qu'il l'était avant que Malthus n'eût fait apprécier l'immense responsabilité qu'il impose. La Société, en se montrant plus sévère dans la distribution des secours publics, a mis chaque citoyen en demeure de pourvoir lui-même par l'épargne aux besoins de ses vieux jours et de ses jours de souffrance; et si elle n'a point encore osé, selon l'avis de Malthus, fermer les asiles ouverts à l'enfance abandonnée, elle a du moins pris des mesures pour rappeler un plus grand nombre de mères aux devoirs de la Nature, qu'elles méconnaissent, moins souvent par vice de cœur que sous l'influence de la misère.»

«Malgré les exagérations pour et contre de l'esprit de

---

1 An inquiry concerning the population.—1800.
2 New ideas on the population.—1823.
3 Histoire de l'Économie politique en Europe, chap. XXXV.

parti, dit aussi J. Garnier [1], le livre de Malthus frappa vivement tous les hommes doués d'un esprit juste, qui désiraient sincèrement améliorer le sort des masses, et appela leur attention sur le danger de la loi des pauvres. Des propositions de réformes furent faites à diverses époques, et notamment en 1817, par Mr. Samuel Withbread, en 1821 par Mr. J. Scarlett, savant jurisconsulte; mais ce ne fut qu'en 1834 que le Parlement (anglais) se décida à modifier la législation, après une enquête célèbre, qui confirma la plupart des vérités que Malthus avait proclamées.»

Après cet économiste, Ricardo vint poser, sinon résoudre, de nouveaux problèmes économiques avec sa fameuse théorie sur la rente de la terre, entrevue déjà par A. Smith, traitée en partie par Anderson [2], et plus complètement par Malthus [3], West [4], et surtout par Storch [5]. Ricardo entendait par *rente* l'excédant que l'on obtient dans la culture de la terre, après en avoir couvert les dépenses, et que les physiocrates appelaient *produit net*. Seulement ceux-ci le faisaient extensif à toute espèce de terrains, tandis que Ricardo le limitait aux plus fertiles, qui avec les mêmes frais, donnent un revenu supérieur à celui des moins fertiles, et il le regardait comme le fruit de la coopération de la Nature, tout en affirmant qu'il ne se produisait qu'à cause de l'accroissement progressif de la population, qui augmente la demande des articles de subsistance et qui exige pour y pourvoir la mise en culture de terres de moins en moins productives [6]. C'est ce qui arrive, en effet, dans les pays où, comme en Angleterre à cette époque, une politique commerciale, inspirée dans les aburdes idées protectionnistes, oblige tout le monde à s'as-

---

[1] Dictionnaire de l'Économie politique, art. Malthus.

[2] An inquiry into the corne laws.—1777.

[3] An inquiry into the nature and progress of rent.—1815.

[4] An essay on the application of capital to land.—1815.

[5] Cours d'Économie politique.—1815.

[6] The principles of political Economy and taxa ion.—1817.

sortir exclusivement des produits des terres nationales, empêchant ou difficultant par l'exaction de forts droits l'importation des produits étrangers. Mais de cela même découle la nécessité d'ouvrir le marché de chaque pays à tous les denrées, sans distinction de nationalités, et cette conséquence logique, tout en confirmant le principe du libre échange, proclamé déjà par A. Smith et les physiocrates, est un service que l'Économie doit à la théorie de Ricardo.

D'ailleurs, cette théorie a eu une grande influence sur la marche des idées économiques. Généralisée en Angleterre par Mac-Culloch [1], parfaitement exposée en France par Rossi [2], modifiée par l'économiste allemand Thünen [3], développée dans toutes ses conséquences par l'espagnol Florez Estrada [4], elle a donné gain de cause aux socialistes modernes pour nier le droit de propriété territoriale, comme l'avait nié aussi ce dernier écrivain, et elle a prévalu longtemps dans la science, jusqu'à ce que Carey [5] et Bastiat [6] ont jeté sur elle le discrédit.

Ainsi, donc, si Ricardo n'avait pas laissé après lui d'autre trace, il ne mériterait certainement la place d'honneur qu'il occupe parmi les économistes; mais il fit aussi des profondes et heureuses observations sur les procédés du crédit, sur les impôts, sur les salaires, sur les profits ou gains des entrepreneurs de l'Industrie, et ces sont de vrais titres à la reconnaissance publique.

Du reste, dans l'école smithienne ou industrielle on doit ranger aussi Torrens [7], James Mill [8], Senior [9],

---

[1] The principles of political Economy.—1830.

[2] Cours d'Économie politique.—1840.

[3] Der irsolite Staat.—1842.

[4] Curso de Economía política.—1828.

[5] The past, the present and the future.

[6] Harmonies économiques, art. Proprieté foncière et Rente.

[7] An essay on the production of wealth.—1824.

[8] Elements of political Economy.—1824.

[9] Lectures on political Economy.—1826.

Lotz [1], et plusieurs autres économistes distingués qu'il serait prolixe d'énumérer.

ÉCOLE SYNCRÉTIQUE OU HARMONIQUE. Si grande que soit la gloire d'A. Smith, il n'a pas eu celle de créer l'Économie d'un seul jet. Il avait posé sans doute les bases essentielles de cette science, mais il n'en avait pas fixé les limites ni déterminé le champ où doivent s'étendre ses recherches. L'Économie, telle qu'il la concevait, n'était que la théorie de la production des richesses; il restait de dévoiler les mystères de la distribution des profits du travail, et de faire connaître les phénomènes de la consommation des produits.

D'ailleurs, si les physiocrates s'étaient trop préoccupés de l'importance de la terre dans l'œuvre de la production, A. Smith accorda une prépondérance presque exclusive au travail; il négligea l'action de la terre et des capitaux, et en réservant la qualité de richesses aux valeurs fixées dans des substances matérielles, il ne fit pas attention à cette masse de valeurs immatérielles, filles, comme dit parfaitement Blanqui [2], du capital moral des nations civilisées, et qui forment une partie si importante de leur apanage et de leur gloire.

«Il destitua ainsi d'un trait de plume, ajoute le même écrivain [3], avocats, ingénieurs, artistes, fonctionnaires publics, tous producteurs de services réels et échangeables contre des produits matériels, puisqu'ils en vivent et qu'ils vivent bien quand ils ont assez de mérite pour se faire rétribuer noblement. Il ne s'était pas aperçu que le talent de ces hommes était un capital accumulé, très capable de donner des profits en or et en argent, et très utile à la Société, qui profite à son tour de leurs services.»

---

[1] Handbuch der Staatswirthschaftslhere.—1820.

[2] Histoire de l'Économie politique en Europe, chap. XXXIV.

[3] Ibidem.

J.-B. Say, Storch et Dunoyer se chargèrent de combler ces lacunes.

J.-B. Say commença par séparer l'Économie de la Politique et de l'Administration, avec lesquelles on la confondait souvent jusqu'alors; il en exposa les principes d'une manière claire et méthodique; il la définit comme la science, non-seulement de la production, mais encore de la distribution et de la consommation des richesses, et il créa la nomenclature adoptée après lui par tous les économistes. De plus, il donna une notion de la valeur, fondée sur l'utilité, plus ample que celle d'A. Smith, quoique non pas entièrement satisfaisante, et avec sa *théorie des débouchés* il fit voir, encore une fois, la solidarité de tous les peuples et l'harmonie de tous les intérêts, proclamée déjà par les physiocrates et par A. Smith, et que plus tard Bastiat devait défendre si éloquemment contre les attaques du socialisme [1].

«Cette belle théorie, dit Blanqui [2], toute fondée sur l'observation scrupuleuse des faits, a prouvé que les nations ne payaient les produits qu'avec les produits, et que toutes les lois qui leur défendent d'acheter, les empêchent de vendre. Aucun malheur, dès lors, n'est sans contrecoup dans le Monde: quand la récolte manque sur un point, les manufactures souffrent dans un autre; et quand la prospérité règne dans un pays, tous les voisins y prennent part, soit à cause des demandes qui en viennent, soit à cause du bon marché qui résulte de l'abondance des produits. Les nations sont, donc, solidaires dans la bonne comme dans la mauvaise fortune; les guerres sont des folies qui ruinent même le vainqueur, et l'intérêt général des hommes est de s'entr'aider, au lieu de se nuire, comme une politique aveugle les y a poussé trop longtemps. Nous commençons à comprendre les conséquences de

---

[1] Traité d'Économie politique.—1873.=Cours complet d'Économie politique pratique.—1828.

[2] Histoire de l'Économie politique en Europe, chap. XXXIII.

cette doctrine, vraiment savante et élevée, et déjà l'on peut juger, par la sollicitude des gouvernements à éviter la guerre, que les principes de J.-B. Say ont pénétré dans les conseils des rois.»

Mais le principal mérite de J.-B. Say est d'avoir entrevu la part de vérité que renfermaient les théories trop exclusives des physiocrates et d'A. Smith, et de les avoir complétées l'une par l'autre. Ainsi cet auteur chercha la source de la richesse, non-seulement dans le travail, comme A. Smith, non-seulement dans la terre, comme les physiocrates, mais dans le concours de ces deux agents, c'est-à-dire dans l'action de l'homme aidé de la Nature.

Selon lui, «les richesses se produisent au moyen de trois grandes branches qui résument tout le travail humain: l'Agriculture, l'Industrie et le Commerce. Les capitaux et les fonds de terre sont les instruments principaux de la production; par l'épargne et l'accumulation on obtient les premiers; la propriété garantit la libre action des autres. Le travail de l'homme, combiné avec celui de la Nature et des machines, donne la vie à tout cet ensemble de ressources, duquel seul émanent les richesses, qui sont le fonds commun des sociétés [1].»

Mais le travail ne s'exerce pas seulement sur la matière; il modifie aussi l'esprit de l'homme, et de là la division que J.-B. Say fit des produits en *matériels* et *immatériels*, en élargissant la sphère économique jusqu'à y comprendre toutes les industries et toutes les professions. Malheureusement, il soutint en même temps que les valeurs créées par les travaux littéraires et scientifiques ne pouvaient être accumulées, et il méconnut ainsi la portée d'une si féconde idée.

Les doctrines de J.-B. Say furent propagées en Allemagne par Rau [2], auquel on doit la division de la science économique en *théorique* et *pratique*, et la subdivision de

---

[1] Blanqui, loco citato.

[2] Lehrbuch des politischen Œconomie.—1826.

celle-ci en *Politique économique* et *Science des finances*. Il contribua ainsi à méthodiser l'Économie, et il l'exposa dans un langage clair et compréhensible, en corroborant ses principes avec de magnifiques illustrations historiques et statistiques.

Toutefois, Storch alla plus loin. A ses yeux, l'Économie a pour objet de procurer aux hommes les moyens de satisfaire leurs besoins, tant *physiques* que *moraux*, et dans l'inventaire de la richesse on doit comprendre ce qu'il nomme la *rente des talents et des qualités* [1]. Il consacre à l'analyse de cette rente la deuxième partie de son livre, intitulée *Théorie de la civilisation*, qui n'est au fond qu'un essai sur la production immatérielle, où il pressentit et tâche de montrer l'analogie qui existe entre cette production et celle des produits matériels. Ses convictions sur ce point étaient si solides que, J.-B. Say les ayant combattues, Storch publia pour les défendre un ouvrage spécial [2], qui contenait une exposition plus étendue de la doctrine dont il est question, et qui à ce titre peut être considéré comme un événement dans l'histoire de la science.

Ferrara soutint aussi que tout travail est en même temps matériel et immatériel, par conséquent productif [3].

Herrmann [4] démontra la productivité des services de l'État, et ses idées donnèrent naissance à une nouvelle théorie sur le crédit public.

Mais la démonstration complète, et à notre avis irréfutable, du caractère économique que possèdent les produits immatériels, de même que les matériels, se doit à Ch. Dunoyer [5]. C'est cet économiste qui, le premier,

---

[1] Cours d'Économie politique.—Édition française.—1823.

[2] Considérations sur la nature du revenu national.—1824.

[3] Importanza della Economia politica e conditione per cultivarla, etc. —1849.

[4] Staatswirthschaft untersuchubgen.—1832.

[5] Liberté du travail.—1845.

a su donner à l'Économie l'étendue qui lui est propre, en soumettant à ses lois toutes les industries, tant objectives que subjectives ou anthropologiques, et en suggérant le critérium pour en fixer le concept et tracer les limites.

«Comme A. Smith, le vrai fondateur de la science économique, et comme les célèbres continuateurs qui ont travaillé après lui au développement de cette science, Mr. Dunoyer en faisait reposer les principes sur la création des valeurs par le travail de l'homme, et sur leur opportune distribution par la liberté des échanges. Mais, dans son zèle à la fois enthousiaste et raisonné, pour le travail humain, il en réclamait plus que la liberté et en voulait l'universalité. L'Économie politique étant la science des valeurs créées par le travail, le travail dans son action libre et multipliée s'étendant à tout, l'Economie politique l'embrassait dans ses plus diverses applications, que ce travail s'éxerçât sur les choses de l'esprit ou sur les choses de la matière; qu'il eût pour objet les pensées du génie, les œuvres des arts, les actes des gouvernements ou les produits de l'Industrie. L'esprit ne produit-il pas des idées profitables aux hommes et des découvertes fécondes en richesses; les arts ne produisent-ils pas pour eux, avec de doux agréments, de précieux avantages; les gouvernements ne produisent-ils pas de la sécurité publique et de la justice sociale, dont le mérite se mesurait et la valeur se payait, comme la culture de la terre et la pratique de l'Industrie produisaient des fruits nécessaires à leur subsistance et des objets utiles à leur service? Hardi dans ses assertions et très habile à les défendre, Mr. Dunoyer soutenait que toute valeur créée relevait de la science économique, que toute utilité produite rentrait dans ses cadres pour être soumise à ses lois [1].»

---

[1] Mignet.—Notice historique sur la vie et les travaux de Mr Ch. Dunoyer.—Journal des économistes, mai 1873.

L'Économie est restée ainsi définitivement constituée, et l'on peut dire que Dunoyer est, avec Storch et J.-B. Say, le fondateur de l'école qui y prévaut aujourd'hui et que nous avons appelée syncrétique ou harmonique.

On doit rapporter à cette école celle qu'on nomme en Allemagne *manchestérienne* ou de Manchester, dont le chef, le grand Cobden, et ses nombreux adeptes n'ont fait que propager, avec autant de gloire que de succès, le principe du libre-échange, professé par tous les économistes, tant physiocrates que smithiens et syncrétiques. Elle compte aussi, parmi plusieurs autres, que nous omettons pour ne pas être prolixes et parce que ce n'est pas notre propos de faire un livre de bibliographie, des écrivains aussi illustres que Rossi [1], Bastiat [2], Chevalier [3], J. Garnier [4], F. Passy [5], Coquelin [6] et Leroy Beaulieu [7], en France; Broukère [8] et Molinari [9], en Belgique; Macleod [10] et Fawcett [11], en Angleterre; Cherbuliez [12] et L. Walras [13] en Suisse; Prince-Smith [14], Oppeneim [15], Max Wirth [16] et Schulze-Delitzsch [17], en Allemagne; Fer-

---

[1] Cours d'Économie politique.—1835-36.

[2] Harmonies économiques.—1850.

[3] Cours d'Économie politique.—1842-50.

[4] Traité d'Économie politique.—1866.

[5] De la contrainte et de la liberté.—1860.

[6] Du crédit et des banques.—1848.

[7] Traité des finances.—1879.

[8] Principes généraux d'Économie politique.—1851.

[9] Cours d'Économie politique.—1855.

[10] Dictionary of political Economy.—1850.

[11] Free trade and protection.—2.° édition.—1879.

[12] Précis de la science économique et de ses principales applications.—1862.

[13] Eléments d'Économie politique pure.—1874.

[14] Reutzsch's Wörterbuch.—1870.

[15] Der kateder socialismus.—1872.

[16] Die sociale frage.—1872.

[17] Die abschaffung des gescäftlichen bisiko, durch Herr Lassalle.—1866.

rara [1], Minghetti [2] et Ciconne [3], en Italie; Madrazo [4], Sanromá [5], Carballo [6], et Melchor Salvá [7], en Espagne.

Du reste, les doctrines de l'école syncrétique ou harmonique peuvent être résumées comme il suit.

Les économistes de cette école commencent par séparer soigneusement l'ordre économique des autres ordres ou sphères de l'activité humaine, et regardent l'Économie comme une science aux principes propres, quoique subordonnés dans la pratique à ceux de la Morale et corrélatifs avec ceux de la Sociologie et du Droit.

Pour eux le monde économique, comme le monde moral ou spirituel, dont il fait partie, est régi par des lois naturelles, universelles et éternelles, de même que le monde physique ou matériel, avec cette différence, que les lois du premier sont seulement nécessaires, c'est-à-dire que, quoiqu'elles s'accomplissent en définitive, cet accomplissement est volontaire pour l'homme, qui peut les enfreindre temporellement ou pendant quelque temps, tandis que celles du second sont fatales et elles se réalisent sans aucune interruption, indépendamment de la volonté humaine.

Ils distinguent dans l'homme le caractère individuel, c'est-à-dire d'individu avec une vie propre, avec un organisme complet, et le caractère social, c'est-à-dire de membre ou partie intégrante de la société humaine.

Pour eux, enfin, l'homme est une activité sensible, rationnelle, libre et responsable de ses actes, destinée par la Providence à réaliser son propre bien, d'accord avec ses semblables, auxquels il est naturellement associé.

---

[1] Principi di Economia sociale.—1850.

[2] Des rapports de l'Économie publique avec la Morale et le Droit.—Édition française.—1863.

[3] Principi di Economia politica.—1874.

[4] Lecciones de Economía política.—1876.

[5] Política del taller.—1876.

[6] Curso de Economía política.—1855.

[7] El salario y el impuesto.—1881.

De ces principes ils déduisent les conséquences suivantes:

L'homme réalise son propre bien librement et sous sa responsabilité;

La réalisation du bien est pour l'homme nécessaire;

Cette nécessité se manifeste dans l'ordre économique par de véhéments désirs, qui prennent le nom de *besoins*;

L'activité humaine se charge de les satisfaire, stimulée par l'amour que l'homme ressent pour son bien propre, et qui se nomme *intérêt personnel*;

De sorte que l'intérêt personnel est le mobile des actes purement économiques;

L'intérêt personnel s'harmonise avec l'intérêt général, sous l'influence d'un principe supérieur, qui est le devoir ou le bien absolu; tous les intérêts sont solidaires ou harmoniques;

L'action ou l'exercice de l'activité humaine pour la satisfaction de ses besoins constitue le *travail*, et au moyen de celui-ci, et avec le concours de la Nature, l'homme acquiert toutes les choses qui servent à son bien, et qui à ce titre se nomment des biens ou des *richesses*, et lorsqu'elles s'emploient comme instruments ou auxiliaires du travail elles s'appellent *capital*;

Le capital n'est que la produit accumulé du travail, et partant il possède les mêmes vertus ou qualités économiques que celui-ci;

La liberté est une condition naturelle et nécessaire de l'activité économique, comme de toute activité humaine;

Le travail est essentiellement libre, et par conséquent il doit l'être de fait dans toutes ses applications, telles que la formation ou production de la richesse, la distribution, l'échange et la consommation des produits;

De là la libre disposition des biens économiques, acquis par le travail (droit de propriété), la liberté d'association productive, de commerce, de crédit, de contractation de tous les services et de toutes les formes de les rétribuer (salaire, dividende, profit, rente, loyer, intérêt, etc., etc.);

La manifestation de ces libertés dans l'ordre économique se nomme *concurrence*;

Ni les lois positives, ni les mœurs ni les actes de personne doivent les contrarier ou les restreindre en quoi que ce soit;

L'usage, bon ou mauvais, sage ou vicieux, que l'homme peut en faire, n'a pas d'autre sanction que la responsabilité inhérente à la liberté elle-même, et qui se révèle dans l'ordre économique par la richesse ou par la misère;

Enfin, la mission de l'État dans cet ordre et de son représentant, le Gouvernement, c'est de garantir la liberté à tous les individus et à tous les organismes sociaux.

Comme on le voit, ces doctrines ne sont qu'une synthèse de celles que professaient les physiocrates et A. Smith, et partant il y a un parfait accord sur les principes fondamentaux de l'Économie entre l'école syncrétique et les écoles physiocratique et industrielle qui la précedèrent, quoique elles diffèrent dans les applications de ces principes. Voilà pourquoi nous avons dit que ces trois écoles ne sont que des évolutions successives de la science, et nous les avons rattachées à une seule, nommée *école économiste*. Les socialistes de la chaire la dénominent *orthodoxe*, en reconnaissant ainsi qu'elle se trouve en possesion des vérités économiques admises universellement.

Maintenant on doit ajouter qu'on fait souvent des économistes deux groupes qu'on qualifie aussi d'écoles, l'une *radicale*, qui professe les principes ci-devant exposés dans toute leur intégrité et qui prétend qu'on les applique absolument, et l'autre *éclectique*[1], que, présumant de choisir le meilleur entre tous les systèmes, admet des exceptions dans la théorie, et dans la pratique des modifications ou des ajournements. Parmi les radicaux on peut ranger la grande majorité des économistes modernes, à laquelle nous appartenons nous mêmes, ainsi que Pastor,

---

[1] Du mot grec *ekleyn*, je choisis.

Figuerola, Madrazo, Sanromá, Echegaray, Moret, G. Rodriguez, Bona et tous les écrivains espagnols qui se sont occupés de nos jours de matières économiques, avec de rares exceptions. Parmi les éclectiques, Blanqui [1] énumère Storch [2], qui à notre avis n'a rien de tel, Ganilh [3], Laborde [4] et Florez Estrada [5], auxquels nous ajouterons Colmeiro [6]. Mais ces derniers écrivains ne sont point d'accord dans leurs doctrines, et partant on ne peut pas dire qu'ils forment une école.

On divise encore les économistes en *individualistes* et *sociétaires* ou *sociaux*, selon l'importance qu'ils donnent respectivement au but individuel et au but social dans la direction de l'activité économique, et on attribue aux premiers la prétention de subordonner les intérêts généraux ou de la Société aux intérêts de l'individu ou particuliers. Mais c'est une erreur, et cette division n'a pas de raison d'être, parce que les individualistes, comme les sociétaires, professent les mêmes opinions, et s'ils diffèrent en quelque chose c'est seulement dans l'étendue avec laquelle ils traitent telle ou telle partie de la science. Cependant, parmi les premiers on cite Bastiat [7] et Molinari [8]; parmi les seconds Droz [9] et Dunoyer [10].

Les deux tendances contraires qui se disputent le champ de la philosophie moderne, sous le nom de positivisme et d'idéalisme, ont pénétré aussi dans l'Économie, et de là la division des économistes en *positivistes* et *idéalistes*.

---

[1] Ouvrage cité.

[2] Ouvrage cité.

[3] Théorie de l'Économie politique.—Systèmes de l'Économie politique.—1822.

[4] De l'esprit d'association.—1818.

[5] Ouvrage cité.

[6] Tratado elemental de Economía política ecléctica.—1845.

[7] Ouvrage cité.

[8] Ouvrage cité.

[9] Économie politique.—1829.

[10] Ouvrage cité.

D'après Madrazo [1], l'idéalisme économique est représenté en France par Droz, Wolowski, Renouard, Baudrillart, V. Modeste, F. Passy, Rapet, Rondelet, Dameth et J. Pautet, et le positivisme par Fontenay, Courcelle-Seneuil, Mannequin, Dupuit, J. Garnier et P. Lafitte. Dans le reste d'Europe, il cite comme idéaliste l'italien Minghetti et comme positiviste l'anglais J. Stuart Mill.

On fait encore une autre division des économistes selon la méthode qu'ils emploient dans les recherches économiques, et on les groupe en deux écoles, nommées *philosophique* et *historique*, comme celles qui ont existé dans la science du Droit, dirigées respectivement par Gans et Savigny. La première s'appuie de préférence sur l'expérience, et la seconde sur le raisonnement. Roscher [2] et Hildebrand [3] figurent à la tête de l'école historique: Rossi [4] est regardé comme le chef de l'école philosophique.

En outre, Madrazo [5] nous parle de trois autres écoles économiques, qu'il dénomine *fataliste, critique* et *philanthropique.*

L'école fataliste, dit-il, est formée par quelques disciples de Malthus qui ont exagéré sa théorie, en supposant que la population excède toujours des moyens de subsistance, et partant qu'une grande partie du genre humain est condamnée fatalement à la misère.

L'école critique ou sentimentaliste combat l'organisation actuelle de l'Industrie, décrit avec de sombres couleurs la condition des classes ouvrières, déplore les effets des machines, de la concurrence et de la division du travail, et proclame la nécessité de l'intervention des gouvernements dans la production de la richesse. Le fondateur de cette école est Sismondi, et Mr. Madrazo y fait figurer,

---

[1] Lecciones de Economía política.—Leçon XCVI.
[2] Ouvrage cité.
[3] Système der Wolkswirtscaft.—1860.
[4] Der national Œconomie —1847.
Ouvrage cité.

entre autres écrivains, Shäffle, Karl Marx et Schonberg.

L'école philanthropique, qui prétend monopoliser le titre de chrétienne, a plusieurs points de contact avec l'antérieure, dont elle diffère seulement en ce qu'à ses yeux il n'y a d'autres moyens efficaces de soulager les maux de la société moderne que la résignation des pauvres et la charité des riches. Les représentants de cette école sont Villeneuve-Bargemont [1] et Périn [2].

Mais nous ne pouvons accepter cette classification de Mr. Madrazo. Pour nous, les économistes qu'il nomme *fatalistes* ne forment pas une école, car ils sont peu nombreux et leurs doctrines n'ont pas eu de prosélytes. Parmi ceux qu'il qualifie de *critiques* il n'y a pas d'unité de vues; quelques-uns sont socialistes comme Karl Marx, et d'autres, comme Schonberg, économico-socialistes. Enfin, ceux qu'il appelle *philantrhopes* doivent être rangés dans cette dernière catégorie.

La division que le même auteur fait des économistes en *libéraux* et *autoritaires* ou règlementaristes, nous semble encore moins admissible. On leur donne ces noms selon qu'ils défendent la liberté de l'Industrie ou la necessité de l' intervention de l'État dans l'exercice de celle-ci; mais, à notre avis, tous les économistes sont libéraux, et ceux qui ne le sont pas appartiennent, plutôt qu'à l'école économiste, à quelqu'une des infinies sectes ou variétés du socialisme.

## § 2.—ÉCOLE SOCIALISTE.

On donne le nom générique de *socialisme* à tout système qui, annulant l'individu devant la Société et la Société devant l'État, confond le but économique avec le but social et celui-ci avec le but politique, et prétend les réa-

---

[1] Économie politique chrétienne.—1829.

[2] La richesse dans les sociétés chrétiennes.—1849.

liser tous par l'action du Gouvernement et de la force publique.

Le socialisme nie ou méconnaît les principes fondamentaux de l'Économie, ci-dessus exposés, et partant il peut être regardé comme l'antithèse de cette science.

Ainsi, pour lui, l'homme n'est pas un tout complet et harmonique, c'est-à-dire, individu en même temps que membre de la société humaine ou Humanité; il n'est qu'une partie de cette société, une molécule du corps social. Il se trouve, donc, absolument subordonné à la société dont il relève, comme la partie est subordonnée au tout; il vit seulement par elle et pour elle; il n'a rien qui lui soit propre; tout ce qu'il possède est commun au reste des hommes, et ceux-ci peuvent le lui exiger, en qualité de co-participants, selon qu'il convienne aux buts sociaux.

De plus, pour le socialisme, tout mobile individuel, comme l'intérêt personnel, est faux ou vicieux; il n'enfante que des discordes et des antagonismes; et il doit être proscrit ou condamné, en lui substituant le sentiment de la solidarité ou la fraternité, c'est-à-dire, l'intérêt général.

Enfin, d'après ce système, aucune société formée librement et spontanément ne peut s'organiser d'une manière conforme à l'utilité et à la justice; il n'y a pas un seul organisme social régi par des lois naturelles; ces lois n'existent pas, surtout dans la sphère économique, ou si elles existent, elles ne conduisent qu'à l'exploitation des faibles par les forts, à l'opulence de quelques-uns et à la misère du plus grand nombre; la seule organisation possible, ou au moins légitime, des sociétés humaines est celle que leur donne l'État, arbitre suprême de leurs destinées, créateur et définisseur du droit, promoteur de la culture et la prospérité publiques, représentant de tous les intérêts, tant individuels que collectifs.

Tels sont les principes sur lesquels semblent être d'accord, d'une manière tacite ou expresse, tous les socialistes. Mais lorsqu'il s'agit de leurs applications, qu'elles soient pratiques ou simplement spéculatives, les divergences éclatent, et l'école principale se divise en plusieurs écoles secondaires, si nombreuses et si différentes qu'il est difficile de les soumettre à une classification scientifique. Nous tâcherons, cependant, de le faire, en distinguant ces écoles par les doctrines qui spécialement les caractérisent.

D'abord, on peut former deux grands groupes de socialistes, que nous apellerons *socialistes radicaux* et *socialistes éclectiques*, selon qu'ils acceptent toutes les conséquences logiques des principes que nous venons d'exposer, ou seulement une partie d'elles. Ces conséquences sont:

Égalité absolue de tous les hommes, tant dans l'ordre politique, ou comme citoyens, que dans l'ordre économique, ou comme producteurs et consommateurs;

Négation des droits personnels ou individuels, liberté, propriété, hérédité;

Association forcée;

Absortion complète de l'individu dans la Société et de celle-ci dans l'État;

Toute-puissance de l'Autorité sociale.

Les socialistes radicaux prétendent organiser l'Humanité sur ces bases, en détruisant ou altérant essentiellement les grands organismes sociaux, Famille, Municipe, Nation, Église et Industrie, et ne s'arrêtant pas pour la plupart devant la communauté de biens, ce qui leur a valu le nom de *communistes*.

Ils diffèrent cependant quant à la nouvelle organisation qu'on doit donner aux sociétés humaines, tellement que chacun d'eux en propose une spéciale, et on peut dire qu'il y a, dans le socialisme radical, autant de plans d'organisation sociale [1], que de maîtres ou chefs de l'école.

---

[1] Ces plans se nomment en général *utopies socialistes*, du nom d'*Utopie*, donné par Th. Morus à celui qu'il imagina et qui en effet peut être appliqué à tous, puisque le mot *utopie* veut dire *nulle part*, et que nulle part les chimériques conceptions du socialisme ne seraient réalisables.

Nous ne nous arrêterons pas ici à les exposer, parce que cela nous menerait loin de notre objet [1]. Nous ferons seulement mention des ouvrages les plus remarquables qui les contiennent et des noms de leurs auteurs. Voilà les uns et les autres.

Platon. = «De la république.» — «Les lois.»

Th. Morus. = «Utopie,» 1566.

Campanella. = «La cité du Soleil,» 1637.

Morelli. = «Code de la Nature,» 1755.

Mably. = «Traité de la Législation,» 1776.

Brissot de Warville. = «Recherches philosophiques sur le droit de propriété et le vol,» 1780.

Owen. = «Le livre du nouveau monde moral,» 1818.

Fourier. = «Le mouveau monde industriel,» 1829.

P. Leroux. = «De l'Humanité,» 1840.

Cabet. = «Voyage en Icarie,» 1848.

C'est au socialisme radical qu'appartinrent aussi, par leurs croyances, leurs pratiques ou leur constitution politique, les républiques de Crète et de Lacédémone ou Sparthe, ainsi que les communautés des Pythagoritiens, des Esséniens et des Thérapeutes, dans l'Antiquité; celles des Frères Moraves et des Jésuites du Paraguay, et les sectes des Pélagiens, des Vaudois, des Albigeois, des Lollards, des Hussites et des Anabaptistes, dans les temps modernes [2].

Les socialistes éclectiques, partant, comme il a été dit, des mêmes principes que les radicaux, s'écartent de ceux-ci en ce qu'ils n'attaquent pas, au moins d'une manière directe, les grands organismes sociaux, et qu'ils se bor-

---

[1] Plusieurs écrits ont été consacrés à cette exposition, et entre autres "l'Histoire du communisme," de A. Sudre, les "Études sur les réformateurs modernes," de L. Reybaud, et les études sur le socialisme publiées par Mr. Thonissen, sous les titres: "Le socialisme et ses promesses," "Le socialisme dans le passé" et "Le socialisme depuis l'Antiquité jusqu'à la Constitution française de 1852."

[2] Voir sur ce point les ouvrages ci-dessus cités de Sudre, de Reybaud et de Thonissen.

nent à modifier plus ou moins profondément celui de l'Industrie. Ils se subdivisent aussi en plusieurs sectes, dont les plus remarquables sont les suivantes.

Celle de Saint-Simon, qui, sous le nom d'*Industrialisme*, imagina un système, où la Société devait être organisée d'une manière hiérarchique, selon le degré des capacités, en plaçant à sa tête un pontife suprême, qui serait le plus capable, et qui se chargerait d'assigner à chacun la tâche qu'il devait accomplir et la rétribution qui lui en serait due. Le principe capital de la doctrine saint-simonienne se résumait dans cette formule: *à chacun selon sa capacité, à chaque capacité selon ses œuvres* [1].

Celle de Proudhon qui, après avoir critiqué tour à tour les doctrines socialistes et les économistes, en combattant le communisme en même temps que le capital et la propriété, semble adopter, comme formule sociale, la possession, l'égalité absolue et l'anarchie [2].

Celle de Victor Considérant, disciple de Fourier, qui en compensation de la propriété de la terre, qu'il regardait comme une usurpation faite par les propriétaires à la communauté sociale, demandait le *droit au travail*, c'est-à-dire le droit des non-propriétaires à obtenir une occupation lucrative, et l'obligation de la Société, ou de son représentant l'État, de la leur procurer à ses dépens [3].

Celle de Louis Blanc, qui veut que le Gouvernement, investi d'un grand pouvoir, soit le régulateur suprême de la production industrielle et qu'il établisse, avec des capitaux empruntés, des ateliers nationaux dans les branches les plus importantes de l'Industrie [4].

Il faut cependant remarquer qu'entre le socialisme éclectique et le socialisme radical il n'y a en réalité qu'une

---

[1] L'Organisateur, 1820.—Du système industriel, 1821.

[2] Qu'est ce que la propriété, 1840.—De la création de l'ordre dans l'Humanité, 1843.—Système des contradictions économiques, 1848.

[3] Théorie du droit de propriété et du droit au travail.—1849.

[4] Organisation du travail.—1839.

question de logique, puisque, si le premier s'arrête devant l'abolition de la famille et de la communauté des biens, que proclament presque tous les adeptes du second, c'est seulement par une heureuse inconséquence. Et, en effet, l'inconséquence est toujours, comme dit très-bien Bastiat, la limite de l'absurde.

On a vu encore surgir de nos jours une autre espèce de socialisme, nommé *collectivisme*, qui prétend enrôler les classes ouvrières dans une vaste association universelle, où les entrepreneurs de l'Industrie étant suprimés, chaque associé pourrait percevoir, dans la distribution des produits, outre la part du travail, celle que le capital se réserve aujourd'hui. Cette secte, sur laquelle nous donnerons plus tard d'autres détails, se divise en deux partis: le *collectivisme autoritaire*, qui demande à l'État les fonds nécessaires pour organiser la coopération ouvrière, comme un moyen transitoire pour arriver à ce qu'il apelle l'*association intégrale*, et le *collectivisme anarchique*, qui, en visant au même but, proclame la solidarité universelle, l'abolition de l'hérédité et des nationalités, et n'accorde à l'État que des fonctions administratives [1].

Ferdinand Lassalle [2] a été le fondateur du collectivisme autoritaire.

A la tête du collectivisme anarchique se placent Karl Marx [3] et Bakounine, quoique celui-ci s'est distingué, plutôt que par ses écrits, par ses menées révolutionnaires.

Du socialisme collectiviste relève aussi l'*Internationale*, association des travailleurs de toutes les nations, qui s'est propagée par l'Europe et par l'Amérique du Nord, et qui a réuni un grand nombre d'affiliés, dont les uns suivent les inspirations de Karl Marx et de Lassalle, et les autres

---

[1] Pour plus de renseignements sur cette secte, voir Cusumano, "Le scuole economiche della Germania," chap. IV.

[2] Das system der erworbenen Rechte.—1861.

[3] Das kapital.—1867.

celles de Bakounine. Les partisans de ce dernier dominent sourtout en Russie, où ils sont connus sous le nom de *nihilistes*.

## § 3.— ÉCOLE ÉCONOMICO-SOCIALISTE.

Entre l'économisme et lé socialisme, entre l'école économiste et l'école socialiste, il y a de la place pour un grand nombre d'écoles et de doctrines, de même qu'il y en a aussi pour un grand nombre de gradations entre la vérité et l'erreur, ou de couleurs et de nuances entre la lumière et les tenèbres. Ces écoles se sont produites, comme il fallait s'y attendre, vue la diversité des jugements humains, et nous allons en rendre compte, sous le nom d'école économiques-socialistes, quoique d'une manière légère, comme il convient à l'objet de notre travail.

ÉCOLE PROTECTIONNISTE. Cette école se rattache au socialisme, en ce qu'elle regarde l'État comme le régulateur des intérêts sociaux, et qu'elle fait consister le but économique dans la production de la richesse, sans s'arrêter à la consommation ou à l'emploi qu'on en fait. Partant de ces principes, elle soutient que le Gouvernement doit protéger la industrie nationale, soit dans toutes ses branches, tellement que chaque nation se suffise à elle-même, soit seulement dans celles qui sont stationnaires ou arriérées, faute d'éléments propres pour leur développement, ou parce qu'elles ne peuvent faire face à la concurrence étrangère.

La protection dont il s'agit peut être directe ou indirecte.

Elle est directe lorsqu'elle consiste en subventions, récompenses, exceptions ou priviléges, accordés à l'industrie nationale.

Elle est indirecte lorsqu'elle se réalise au moyen des tarifs douaniers, en interdisant l'importation des denrées étrangers similaires aux nationaux que l'on veut protéger, ou en difficultant cette même importation par l'imposition sur les premières de forts droits, qui les renchérissent au marché intérieur par rapport aux secondes.

Les protectionnistes fondent leurs prétentions sur ce que tout développement de l'Industrie, quelque couteux qu'il soit pour l'État qui le protège à ses dépens, est avantageux pour la Nation, parce qu'il procure des occupations lucratives aux classes laborieuses, y répand l'aisance et le bien-être et augmente ainsi la richesse générale.

Aussi ils regardent la protection officielle comme une œuvre patriotique, et ils accusent leurs adversaires d'utopistes et d'ennemis de la patrie. Le patriotisme: voilà le grand argument qu'ils invoquent à l'appui de leur système; comme si ce noble sentiment avait quelque chose à voir avec l'égoïsme des industriels ou des producteurs de toute espèce, qui ne savent pas ou ne peuvent pas produire économiquement, c'est-à-dire, bien et à bon marché.

Mais ce n'est point notre propos de réfuter ici le protectionnisme, mais de le faire connaître dans les doctrines qui le caractérisent, comme toutes les autres écoles économiques, et nous croyons qu'il suffit pour cela de ce qu'il en a été dit.

Nous ajouterons seulement que ce système a eu pour défenseurs, entre autres écrivains moins remarquables, Canard [1], Cazaux [2], Saint-Chamans [3], Lestiboudois [4], Carey [5], Dumesnil-Marigny [6], et l'illustre à tant d'autres égards, A. Thiers [7], et qui, malgré les brillantes impugnations dont il a été l'objet de la part des économistes, malgré les féconds résultats qui ont été obtenus de l'introduction, encore partielle et incomplète, du libre-échange dans

[1] Principes d'Économie politique.—1801.

[2] Bases fondamentales de l'Économie politique.—1826.

[3] Du système d'impôt, fondé sur les principes de l'Économie politique.—1820.

[4] Économie politique des nations.—1847.

[5] The harmony of interests agricultural, manufacturing and commercial.—1815.

[6] Les libres échangistes et les protectionnistes conciliés.—1860.

[7] Voir la collection de ses discours.

le régime commercial de quelques nations de l'Europe, il compte encore plusieurs partisans, surtout dans les villes manufacturières et parmi les hommes politiques qui se sont faits les représentants de leurs intérêts, ce qui s'explique parfaitement par l'esprit égoïste de classe et de parti, ainsi que par l'ignorance générale qui règne encore en matières économiques.

Du reste, á l'école protectionniste on doit rattacher le nommé *système national d'Économie politique*, que le docteur List propagea en Allemagne il y a une quarantaine d'anneés, et qui peut être regardé comme la plus haute expression scientifique du protectionnisme. Voici en résumé ce système [1].

La nationalité est un tout distinct par la langue, par le territoire et par les frontières; sa conservation constitue le but principal des citoyens; on doit, donc, faire une division nationale du travail, au lieu d'une division internationale, et une confédération des *forces productives* de chaque nation. C'est dans le développement de ces forces, et non pas dans la quantité des valeurs en échange, que consiste la richesse nationale, et à ce développement doivent se consacrer tous les pays, de préférence à la production des valeurs échangeables.

Les forces productives nationales sont au nombre de trois, d'après List; l'agriculture, les arts et le commerce; entre elles la seconde occupe la place la plus importante. Si la nation se trouve dans la zone favorable à la culture des arts, elle parcourt quatre degrés de développement: 1.° pâturage; 2.° agriculture; 3.° agriculture et manufacture; 4.° agriculture, manufacture et commerce. Toute transition d'un degré à un autre exige certaines conditions, et le problème politique-économique consiste à la rendre facile et avantageuse. C'est pour cela que lorsqu'une nation n'est pas encore arrivée à un degré de développement

---

[1] Das nationale system der politischen Œconomie.—1841.

égal à celui des autres, ou ce qui revient au même, lorsqu'elle n'a pas les conditions nécessaires pour faire face à la concurrence étrangère, il faut que l'État les lui procure au moyen des *droits protecteurs*.

List suppose que les échanges ne sont avantageux que lorsqu'ils s'effectuent en dedans des frontières de chaque nation, ou, selon ses propres mots, entre des provinces ou des États déjà associés, et que de cette association découle précisement l'union commerciale. Si, au contraire, dit-il, l'association des pleuples commençait par cette union, la liberté du commerce enfanterait l'asservissement des uns par les autres. Cependant, il avoue en même temps que, si la plus haute association des individus, actuellement réalisée, est celle de l'État ou la Nation, la plus parfaite qu'on puisse imaginer c'est celle du genre humain.

«De même, ajoute-il [1], que l'individu est beaucoup plus heureux au sein de l'État que dans l'isolement, toutes les nations seraient beaucoup plus prospères, si elles étaient unies ensemble par le droit, par la paix perpétuelle et par la liberté des échanges. La Nature mène peu à peu les nations vers cette association suprême, en les invitant, par la variété de climats, de terrains et de productions, à l'échange; par le trop-plein de la population et la surabondance des capitaux et des talents, à l'émigration et à la fondation des colonies. Le *commerce international*, en éveillant l'activité et l'énergie par les nouveaux besoins qu'il crée, en propageant d'une nation à l'autre les idées, les découvertes et les forces, est l'un des plus puissants instruments de la civilisation et de la prospérité des peuples. Mais aujourd'hui l'union des peuples, au moyen du commerce, est encore très-imparfaite, car elle est interrompue ou du moins affaiblie par la guerre ou les mesures égoïstes de telles et telles nations. Par la guerre une nation

[1] Loco citato. — Introduction.

peut être privée de son indépendance, de ses biens, de sa liberté, de sa constitution et de ses lois, de son originalité propre et en général du degré de culture et de bien-être qu'elle a déjà atteint; elle peut être asservie. Par les mesures égoïstes de l'étranger, elle peut être troublée ou retardée dans son développement économique.»

«Il en est des communes et des provinces, comme des individus. Il faudrait être insensé pour soutenir que l'union commerciale est moins avantageuse que les douanes provinciales aux États-Unis de l'Amérique du Nord, aux provinces de la France et aux États de la Confédération germanique. Les trois royaumes unis de la Grande Bretagne et de l'Irlande offrent un exemple éclatant et décisif des immenses résultats de la liberté du commerce entre les peuples associés. Qu'on se repprésente une association semblable entre toutes les nations du Globe, et l'imagination la plus vive ne saurait se figurer la somme de bien-être et de jouissances qu'elle procurerait au genre humain [1].»

List reconnaît, donc, que le système de liberté commerciale, qu'il appelle *de l'école*, «repose sur une idée vraie, idée que la science doit admettre et élaborer pour remplir sa mission, qui est d'éclairer la pratique, idée que la pratique ne peut méconaître sans s'égarer [2];» mais en même temps il prétend fonder la science, non pas sur un *cosmopolitisme vague*, mais sur la nature des choses, sur les leçons de l'Histoire et sur les besoins des nations. Or, la même chose ont fait les économistes, de sorte que le point de départ du novateur, comme dit parfaitement J. Garnier [3], n'a rien d'extraordinaire, et il s'agit seulement de savoir s'il a observé mieux qu'eux cette nature, ses leçons et ses besoins, ce qu'on peut nier d'abord en absolu.

---

[1] Ibidem, livre II, chap. I.

[2] Ibidem.

[3] Dictionnaire de l'Économie politique, art. List.

List croit avoir fait une autre découverte: celle de la théorie des *valeurs échangeables* et des *forces productives*. Par valeurs échangeables, il entend les produits, la richesse; par forces productives, les causes de la richesse, les moyens du travail, l'industrie. A ce propos, il affirme que les économistes n'ont pas su distinguer les unes des autres, et il leur fait de singuliers reproches, comme ceux d'avoir borné leurs recherches à la richesse matérielle et d'avoir méconnu l'importance des moyens d'améliorer chez une nation les instruments physiques et intellectuels de son travail, ce qui est absolument inexact et révèle une grande ignorance ou un parti pris pour défigurer la vérité.

List a aussi la prétention d'avoir émis sur la division du travail des idées nouvelles [1], inaperçues pour A. Smith, et il dit à ce propos:

«La division internationale du travail, aussi bien que la division nationale, dépend en grand partie du climat et de la Nature. On ne peut dans tous les pays produire du thé comme en Chine, des épices comme à Java, du coton comme à la Louisiane, du blé, de la laine, des fruits et des objets fabriqués comme dans les contrées de la zone tempérée. Une nation serait insensée de vouloir obtenir, par la division nationale du travail ou par la production indigène, des articles pour lesquels elle n'est pas douée par la Nature, et que la division internationale du travail ou le commerce extérieur pourra lui procurer meilleurs et à bas prix; mais elle trahirait un manque de culture ou d'activité, si elle n'employait pas toutes les forces mises à sa disposition pour satisfaire ses propres besoins et pour acquérir, au moyen d'un excédant de production, les objets que la Nature a refusés à son sol.»

Où l'on voit que dans la prétendue théorie de List sur la division du travail il n'y a rien qui n'ait été dit avant lui par A. Smith et ses disciples, et qu'en résumé, le sys-

---

[1] Loco citato.

tème d'*Économie politique nationale* n'est qu'un amalgame indigeste, comme le qualifie très-exactement J. Garnier, des idées exclusivistes en matière de Politique et d'Économie, idées auxquelles son auteur ne se montre pas toujours fidèle, puisqu'il dit positivement que la liberté des échanges est l'étoile polaire qui doit guider les nations; de sorte que c'est seulement avec beaucoup de réserves que l'école protectionniste peut adopter pour son usage ce systéme, et en fin de compte, le docteur List est plutôt un adversaire qu'un partisan des idées restrictives, telles qu'elles se soutiennent et se pratiquent encore de nos jours.

ÉCOLE SOCIALISTE DE LA CHAIRE. On apelle ainsi, d'après la définition d'un de ses adeptes[1], une nouvelle école fondée par quelques professeurs d'Économie politique des Universités allemandes, qui, suivant les inspirations du positivisme et du réalisme contemporains, ont entrepris la réfutation du principe absolu du *laissez faire* dans l'ordre économique, ainsi que la critique de certaines théories soutenues par les économistes qu'ils qualifient de *smithiens*, radicaux ou partisans de la ligue de Manchester et du libre-échange[2].

L'époque de l'apparition de cette école est toute recente; elle ne date que de 1870, et elle s'est produite à l'occasion des disputes survenues en Allemagne entre les économistes et les socialistes sur les moyens de donner une solution à la *question sociale*, que personne n'a pas encore posée d'une manière précise, mais qui semble consister dans la nécessité d'améliorer le sort des classes ouvrières ou prolétaires, en diminuant ou en empêchant les fréquents

---

[1] Cusumano.—Le nouve scuole economiche della Germania, chap. II.

[2] Le nom de *socialisme de la chaire* fut donné a cette école par le savant économiste allemand Oppenheim (*Der kateder socialismus*, 1872), et avec ce nom elle est connue dans le monde scientifique. Cependant ses adeptes l'appellent *école réaliste*, par opposition à celle d'A. Smith, qu'ils qualifient d'*école idéaliste* et *abstraite*.

antagonismes qui se produisent, non pas entre le capital et le travail, comme on dit souvent à tort, puisque ces deux agents de la production sont essentiellement harmoniques, mais entre les prétentions plus ou moins justes des ouvriers et celles des capitalistes, patrons ou entrepreneurs de l'Industrie.

«Les socialistes de la chaire, dit Ciconne [1], voyaient la guerre effrénée entre les capitalistes et les ouvriers, qui menaçait d'aboutir à une révolution sociale; ils croyaient découvrir une de ses causes les plus puissantes dans la concurrence; ils cherchaient une voie de conciliation entre les deux partis contraires, pour prévenir un conflict probable, et parce que l'Économie libérale ne leur offrait que la liberté, qui, appliquée dans toute son étendue, leur semblait insuffisante, ils se séparaient des économistes libéraux pour former une nouvelle école, dont le but était de rechercher les moyens les plus efficaces et les plus sûrs de résoudre la question sociale.»

Mais l'origine du socialisme de la chaire date d'une époque beaucoup plus éloignée, et sa filiation scientifique doit être cherchée dans les écoles critique, philantropique, historique et collectiviste, dont nous avons parlé dans les paragraphes antérieurs de ce même chapitre. Ces écoles représentent, dès le commencement de la science économique, une direction divergente de celle que lui donnèrent les physiocrates et A. Smith, direction ou bout de laquelle ou trouve, comme son terme logique et presque fatal, le *kateder socialismus*.

En effet, le livre d'A. Smith venait à peine d'être publié, lorsque l'écrivain allemand Muller, qui, plutôt que Sismondi, doit être regardé comme le fondateur de l'école critique, combattait les théories de l'illustre maître, en prétendant qu'elles étaient funestes et dissolventes, qu'elles avaient troublé la religion et le sentiment collectif,

---

[1] La nuova scuola economica tedesca, detta socialismo della cattedra, chap. I.

qu'elles avaient fait du commerce un jeu de loterie, et qu'elles n'avaient qu'une valeur *relative*, c'est-à-dire, qu'elles étaient seulement applicables à l'Angleterre, à l'époque et dans les conditions où cette nation se trouvait alors, mais qu'elles ne pouvaient pas être appliquées à d'autres nations douées de conditions distinctes ou contraires. Muller faisait consister la richesse nationale dans les personnes et dans les choses, non pas dans la quantité des biens produits; il donnait pour causes à la production la Nature, le travail et le capital, tant matériel qu'immatériel; il repoussait ce qu'il appelait l'économie monétaire, et suivant les traces de Shelling, il regardait l'État, non-seulement comme l'institut du droit, mais comme *la totalité des intérêts humains qui porte ses buts en lui-même* [1].

Peu d'années après, Sismondi reproduisait presque les mêmes objections contre l'école économiste. Cet écrivain voyait dans la concurrence des travailleurs la cause d'un avilissement constant du salaire, et dans la concentration des capitaux la source du prolétariat. Les machines, la grande industrie, la division du travail, la prépondérance du capital, en somme, tout le système industriel, fondé sur les théories d'A. Smith, était l'objet de sa critique. La richesse, disait-il, en combattant ces théories, doit être considérée en rapport étroit avec le bien-être individuel, la moralité et la culture; en même temps que la production des biens, il faut tenir compte de leur distribution; et comme la prédominance des intérêts privés et la concurrence sans bornes sont la cause des maux sociaux, il n'y a d'autre moyen de salut pour la Société que l'intervention de l'État. Sismondi voulait aussi introduire dans l'Économie l'*élément éthique*, donner à cette science un sens plus large et moins matérialiste, et la revêtir d'un caractère plus humanitaire [2].

---

[1] Cusumano.—Le nuove scuole economiche della Germania; chap. I:, § I.

[2] Nouveaux principes d'Économie politique.—1827.

D'accord avec cet auteur sur la censure de l'ordre économique, se montrèrent les apôtres de l'école dite philantropique ou chrétienne, Villeneuve-Bargemont [1] et Périn [2]. Tous les deux condamnent l'esprit général des doctrines smithiennes; tous les deux attribuent à l'application de ces doctrines la fièvre de la richesse qui, disent-ils, dévore les sociétés modernes, et qui a déchaîné sur elles la misère avec la nouvelle et croissante plaie du paupérisme. Mais Villeneuve-Bargemont et Périn vont plus loin que Sismondi, et tandis que celui-ci se borne à gémir sur les maux sociaux, se déclarant impuissant pour les soulager, ils croient en trouver le remède dans la charité chrétienne, mise en action par les lois, par les institutions et par les mœurs, ce qui vient à être une autre appellation à l'État, en guise de Providence sur la terre.

Le docteur List suit les traces des écrivains ci-dessus mentionnés, en ce qui concerne le concept de l'État et la critique des théories smithiennes; il accuse ces théories de *cosmopolitisme*, en même temps que de *particularisme*; il nie l'existence des lois naturelles économiques, et il prétend les remplacer par le *principe de nationalité*, soit par l'*économie nationale*, différente, selon lui, dans tous les pays [3].

Il ouvre ainsi la voie á l'*école historique*, soutenue en Allemagne par Roscher, Knies, Hildebrand. et Schäffle, et qui attribue à A. Smith trois erreurs: le *cosmopolitisme*, l'*individualisme* et le *matérialisme* [4].

Cette école entend par cosmopolitisme la valeur absolue qu' A. Smith et ses disciples donnent à certaines constructions théoriques, «qui contredisent l'*homme réel*, produit de la civilisation et de l'histoire, en supposant immuables ses besoins et ses rapports avec les biens.»

---

[1] Économie politique chrétienne.—1827.

[2] La richesse dans les sociétés chrétiennes.—1849.

[3] Ouvrage cité.

[4] V. Cusumamo, ouvrage cité, chap. II, § :.

L'homme, dit-elle, n'obéit, à aucune règle de stabilité, et une théorie économique qu'on prétende faire valoir pour toutes les nations est aussi impossible qu'un habit qui s'adapte à toutes les personnes. De là la nécessité de procéder avec la méthode historique-physiologique, en observant les degrés de culture des divers peuples, en comparant les résultats qu'ils ont respectivement obtenus, pour connaître ce qu'il y a de régulier dans chacun d'eux, et en se bornant, en somme, à exposer *ce qu'il est*, au lieu de discourir déductivement sur *ce qu'il doit être*. Ainsi, de même que les partisans de l'école historique du Droit, au concept d'un seul organisme de l'État substituèrent le principe qu'à chaque degré de moralité d'un peuple correspond une forme spéciale de gouvernement, les adeptes de l'école historique en Économie prétendent que l'on adopte une Économie politique différente selon les degrés de développement économique où se trouvent les divers pays. Tal est le sens du principe de la relativité, que ces écrivains proclament et qu'Arnold formule comme il suit: «Dans notre science toute est relatif, et seulement le relatif est absolu.» D'après ce principe, les divers systèmes d'Économie, le mercantile comme le physiocratique et le smithien, et même les diverses institutions économiques, n'ont qu'une *valeur relative*; car toute doctrine, dit Roscher, apparaît vraie ou erronée selon le point de vue du siècle et de la société où elle s'applique, et toutes les lois peuvent être ou non convenables, selon le degré de culture du peuple où elles doivent régir, ce qui implique la négation des lois economiques naturelles [1].

---

[1] Un économiste anglais, Mr. Cliffe-Leslie, qu'on regarde comme le chef de l'école *historique et inductive* outre-Manche, va plus loin et tient les lois communément admises de l'Économie pour des *généralisations grossieres*, obtenues par un procédé d'abstraction superficiel et non philosophique. Mais il ajoute: "Si le jeu des causes avait été scruté, on se serait aperçu qu'il est loin d'être le même dans des états sociaux et sous des conditions différentes. Au début de la recherche des causes dont la somme de

L'individualisme du système smithien consiste, pour l'école historique, dans le concept qu'A. Smith et ses disciples se sont formé de l'État, et qu'elle qualifie d'*atomistique*, le regardant comme une conséquence logique des idées individualistes qui prédominaient au XVIIIe siècle dans la Philosophie du Droit.

Aux yeux du rationalisme politique, dit Hildebrand [1], l'État apparaît comme une institution du Droit pour la garantie de tous les individus, et aux yeux du rationalisme économique comme une société, ou un système d'économies individuelles, pour la plus facile et pour la plus commode satisfaction de leurs besoins. Le rationalisme politique fonda la Société sur le contrat du droit; le rationalisme économique sur le contrat de l'échange, et tous les deux trouvèrent dans les avantages privés la raison d'être et le lien de la communauté. C'est pour cela que l'un et l'autre regardent l'impôt comme le prix que l'on paye à l'État par les services qu'on en reçoit, et ils soutiennent que les tributs doivent être distribués conformé-

---

la richesse des nations dépend, on rencontre le problème que voici: Quelles sont les conditions qui, suivant les temps et chez des peuples différentes, dirigent les énergies et déterminent les occupations des hommes et leurs mérites? La vérité est que toute l'économie d'un peuple, en ce qui touche les occupations des deux sexes et leurs poursuites, la nature, le montant, la production et la consommation de la richesse, résulte d'une longue évolution, qui a présenté tour à tour le caractère de la continuité et celui du changement, et dont le côté économique n'est qu'un aspect ou une phase. C'est, donc, dans l'Histoire, comme dans les lois générales de la Société et de l'évolution sociale, qu'il faut chercher les lois propres à ces phénomènes.»

Où l'on voit, selon la remarque judicieuse de Dameth, que Mr. Cliffe-Leslie, plutôt que nier les lois naturelles qui régissent les faits économiques, paraît subordonner le cours de ces faits aux lois générales de l'évolution sociale, dont l'ordre économique n'est qu'un des aspects. C'est tout ce qu'il faut pour établir une différence importante entre les résultats de la méthohe historique anglaise et ceux de la méthode allemande. Voir Dameth, ouvrage cité, Appendice, § III.

[1] Voir Cusumano, ouvrage cité, chap. II, § I.

ment au revenu que chaque citoyen perçoit sous la protection du Gouvernement.

A ce concept de l'État, l'école historique oppose celui qui prévaut aujourd'hui en Allemagne et qu'ont adopté entre autres Ahrens, Röeder et Bluntschli. «C'est une opinion, dit Roscher [1], très répandue parmi les publicistes modernes, que la mission suprême de l'État ne se borne pas à la satisfaction de quelques besoins du peuple, mais qu'il en embrasse toute la vie et qu'il est appelé à poursuivre tous les buts rationnels et tous les moyens raisonnables pour les atteindre.» Cependant, tout en admettant cette théorie pour les nations qui se sont élevées à un haut degré de culture économique, il ne la juge pas convenable pour celles qui ne se trouvent pas dans les mêmes conditions, ce qui veut dire que, pour Roscher, les buts de l'État et son intervention, plus ou moins étendue, dans l'ordre économique sont toujours relatifs aux circonstances d'actualité.

Enfin, l'école historique croit voir le matérialisme du système smithien dans certaines théories du fondateur de la science, dont il résulte, selon cette école, en dernière analyse, que l'homme est le moyen de la production, tandis qu'il en est le but. C'est cette Économie politique chrématistique ou matérialiste que Shäffle [2] prétend substituer par l'Économie éthique-anthropologique, en entendant pour principe éthique-anthropologique celui par lequel on regarde le procès de la production comme un procès de culture, comme un acte moral où l'homme, en pleine connaissance de sa volonté, tend à la *réalisation de ses buts.*

Les doctrines qui servent de fondement à la théorie du socialisme collectiviste, dont Karl Marx et Lassalle sont les chefs, comme nous avons dit, ont beaucoup de rapport avec celles de l'école historique et surtout avec ses idées sur le caractère des lois économiques.

---

[1] System der Wolkswirthscaft.—Introduction.

[2] Das Gesellschaftliche system, chap. I, § I.

En effet, Marx n'admet pas en Économie des lois naturelles et constantes; il croit que chaque période historique-économique est régie par des lois spéciales, et d'après Sieber [1], il s'exprime sur ce point comme il suit:

«Aussitôt qu'une période économique a parcouru sa parabole, et qu'elle passe d'un stade à un autre, elle commence à être régie par des lois différentes. En d'autres termes, la vie économique nous offre un phénomène analogue à celui de la Biologie..... Les anciens économistes méconnaissaient la nature des lois économiques lorsqu'ils les comparaient aux lois de la Physique et de la Chimie..... Une profonde analyse des phénomènes a montré que les organismes sociaux diffèrent entre eux comme les organismes des plantes et des animaux..... Un même phénomène est soumis à des lois différentes à cause du différent organisme, ou des divers organes. Ainsi Marx nie, par exemple, que la loi de la population soit égale pour tous les temps et dans tous les lieux, et il assure que chaque stade de développement a sa loi spéciale de population, et que les rapports et les lois qui régissent les forces productives changent avec leur divers développement.

»Sous ce point de vue, Marx se propose de rechercher l'ordonnement économique capitalistique, et formule en même temps le but que toute investigation de la vie économique doit se proposer. La valeur scientifique de cette investigation est dans l'application des lois spéciales qui régulent la naissance, l'existence, le développement et la mort d'un organisme social, ainsi que son remplacement par un autre plus avancé.»

Mais Marx ne se borne pas, comme l'école historique, à cette négation de l'ordre naturel économique; il crée aussi une Économie entièrement nouvelle [2], en changeant la signification que les économistes ont donnée aux mots

---

[1] Cité par Cusumano.—Le nuove scuole economiche della Germania, chap. IV, § III.

[2] Zur kritik der politischen Œconomie.—1859.=Das kapital—1857.

techniques *valeur, travail, capital, marchandise, circulation, monnaie*, etc., tellement que toute discussion sur ses doctrines devient presque impossible. Les conséquences théoriques de cette Économie sont que le capital dépouille le travail, et ses conclusions pratiques se trouvent dans le *Programme* souscrit en 1847 par le même Marx et par Engels, où l'on déclare inconciliable l'opposition entre le prolétariat et la classe capitaliste, qu'ils appellent *burguesie*, sûre la victoire du premier, inutile de l'espérer de l'État, tel qu'il existe aujoud'hui, seul moyen de l'atteindre la destruction de la société actuelle, qu'ils qualifient de *capitalistique*, c'est-à-dire, la révolution sociale. Et dans ce but, ils proposent l'abolition de l'hérédité et de la propriété privée, l'obligation du travail égal pour tous, la concentration des moyens de production aux mains de l'État, l'impôt progressif, l'éducation gratuite du peuple, etc., etc.

Lassalle ne va pas si loin dans la pratique; il se borne à demander que le gouvernement poursuive l'abolition du travail salarié, par la création d'associations d'ouvriers, qui deviennent propriétaires de leurs divers métiers, de manière que chaque branche de l'Industrie soit dans chaque localité concentrée dans une seule association. Dans la théorie il adopte cependant toutes ou presque toutes les élucubrations de Karl Marx; il regarde le capital comme une *catégorie historique*, c'est-à-dire, comme un phénomène social accidentel et variable, et il soutient que dans les transactions privées c'est le hasard qui domine et que par conséquent toute responsabilité et toute liberté individuelles doivent cesser [1].

Tel est le cours que suivent les idées économiques qu'on peut appeler hétérodoxes, depuis Muller et Sismondi jusqu'à Karl Marx et Lassalle. Arrivées à ce point, le *socialisme de la chaire* paraît en Allemagne et il rassemble dans un corps de doctrine toutes ces idées, c'est-à-dire

---

[1] Das system der ervorbenen Rechte.—1861.

toutes les dissidences fondamentales en Économie, qu'il puise dans les écoles critique, philantropique et historique, en y ajoutant quelques propositions du socialisme collectiviste. C'est-ce qui résulte de l'examen attentif des écrits publiés par les adeptes de la nouvelle école, parmi lesquels figurent Engel, directeur de l'Office royal de Statistique de la Prusse, les professeurs Wagner (de Berlin), Schmoller (de Strasbourg), Nasse (de Bonn), Conrad (de Halle), Schonberg (de Tubinguen), Brentano (de Breslau), Held (de Bonn), Scheel (de Berne), Rösler (de Rostock), et quelques autres publicistes distingués, tels que Cohn, Contzen, Gneist, Sybel, Goltz et Onken.

En effet, les socialistes de la chaire commencent par soutenir, avec Muller et l'école historique, que l'Économie ne peut pas être séparée de la Morale.

«L'Économie politique, dit Brentano [1], s'occupe des intérêts matériels des peuples, de la partie économique de sa vie; mais, en faisant cela, elle ne part pas du principe que la production et l'accumulation de la richesse doivent être le but principal des efforts de l'individu ou de la Nation. Au contraire, si elle recherche spécialement les biens matériels, c'est parce que le bien-être matériel est la condition nécessaire pour obtenir le bien-être moral et intellectuel des particuliers, et parce que la richesse matérielle est aussi nécessaire pour la réalisation des buts et le progrès de l'État; partant elle doit être subordonnée au point de vue général, éthique et politique.»

Et Contzen ajoute, avec Shäffle [2], que la nouvelle école allemande aspire à fonder l'Économie politique sur des bases éthiques, ne regardant pas l'homme comme moyen de production, ou comme *crème*, mais comme le point de départ de ses recherches [3].

De là la nécessité d'introduire dans la science économi-

---

1 Die Wissenschaftlichen Leisthungen, pag. 54-56.

2 Voir la page 284.

3 Die socialen frage, p. 18.

que le *principe éthique*, d'après lequel, dit Schonberg [1], l'idéal économique est déterminé par l'idéal moral et politique, et non pas par la production maxime de la richesse.

L'école dont il s'agit, dit aussi Cusumano [2], a emprunté au socialisme ces idées et les a développées suffisamment pour oter le caractère de matérialisme à l'Économie politique et en faire une science éthique, car on doit donner ce nom, selon le même auteur, à toute science qui, non-seulement s'accorde avec les doctrines de l'Étique, mais qui en considère les principes comme décisifs pour ses doctrines.

Les socialistes de la chaire nient aussi, comme List, comme l'école historique et comme les socialistes collectivistes, l'existence de lois économiques naturelles.

Selon Wagner [3], l'Histoire, la Statistique, la contradiction des théories économiques avec les faits, ont enfanté la crise actuelle de l'Économie politique. Elles ont déchiré le voile de l'optimisme économique, et montré l'erreur de généraliser des principes que la vieille Économie politique a pris pour des lois naturelles immuables, et qui n'ont qu'une valeur relative.

De l'avis de Rösler [4], l'homme n'est pas gouverné par des lois naturelles, mais par des lois sociales. Cet auteur ne conçoit point une science économique fondée sur des lois naturelles et mise en pratique par l'intérêt individuel; il ne connaît d'autres lois économiques que celles qui émanent de l'État.

«Quoique la production des biens, dit Cusumano [5], soit un acte purement économique, la production et la division des valeurs est ront à fait conditionnées par les institutions sociales, partant par des lois que la volonté humaine, le

---

[1] Die Volkswirthschaftslehre.
[2] Ouvrage cité, chap. II, § 5.
[3] Rede über die sociale frage, page 4, 7.
[4] Cité par M. Block, "Journal des Économistes," avril, 1875.
[5] Ouvrage cité, page 96.

*caprice humain* (sic) fait et peut modifier, non par des lois économiques inaltérables.»

De plus, pour le socialisme de la chaire, comme pour le socialisme collectiviste, la liberté n'est pas un principe économique absolu, mais une *catégorie historique* (ce sont les propres mots de Lassalle), relative et changeante.

Ainsi Scheel[1] reconnaît comme principes fondamentaux, dans le nouvel ordre politique, la liberté et l'égalité; mais dans l'ordre économique il ne trouve pas de fait les principes proclamés par le Droit. Pour prouver cette vérité, dit-il, «on peut invoquer la conscience générale et tout le cours de la nouvelle législation. Que si quelqu'un s'avisait de nous opposer qu'il ne s'agit pas d'introduire l'égalité, mais la liberté, nous lui montrerions que la liberté sans l'égalité veut dire seulement la liberté du plus fort, le droit du plus fort.

»Certainement nous voyons ces principes de la liberté et de l'égalité appliqués à la société politique et économique; mais, tandis que dans la première le moyen agit conformément au but, dans la seconde l'adoption du même moyen agit précisément dans un sens contraire. Ici, au sein de la liberté et de l'égalité, se produisent la servitude et la misère. Les mêmes personnes qui obtiennent à chaque moment plus de liberté et plus d'égalité deviennent moins libres et plus inégales, ou restent inégales et sans aucune liberté... Ainsi, donc, nous devons regarder le développement économique, vis à vis du principe générale du développement de la liberté et l'égalité, comme la contradiction sociale économique propre des temps modernes. Et comme toute contradiction, aussitôt qu'elle pénètre dans la conscience, constitue un problème ou une question pour la pensée, il en résulte pour nous simple et déterminée la formule de la question sociale, dans le présent: c'est la contradiction, admise par la conscience, du déve-

[1] Die theorie der sociale frage, pages 14-16.

loppement économique avec le principe du développement social de la liberté et de l'égalité, effectué dans la vie publique et prédominant comme idéal. » Scheel conclut que l'idée de liberté et d'égalité est un principe historique, non pas un principe naturel [1].

Les autres socialistes de la chaire se montrent d'accord avec cet auteur, et combattent la liberté économique dans toutes ses manifestations, telles que la concurrence, la liberté du commerce extérieur, celle du contrat de travail, etc.

Dans la concurrence illimitée, ils ne voient, comme Sismondi, que la domination des forts sur les faibles, du capitaliste sur l'ouvrier, de celui qui possède sur celui qui ne possède pas. Si la concurrence, disent-ils, est très-avantageuse aux consommateurs, parce qu'elle fait produire à bon marché et augmente la somme des produits, elle confère aussi un monopole réel à la grande industrie: on en trouve un exemple dans les voies ferrées. Mais les conséquences en sont encore plus funestes pour la division des biens, parce qu'en général elle les divise avec la plus grande injustice. De là l'oppression, l'agonie, la disparition des maîtres, soit la crise actuelle des maîtrises en Allemagne et la perte totale de l'indépendance des ouvriers [2].

Des mêmes maux se rend coupable pour les socialistes de la chaire, comme pour List et tous les protectionnistes, la liberté économique internationale, qui, selon eux, menace l'existence même de l'ouvrier, en faisant descendre la rétribution du travail au minimum, ou à ce qu'on appelle le *salaire de la faim*. L'entrepreneur national, disent-ils, qui est forcé de lutter avec la concurrence étrangère, et partant d'abaisser les prix, répercute cette baisse sur le travailleur, plutôt que sur les machines ou

---

[1] Ibidem, p. 84.

[2] Schemoller, Zur geschichte, etc.—Scheel, Die theorie der sociale frage.—Wagner, Rede über die sociale frage.

sur les matières premières, parce que le travailleur peut restreindre ses dépenses en aliments, en logis, en distractions, tandis que la machine exige toujours la même quantité de charbon fossile; d'ailleurs *pour vaincre la concurrence étrangère*, l'entrepreneur emploie dans sa fabrique des enfants et des femmes, qui se contentent d'un salaire minime [1]. En conséquence, Wagner [2] demande des droits protecteurs sur les produits étrangers de bas prix, ainsi que des traités internationaux sur la législation des établissements manufacturiers; et en cela Schonberg et Brentano sont d'accord avec lui. En effet, le premier soutient qu'à l'époque des traités internationaux sur le commerce doit suivre celle des traités sur le travail, et le second qu'une convention des puissances européennes est le seul moyen d'améliorer la condition des classes ouvrières, tout à fait ruinées par la concurrence internationale [3].

Quant à la liberté du contrat de travail, la nouvelle école allemande la trouve également pernicieuse car, sous ce régime, la distribution de la richesse ne se fait pas, selon elle, d'une manière équitative, le travail n'est pas juntement rémunéré, le salaire est insuffisant pour la subsistance du travailleur. Et comme la question sociale consiste à améliorer le sort de la classe ouvrière, il en résulte que, pour les socialistes de la chaire, c'est un problème de distribution et non pas de production de la richesse. Ils diffèrent, cependant, dans la solution de ce problème; car, tandis que les uns, comme Contzen [4], veulent que l'on fixe un salaire «qui suffise du moins aux besoins imprescindibles du travailleur et de sa famille,» les autres, comme Scheel [5], soutiennent que «la question ouvrière n'est pas d'augmentation de salaire, mais de ga-

---

[1] Engel.—Der Arbeitervertrag.

[2] Ouvrage cité.

[3] Brentano, Arbeitergilde.

[4] Die sociale frage, p. 84.

[5] Die theorie der sociale frage, page 95.

rantie contre une injuste division des valeurs entre le capital et le travail, soit d'assurance de rétribution de celui-ci.» Pour ces derniers, de même que pour les socialistes collectivistes, le salaire lui-même doit être aboli, comme anti-économique, en le remplaçant par un système qui permette le prolétaire de devenir propriétaire et le travailleur de s'élever au rang de capitaliste. Ainsi le proposait déjà Shäffle qui, pour être un réformateur des plus modérés, ne figure pas parmi les nouveaux économistes hétérodoxes, et ainsi le demandent plus ou moins explicitement Scheel et Schmoller, qui appartiennent à cette école.

«La question, dit Shäffle [1], se réduit à voir comment on peut procurer à tous un appareil de biens productifs et de consommation, correspondant à l'individualité de chacun. Ce n'est pas que personne n'ait de propriété, mais que tous peuvent obtenir un capital en rapport avec une individualité bien constituée: telle est l'exigence de la future réforme sociale.»

Schmoller [2] demande pour l'ouvrier «une certaine culture, une certaine possesion et un certain revenu, tels qu'ils ne soient pas au dessous du niveau moyen du temps.»

Et Scheel [3] se propose de rechercher «quelle organisation on doit donner à la classe des salariés, pour qu'elle rentre dans l'organisme social.» Dans ce but, il exige «que la classe des travailleurs ne soit pas condamnée à la condition d'un premier instrument de production au service de la production de la richesse, mais que, comme classe sociale, elle ait un droit qui lui assure la participation dans le produit, la protège contre l'oppression économique, et par des mesures qui lui rendent faciles les moyens de se procurer les biens matériels et intellectuels, éloigne d'elle

---

[1] Das Gesellschaftliche system, etc., vol. I, page 139.
[2] Ueber einige Grundfragen des Rechts, etc., page 139.
[3] Die theorie der sociale frage, page 76.

le danger où elle se trouve de perdre les fondements de la liberté et l'égalité, partant du progrès social.»

On voit bien par tout cela quel mince prix donne à la liberté le socialisme de la chaire. Il n'a pas plus d'estime pour la propriété; puisqu'il la considère aussi comme une catégorie historique, relative et variable.

Ainsi Sheel combat le droit de propriété selon les Romaines [1].

Brentano proteste contre l'absolutisme de ce droit [2].

Pour Wagner [3], «le concept actuel du droit de propriété est trop absolu, et on doit lui substituer le principe chrétien, qui en fait un gage confié à l'administration individuelle du propriétaire.»

D'après Schmoller [4], «la propriété n'est pas absolue; sa valeur se détermine toujours par la Société, plutôt que par les mérites individuels. Chaque individu a de telles obligations envers la Société et envers l'État, que sa propriété ne saurait être conçue sans charges et sans devoirs. Une théorie absolue de la propriété est ridicule; la propriété peut être limitée; elle l'a été toujours, elle l'est aujourd'hui et le sera dans l'avenir.»

Et ailleurs il ajoute [5]: «Du principe de la propriété, il ne s'en suit pas qu'une division des biens, pernicieuse ou injuste, doive subsister pour des siècles, ni qu'elle confère des droits privés tels qu'ils soient soustraits à la législation. *La loi est toute-puissante*; son principe c'est la justice, et ce principe est subordonné à la manière dont comprennent la justice les talents dirigéants et l'opinion publique du temps.»

Toute-puissance du législateur, toute-puissance de l'État dans l'ordre économique; voilà un autre dogme du

---

[1] Ouvrage cité, pages 11, 97 et 152.

[2] Arbeitegilde, vol. II, pages 2, 170 et suivantes.

[3] Die Abschaffang, etc., page 33.

[4] Zur geschichte, etc., pages 663 et 686.

[5] Ueber einige grundfragen des Rechts. etc., page, 54.

socialisme de la chaire, de même que du socialisme collectiviste et de toutes les écoles socialistes.

En effet, Schmoller soutient que l'État est le plus important des organismes sociaux, famille, Église, Municipe, et il ajoute que, pour bien comprendre sa trascendance, il faut le considérer, non-seulement dans ses fonctions externes, dans son corps, mais aussi dans son esprit, et que l'individu, quoique indépendant, est subordonné a l'État comme la partie au tout, comme le membre à l'ensemble organique [1].

Scheel combat le principe fondamental de la politique économique smithienne, à savoir, qu'on doit mettre des limites à l'intervention de l'État. «Aujourd'hui, dit-il, on reconnaît que l'État est *l'organisme de la société politique et économique,* qui, au moyen de la collectivité, doit procurer et assurer à tous les citoyens le plus haut degré posible de culture; partant on ne peut pas parler des limites déterminées pour l'ingérence de l'État dans les affaires sociales.»

Selon Scheel [2], la Société a le devoir de créer les garanties de la liberté et de l'égalité pour tous, au moyen de la puissance de culture ou autorité de l'État. «Et qu'on ne dise pas que l'État n'administrera pas aussi bien que les particuliers, et que son intervention est trop dispendieuse, car à la première objection répond victorieusement l'exemple des sociétés anonymes, dont l'administration est semblable à celle du Gouvernement, et à la seconde la considération que lorsqu'il s'agit d'obtenir de grands résultats économiques, ceux-ci ne doivent pas être appréciés matériellement, mais dans leurs effets moraux, et partant que les principes d'intérêt de l'économie privée ne peuvent pas prévaloir dans ce cas [3].»

---

[1] Ouvrage cité.

[2] Ouvrage cité, p. 40-46.

[3] Ouvrage cité, p. 146 49

Schonberg demande dans la vie économique une intervention de l'État, non-seulement législative, mais encore administrative, pour atteindre de fait les buts de la culture sociale et de l'Économie publique [1].

Dernièrement Wagner, se rapportant aux écrits d'Ahrens et de Holtzendorff, divise les fonctions de l'État en deux groupes principaux: celles qui ont pour objet la défense du droit, tant à l'intérieur qu'à l'extérieur, et celles qui tendent à la réalisation des *buts de culture*. Les dépenses gouvernatives appartiennent, selon cet auteur, à l'un ou à l'autre de ces groupes, et celles du second deviennent chaque jour plus considérables par l'ingérence de l'État [2].

Parmi les conséquences des idées ci-dessus exposées il faut placer celles que professe la nouvelle école allemande sur la nature de l'impôt, qu'elle regarde, non pas comme une ressource du fisc, c'est-à-dire comme un moyen de procurer des revenus au trésor public, mais comme un ressort de *politique sociale*, avec lequel on peut corriger la mauvaise distribution de la richesse [3].

Sur cela tous les socialistes de la chaire sont d'accord; ils diffèrent seulement dans la mesure de l'impôt.

Schmoller et Held voudraient un impôt proportionnel sur le revenu, en faisant, toutefois, remarquer, que cette proportionnalité n'est pas fondée sur les avantages que les citoyens jouissent dans l'État ni sur le coût des services de cette institution, mais sur d'autres raisons qui se rapportent au concept qu'on en a aujourd'hui [4].

Par contre, Wagner défend l'impôt progressif, qu'il juge plus juste que l'impôt proportionnel, parce que, selon lui, plus le revenu est petit, plus la partie qu'il faut des-

[1] Arbeitsämter, p. 13.
[2] Ouvrage cité, p. 11-13.
[3] Wagner, Rede, p. 36-38.—Scheel, ouvrage cité, p. 155.
[4] Cusumano, ouvrage cité, pages 199-200.

tiner a la satisfaction des premiers besoins [1] est grande. Sheel [2] et Schonberg [3], partagent cette opinion.

En résumé, les doctrines qui caractérisent le socialisme de la chaire peuvent être formulées, comme il suit.

L'Économie doit être fondée sur les principes de la Morale. Ses théories, telles que les conçoivent A. Smith et toute son école, sont entachées de matérialisme; il faut y introduire *l'élément éthique*.

L'existence des lois économiques naturelles, valables pour tous les peuples et pour tous les temps, est une chimère. Les lois économiques n'ont qu'une valeur relative. Il n'y a d'autres lois économiques que celles qui émanent de l'État.

L'État est tout-puissant, et son intervention dans l'ordre économique n'a pas de limites fixes; elle peut être exercée, non-seulement par voie législative, mais encore administrativement.

La liberté et la propriété ne sont pas des principes économiques absolus, mais des catégories historiques, relatives et changeantes.

La distribution de la richesse ne doit pas être livrée à la concurrence, qui ne garantit pas la propriété et l'égalité, mais confiée à l'État. C'est l'État qui doit régler le commerce extérieur en vue de protéger l'industrie nationale; c'est à lui de régler aussi la contractation des services du travail, en procurant à l'ouvrier l'indépendance par rapport au capitaliste, moyennant la possession d'une certaine portion de capital.

La question sociale n'est pas question de salaire, mais de garantie contre une injuste division de la richesse entre le capital et le travail.

L'impôt n'est pas seulement un moyen fiscal, mais de

---

[1] Ouvrage cité, pages 33-38.

[2] Die Erbschaftstener, pages 19, 20 y 26.

[3] Ouvrage cité.

politique sociale, et il doit être employé pour corriger la mauvaise distribution des biens économiques.

Tels sont au moins les principaux articles de ce qu'on pourrait appeler le *credo* du socialisme de la chaire. Ils montrent évidemment la filiation que nous avons attribuée à ce système, et que d'ailleurs avouent ses adeptes eux-mêmes, puisqu'ils prétendent être les successeurs de Sismondi, de List et de l'école historique, et occuper une place intermédiaire entre l'économisme et le socialisme [1].

D'ailleurs, le socialisme de la chaire n'a trouvé qu'un faible écho hors de l'Allemagne. Dans le reste du monde scientifique, aucun économiste remarquable n'en accepte pleinement les doctrines, si ce n'est l'italien Cusumano et le belge Laveleye, et encore le premier déclare que ce n'est pas de l'or fin [2] tout ce qu'elles contiennent.

Ni Fawcet et Cairnes en Angleterre, ni Cossa, Lampertico et Luzzati en Italie, que Cusumano qualifie d'amis de la nouvelle école allemande, doivent être regardés comme tels; puisqu'ils ne se rapprochent du socialisme de la chaire que par leurs doutes sur l'efficacité du principe de *laissez faire*, comme maxime absolue de politique économique, et parce qu'ils accordent à l'État une intervention directe, mais toujours limitée, dans l'ordre de l'Économie. On peut dire la même chose des espagnols Giner de los Rios, Azcárate et Piernas, les seuls écrivains de renommée qui jusq'à présent ont dissenti publiquement, sur quelques points, de l'école économiste pure ou orthodoxe. Ce sont ces écrivains hétérodoxes ou dissidents que nous appelons *néo-économistes*.

En revanche, le socialisme de la chaire a été vivement impugné: en France, par Maurice Block [3]; en Italie, par

---

[1] V. Cusumano, Ouvrage cité, chap. II, § 1 y 2.

[2] Ibidem, page 84, note 4.ª

[3] Journal des économistes, avril, 1874.

Protonotari [1], Ferrara [2], Mareschótti [3], Bruno [4], Scarabelli [5], Sbarbaro [6], Torrigiani [7] et Ciconne [8]; en Espagne, par G. Rodriguez [9]; et en Allemagne, par Oppenheim [10], Böhmert [11] et Max Virth [12].

---

[1] Discours lu à l'Université de Rome, 1872.
[2] Il Germanismo económico in Italia, "Nuova Antologia," 1874.
[3] Le due scuole economiche, 1875.
[4] I liberalisti et gli autoritari in Economia politica, 1874.
[5] Il Congreso dei nuovi economisti in Milano, 1875.
[6] Divers articles publiés dans "L'Economista."
[7] Idem.
[8] Ouvrage cité, 1876.
[9] El socialismo de la cátedra, conférence faite à l'Institution libre d'enseignement, 1879.
[10] Der kateder socialismus, 1872.
[11] Der socialismus und die arbeiterfrage, 1872.
[12] Die sociale frage, 1872.

# XI.

## CRITIQUE DE L'ÉCONOMIE.

L'Économie a été l'objet, et elle l'est encore, de deux genres de critique: l'une relative au fond, c'est-à-dire à son organisme, à sa constitution intérieure, à ses connaissances ou ses principes; l'autre qui se rapporte à la forme, soit à ses conditions extérieures, à sa physionomie, à ses caractères moraux et pour ainsi dire estéthiques.

Nous n'examinerons pas la première: il faudrait pour cela entreprendre un travail d'exposition et de polémique, que ne convient nullement à notre propos, et qui d'ailleurs se trouve tout fait dans plusieurs monographies et traités didactiques, bien connus de tous ceux qui se consacrent aux études économiques.

Il n'en est pas de même par rapport à la seconde. Celle-ci, quoique également notoire et exposée dans des livres plus remarquables que le notre, repose d'une manière directe et immédiate sur des considérations empruntées à la Philosophie, qui nous guide pour le moment, et partant nous croyons opportun d'en recueillir et analyser ici les principaux arguments. Pour cela nous n'apporterons rien qui nous soit propre: nous ne ferons, comme d'habitude, que céder la parole aux maîtres.

D'abord, on accuse l'Économie de n'avoir pas encore fixé son objet et de n'être pas définitivement constituée, et on allègue, comme preuve, le désaccord qui règne dans le camp des économistes et le manque d'une méthode rigoureuse dans les traités qu'ils ont écrits. Mais ce reproche est pour le moins empreint d'une forte exagération, et on l'a adressé de même à toutes les sciences, surtout à la Philosophie et à la Médecine.

«Pour un esprit impartial, dit Minghetti [1], il est facile de reconnaître que sur les faits principaux et de même sur plusieurs des principes de l'Économie publique, tous les écrivains sont d'accord. Il reconnaîtra encore que les opinions qui d'abord semblent contradictoires sont, plutôt des manières partielles et exclusives d'envisager le sujet, que des erreurs, d'où il est permis de présumer qu'on peut leur enlever ce qu'elles ont d'incompatible et les concilier. Que si nous voulions ne regarder comme science qu'une série de questions ordonnées, ne présentant rien de défectueux dans les parties et dans l'ensemble, il n'est pas à croire que cela puisse jamais être l'apanage de l'esprit humain. Cependant entre la science parfaite et l'empirisme vulgaire l'intervalle est immense, et c'est précisément dans cet intervalle que les connaissances humaines prennent place, et l'Économie publique, quoique une de celles de plus récente date, n'est pas la moins avancée.

»Néanmoins je conviendrai franchement que la méthode n'est pas solidement constituée, et qu'en outre dans la science elle-même on trouve à chaque pas des imperfections et des lacunes. En effet, au jugement des écrivains les plus sagaces, les principes souverains ne sont pas en-

[1] Des rapports de l'Économie publique avec la Morale et le Droit, livre I.

core bien définis; quelques-unes des idées les plus essentielles n'ont point encore leur vocabulaire bien arrêté. Ajoutons que les mots mêmes de ce vocabulaire, ayant reçu de la science un sens différent de celui qu'ils ont dans l'usage commun, et parfois même un sens opposé, on tombe dans des confusions et des erreurs avec une facilité extrême. Mais il faut songer que la bonne définition et circonscription d'une science a toujurs passé par un travail des plus difficiles. Ce n'est point l'œuvre de ceux qui la cultivent les premiers, mais de ceux qui viennent plus tard; ce n'est point la base de l'édifice, mais c'en est plutôt le couronnement, puisqu'il y a besoin d'une mûre étude des rapports de la science elle-même avec les autres branches de la civilisation, et que sa propre place dans l'encyclopédie lui ait été assignée. Or, ce n'est que d'aujourd'hui que les économistes commencent à tourner leur pensée vers cette tâche. En outre, on a étudié les parties elles-mêmes de l'Économie, plutôt dans leur caractère distinctif que dans leur connexion. On a cherché les lois spéciales de la production, de la répartition, de l'échange, de la consommation; on n'a pas toujours cherché les liens qui les unissent; tellement qu'il a pu paraître que la plus grande source de production ne marche pas de conserve avec la meilleure répartition, avec l'échange le plus actif ou la consommation la mieux réglée. Tandis qu'en examinant de près, au contraire, en y réfléchissant bien, on reconnaît l'action et la réaction réciproques de toutes ces parties, et l'on acquiert la preuve qu'aucune ne peut longtemps se développer ou souffrir seule, sinon qu'elles se soutiennent toutes pour marcher ou pour décliner ensemble. »

Tout cela est vrai; mais nous croyons que Minghetti fait ici trop de concessions aux adversaires de l'Économie, en admettant qu'elle manque d'une méthode solide, que ses principes fondamentaux ne sont pas bien définis et que son vocabulaire se prête à des confusions et des erreurs. A tout prendre, ces défauts pourraient lui être imputés justement à l'époque où l'éminent publiciste italien écrivait [1]: mais depuis lors l'Économie a fait bien du chemin; elle s'est corrigée, sinon de tous, de la plupart d'eux, comme on peut s'en convaincre en lisant attentivement les chapitres antérieurs, et surtout ceux qui traitent du concept, de la qualification, de la classification et de la méthode. Là nous avons montré, à notre avis, d'une manière irréfutable, que l'Économie est une science parfaitement constituée, et qu'elle occupe une place éminente parmi les autres branches du savoir humain.

On dit cependant que les doctrines économiques sont vulgaires, et qu'il suffit du sens commun ou de l'expérience propre pour les connaître.

Et certes, l'Économie renferme des vérités si évidentes qu'on les qualifie souvent de *truismes*. Elle se réduit tout entière à prouver, comme Bastiat le fait remarquer très-spirituellement, que l'abondance est meilleure que la disette et le bon marché préférable à la cherté. Et cependant ces vérités sont méconnues ou niées à chaque moment. Pourquoi, en effet, dit Madrazo [2], tant de siècles se sont écoulés sans résoudre les questions économiques, ou leur a-t-on donné des solutions si erronées? Pourquoi a-t-on ignoré si longtemps la veritable nature de la monnaie, de l'intérêt du prêt en argent et des lois de l'échange? Pourquoi des idées si absurdes se sont répandues sur les rapports naturels entre le capital et le travail? Pourquoi entend-on encore tant de malédictions contre les machines, contre la concurrence et contre les entrepreneurs de l'Industrie?

Le sens commun! Le sens commun est sans doute un critérium assez sûr pour discernir dans l'ordre moral ce qui est bon et ce qui est mauvais; mais lorsqu'on s'en sert pour juger les doctrines scientifiques, on l'emploie hors des limites de sa compétence, et on va jusqu'à affirmer en Astronomie que le Soleil tourne autour de la Terre et en

---

[1] La préface de son livre est datée à Bologne, le 4 novembre 1868.

[2] Lecciones de Economía política, leçon III, § 1.

Économie politique qu'on doit punir avec des peines sévères l'exportation de la monnaie nationale. Si les législateurs de nos temps n'avaient eu d'autre conseiller que le sens commun, on verrait encore subsister les douanes intérieures, les lois somptuaires, les corporations privilégiées d'arts et métiers, l'amortissement de la propriété territoriale, la taxe de l'usure et des prix des céréales, la prohibition de les revendre et toutes les entraves qui jadis opprimaient le travail et gênaient la circulation et l'Industrie.

Le sens commun! «Qu'appelle-t on le sens commun? La réunion de ces notions primaires, simples, spontanées, qui forment, pour ainsi dire, l'apanage intellectuel et moral de la nature humaine, avec les conséquences les plus ordinaires que tout esprit vulgaire sait en tirer, notions qui, par leur évidence et leur universalité, doivent être respectées comme inébranlables, pourvu qu'on ne veuille pas en exagérer le nombre et la portée, parce qu'alors on ouvre passage à la multitude infinie d'erreurs et de préjugés vulgaires. C'est ce qui arriverait indubitablement, si l'on voulait chercher dans le sens commun les prémisses convenables pour raisonner sur un sujet aussi varié, multiforme et compliqué que la richesse dans tous ses rapports. Demandez, s'il vous plait, au pilote, à l'ingénieur, à l'architecte, s'il croit que le sens commun suffise pour manier le gouvernail d'un navire, jeter des ponts, construire des édifices; il est probable que pour réponse vous obtiendrez de ses lèvres un dédaigneux sourire. Et néanmoins ce même homme s'estimera probablement un juge compétent en matière de gouvernement et de richesse, quoique complètement ignorant des arts de la Politique et de l'Économie. Ceci prouve que c'est dans ce qu'ils savent que les hommes reconnaissent le mieux la compétence du savoir. Et bien qu'en niant chez autrui ce qu'ils exigent pour l'art qui leur est propre, ils se montrent inconséquents, cependant leur témoignage, bien interprété, est la confirmation universelle de la nécessité des études et des connaissances ordonnées en système.

Par les mêmes raisons l'expérience commune n'est pas plus efficace. Car, laissant de côté que beaucoup de faits, et de faits d'importance, peuvent ne pas se présenter à chacun, et que raisonner sur une série de données d'après une autre série est fort illogique, il suffit pour montrer l'inefficacité de l'expérience commune, de se rappeler que bien observer et bien induire sont deux arts difficiles, pour lesquels l'appréciation vulgaire ne suffit pas,et qui exigent que la sagacité du jugement soit renforcée par l'exercice de la méditation. Et d'un autre côté, sur quoi se fondent les sciences (je parle des expérimentales), si ce n'est sur l'observation attentive et sur l'expérience multiple, qui conduisent par des inductions logiques à des lois générales et constantes? D'où le dilemme se pose nettement entre l'expérience vulgaire, tronquée, incomplète, et une expérience attentive, sévère, répétée. Et les prôneurs de la pratique qui, en se vantant d'être positifs, font étalage de l'horreur des spéculations et des théories, ont aussi eux-mêmes une théorie, mais entachée de précipitation et imparfaite, qu'ils prétendraient substituer aux théories élaborées et saines, pour faire plaisir à leur propre orgueil. Et à qui souleverait en définitive l'objection, que les choses, dans le *concret*, ne se passent pas comme on a pu l'imaginer en *abstraction*; nous répondrons avec Galilée que, lorsque cela arrive, la faute en est à l'observateur qui n'a pas bien fait ses calculs; mais que, s'il s'est bien rendu compte de tout, les choses se rencontrent toujours dans une conformité entre la théorie et la pratique. D'où cette objection ne fait que consolider notre opinion, en montrant la nécessité que l'observation et l'examen des phénomènes s'accomplissent avec toute l'exactitude qu'on peut attendre de la perfection humaine, et qu'on ne prétende jamais, d'après des inductions restreintes ou légères, prononcer sur ce qu'il convient de suivre ou d'éviter [1].»

---

[1] Minghetti, Des rapports de l'Économie politique avec la Morale et le Droit, livre I.

Toutefois, il y a encore des gens qui, partant de l'idée que l'Économie ne s'occupe que des intérêts matériels, en reppoussent l'étude comme indigne d'attirer l'attention d'un philosophe. Questions abjectes, disent-ils, que celles de manger et de boire; achat et vente, mots immondes.

Ces puérilités ne mériteraient aucune réponse, si elles ne trouvaient un certain acueil chez des hommes qui ne manquent pas de lumières, et qui cependant confondent dans leur esprit la cupidité et la profusion, auxquelles on s'abandonne trop fréquemment, avec les tendances économiques, en faisant responsable la science des travers de l'homme.

«Mais la vanité ne prévaut pas à l'encontre de toutes les lois de la Nature et des volontés de la Providence, qui imposent le travail et la sueur du front comme conditions de la vie et de l'initiation à la civilisation. Et l'on sent en soi que toute culture de l'intellect présuppose la satisfaction des besoins matériels. Et de même que la misère éteint tout sentiment noble et généreux, et rapproche l'homme de la brute, une certaine aisance renforce en lui le sentiment de la dignité et de l'indépendance. L'instinct populaire a constitué une hiérarchie de mérite entre les inventeurs de l'Agriculture et ceux des arts qui répondent aux nécessités premières, et les inventeurs des lettres ou les législateurs des peuples. Nous voyons Cérès et Bachus obtenir des autels et un culte; mais Cadmus et Minos ne furent honorés qu'en qualités de héros. Certes, dans tous les temps et chez tous les peuples, pour les législateurs, les rois, les hommes d'État, il est impossible que la pensée de la subsistance et de la prospérité publique ait dans le cœur cédé le pas à aucune autre, et ils ont parfaitement senti que la faim est une mauvaise conseillère et qu'elle suscite des séditions. Et d'un autre côté, l'Histoire nous apprend qu'aucune nation n'est parvenue à la grandeur politique et à la splendeur des arts et des sciences avant de jouir d'un certain degré de prospérité intérieure. On peut dire aussi que dans l'état sauvage l'homme est esclave de la matière, qu'il s'affranchit d'elle à mesure que la civilisation progresse, jusqu'à ce qu'enfin il la domine à son tour et il lui impose des transformations. Et quel spectacle plus merveilleux que de voir les éléments faits les serviteurs de son intelligence, et que la Nature ne lui oppose pas d'obstacle qu'il ne surmonte? Aux temps passés, le travailleur consommait la vie dans des fatigues pénibles et presqu'intolérables; aujourd'hui son intelligence fonctionne plus que ses bras, il surveille l'eau, le feu, l'électricité, qui agissent pour lui et dont la puissance est bien autre. Il y a dans cette souveraineté de l'homme sur les forces cosmiques quelque chose de grandement poétique et qui élève l'âme vers le Créateur. Aussi, si l'œuvre de l'Économie publique est sèche et d'apparence peu agréable, celui qui pénètre jusqu'à la moëlle goute la substance la plus savoureuse, et admire la sagesse des lois qui régissent l'accroissement et la distribution de la richesse; et souvent à l'insu de celui qui agit, et quelquefois même au rebours de son expectative, tournent les succès particuliers au bien-être et à l'amélioration de tous [1]. »

D'autres dédaignent la science économique, comme inutile, en supposant que ses principes, quelque vérité qu'ils renferment dans la sphère de la théorie, ne se réalisent pas, et ne sauraient être regardés que comme des spéculations plus ou moins belles, sans aucune application dans la vie pratique ni dans la conduite des hommes et des peuples.

Mais alors même que cette supposition fût fondée, il n'est pas de vérité scientifique, il n'est pas de théorie, quelque impratiquable qu'elle semble, qui n'aboutisse d'une manière directe ou indirecte à un but réel, à un résultat plus ou moins utile. Rien de plus abstrait, rien de moins susceptible d'application, en apparence, que les obscurs problèmes de la Métaphysique ou les calculs si com-

---

[1] Minghetti, loco citato.

pliqués de l'Algèbre, et cependant les solutions de ces deux sciences aident le moraliste et le jurisconsulte, le physicien et le mécanicien, dans tous leurs travaux.

Encore, il faut remarquer que l'Économie ne se trouve pas heureusement dans les mêmes conditions, et que, quoique rationnelle et philosophique, comme la Métaphysique et l'Algèbre, c'est une science transcendantale, dont les vérités peuvent être et elles sont en effet en grande partie appliquées tous les jours, au grand avantage des individus et de la Société.

On peut s'en convaincre en parcourant l'Histoire, et en observant attentivement la division du travail, l'association, l'échange, le crédit, les mille et une combinaisons que la féconde inventive de l'intérêt personnel a créées pour satisfaire les besoins toujours croissants de l'homme.

C'est, par exemple, un principe de l'Économie, que la puissance du travail s'accroît lorsqu'on en divise et subdivise les fonctions, de manière que chacune soit accomplie par des travailleurs pourvus d'aptitudes spéciales pour elle; et en effet ce principe se réalise dans le commerce, dans les arts, dans toutes les tâches industrielles.

C'est encore un principe de la science que l'union des forces individuelles augmente leur efficacité, au point que chacune d'elles, associée avec ses similaires, produit beaucoup plus qu'elle ne produirait isolée, et cela a lieu effectivement.

C'est, enfin, un autre principe économique que l'échange constitue le régime naturel de l'Industrie, et certes personne n'ignore que les individus, comme les peuples, lorsque les obstacles physiques ou les lois positives ne s'y opposent pas, et même malgré l'opposition de ces lois, échangent entre eux leurs produits et leurs services.

On pourrait multiplier les exemples, en examinant un à un les faits, les phénomènes, les institutions économiques, et on verrait que les théories de la science, une fois mises en pratique, sont pleinement confirmées par l'expérience.

Mais alors même, dit à ce propos Molinari[1], que l'Économie demeurerait à l'état purement spéculatif, alors même qu'elle ne serait susceptible d'aucune application, elle offrirait encore une étude des plus intéressantes. «Si nous n'accordons pas toujours une attention suffisante aux phénomènes qu'elle décrit, cela vient, selon toute apparence, de ce qu'on n'observe guère les choses qu'on a constamment sous les yeux; mais ces phénomènes, qui nous paraissent si simples et, comme on dit, si naturels, nous sembleraient véritablement merveilleux si nous n'y étions pas accoutumés. Supposons, par exemple, qu'au sein de l'immensité se trouve un globe où chacun pourvoie isolément à ses besoins, et qu'un des habitants de ce monde inconnu vienne nous visiter. Quel ne serait point l'étonnement de ce nouveau Micromégas à l'aspect de la division du travail qui caractérise nos sociétés civilisées? Il verrait des hommes passer leur vie, celui-ci à poser des têtes à des épingles, celui-là à surveiller l'étirage d'un fil de laine ou de coton, un troisième à appliquer des couleurs sur des étoffes, un quatrième à griffoner des caractères sur des chiffons de papier, etc., etc. Ces hommes, qui ne font rien ou presque rien de ce qui est nécessaire à la satisfaction de leurs propres besoins, il les verrait, en même temps, plus ou moins bien nourris, vêtus, logés, entretenus. Il se demanderait avec étonnement comment ces êtres singuliers s'y prennent pour se procurer les choses nécessaires à leur subsistance et à leur entretien. Son étonnement ne ferait probablement que s'accroître, lorsqu'il les verrait échanger, qui des aliments, qui des habits, qui une maison, contre de petites pièces de métal, jaunes ou blanches, ou même contre de simples morceaux de papier maculé. Comment, se dirait-il, des êtres pourvus de raison peuvent-ils consentir à donner des aliments, des vêtements, une maison, en échange de ces pe-

---

[1] Cours d'Économie politique, leçon I.

tites pièces de métal ou de ces morceaux de papier? Comment se fait-il qu'ils ont généralement l'air satisfait en concluant ces marchés bizarres et incompréhensibles? Quel avantage peuvent-ils en retirer? Après qu'on lui aurait donné quelques notions élémentaires sur la nature des échanges et sur les instruments à l'aide desquels ils s'opèrent, il se demanderait encore quelle règle préside à ces transactions dont la division du travail est la source: pour peu que cet habitant d'un autre monde eût la notion de la justice, il se préoccuperait vivement de savoir si l'équité règne dans l'économie des sociétés humaines, si chacun des hommes qui contribuent à la production reçoit, en récompense de son concours, une part équitable de produits; s'il y a des lois naturelles qui déterminent la répartition de la richesse ou si cette répartition est abandonnée au hasard. Questions pleines d'intérêt, auxquelles nous n'accordons pas toujours, nous autres, l'attention qu'elles méritent, parce que nous sommes accoutumés à la division du travail, aux échanges, à la monnaie, aux fluctuations de l'offre et de la demande, mais qui ne pourraient manquer d'intéresser au plus haut point des êtres qui n'auraient jamais eu sous les yeux le spectacle de ces phénomènes économiques.

»L'étude de l'Économie politique présenterait, donc, un vif intérêt quand même cette science demeurerait pour nous à l'état purement spéculatif, quand même nous n'en pourrions faire aucune application utile, quand même la Société, dirigée par une volonté supérieure, échapperait complètement à l'action de l'homme, et roulerait, comme le globe qui lui sert de support, dans une orbite immuable. Mais il n'en est pas ainsi. S'il est hors du pouvoir de l'homme de changer les conditions naturelles d'existence de la Société—et l'Économie politique démontre, en effet, que cela n'est pas en son pouvoir—il peut, en revanche, exercer sur son développement une influence considérable; il peut, en observant ou en méconnaissant les lois auxquelles son existence est soumise, la rendre prospère ou misérable, augmenter son bien-être ou la plonger dans un abîme de maux. L'Économie politique est, en conséquence, susceptible de recevoir des applications nombreuses et fécondes. On peut s'en servir pour rechercher quelles sont les conditions les plus favorables au développement de la Société; on peut s'en servir aussi pour découvrir les moyens de la préserver des maux auxquels elle est sujette, ou, quand ces maux l'ont atteinte, de l'en débarrasser. C'est ainsi que l'Anatomie et la Physiologie, sciences dont l'objet est de décrire l'organisation naturelle du corps humain, servent de bases à l'Hygiène et à la Médecine, l'une destinée à prévenir les maladies du corps, l'autre à les guérir.

»L'Économie politique pourrait de même servir de base à une *Hygiène sociale*, ayant pour objet de prévenir, par des règles volontaires ou imposées, toute infraction aux conditions nécessaires d'existence ou de développement de la Société. Elle pourrait encore servir de base à un art analogue à l'art médical, qui aurait pour objet de guérir ou de soulager les maux que la Société endure, soit par la faute de ses membres, soit par le fait de circonstances indépendantes de leur volonté. Comme l'Higiène et la Médecine, ces deux arts politiques existent, du reste, depuis l'origine même des Sociétés; seulement, comme l'Hygiène et la Médecine encore, ils sont demeurés jusqu'à nos jours réunis, confondus et réduits à un pur empirisme. La Politique ou l'art de gouverner les nations n'est pas autre chose, et elle a pour agents des hommes d'État et des administrateurs, dont la pratique, pour être salutaire, doit s'appuyer sur les vérités que l'Économie politique enseigne.»

Minghetti soutient également que l'on doit regarder la science économique comme le meilleur conseillère dans les affaires, tant privées que publiques. «Pour ceux, surtout, qui prennent part à l'administration de l'État, dit-il [1],

---

[1] Loco citato.

négliger ce genre d'études est une faute. En effet, un trésor commun étant nécessaire pour défendre la Société, pour maintenir à chacun son propre droit, et ce trésor se composant des tributs des citoyens, il s'en suit pour le Gouvernement le soin de lever des impôts et de les dépenser, deux fonctions très-difficiles à les bien remplir et qui exigent le secours des connaissances économiques. Et pour se convaincre du grand mal que produisent les maux qui découlent de l'ignorance, il suffit de jeter un coup d'œil sur l'histoire de trois siècles à ce sujet; on y verra que les surcharges et la mauvaise répartition des impôts tarissent les sources elles mêmes de l'Industrie et de la prospérité. Je laisse de côté les autres interventions du Gouvernement, dans lesquelles au fléau d'une mauvaise administration se joint si souvent le titre d'injustice flagrante, et la remarque judicieuse de Senior: que la cupidité, qui chez les peuples barbares s'exhale en rapines et en pillages, se transforme chez les nations civilisées, sous une apparence plus douce, en monopoles et en interdictions. Sous ce masque trompeur, on la reconnaît moins, elle éveille moins la haine; souvent même elle réussit à prendre le manteau du bien public et à captiver les suffrages du vulgaire, des aristocrates ou des démocrates. Ce qui fait que, pour lui arracher son déguisement, pour dévoiler l'infamie et la chasser de la Société, il est besoin de recherches scrupuleuses et de connaissances. Et cette étude se recommande, de même qu'aux hommes d'État, à tous ceux qui s'occupent des matières qui ont trait à la richesse publique, tant par devoir que par talent, en théorie ou en pratique. C'est la seule manière d'éviter les inconvénients facheux que nous avons déplorés plus haut comme un des plus puissants obstacles aux progrès du bien public; je veux dire la présomption de traiter séparément telle ou telle question économique, et de formuler un axiome avant d'avoir embrassé la science dans toutes ses parties, ou au moins sans en avoir bien appris les principes fondamentaux; présomption beaucup plus commune qu'on ne pourrait croire au premier abord, et qui trouve presque son excuse dans un assentiment universel.»

Mais si l'on veut encore une preuve plus concluante de l'utilité de l'Économie et des applications dont elle est susceptible, on peut la trouver dans les innombrables mesures et réformes législatives qui ont été inspirées par ses principes. En voilà quelques unes citées par Ciconne [1].

La prescription, qui transforme en propriété la possession par la seule raison de sa durée, repose sur un principe économique, à savoir, que la propriété doit être certaine et assurée pour qu'elle produise tous ses avantages, et partant qu'il faut mettre un terme aux controverses qui se suscitent sur son compte.

Les confiscations, dont on a tant abusé sous le régime du despotisme et dans les périodes transitoires des révolutions et des guerres civiles, a été abolie, d'accord avec les conseils de l'Économie, et remplacée par les amendes et par les expropriations pour cause d'utilité publique.

Un funeste expédient financier amena la pratique de conférer par voie de vente l'exercice de certaines fonctions fiscales ou administratives, et la science économique a fourni les moyens de renoncer à cet expédient, condamné d'ailleurs par la Morale et par la Politique, en procurant aux gouvernements par l'impôt et par le crédit public des ressources suffisantes pour subvenir aux charges de l'État.

Le régime des maitrises et des jurandes, qui comprimait l'essor du génie industriel, empêchait les inventions et arrêtait les progrès des arts et des manufactures, a été remplacé, grâce à l'influence de l'Économie, par celui de la liberté du travail. C' est à cette science que l'on doit aussi l'abolition des lois sur l'usure et de celles qui fixaient les prix des denrées alimentaires aux époques de disette.

---

[1] Principi di Economia politica, vol. III, chap. VIII, § 11.

L'association, le commerce international et le crédit, tant public que privé, se sont développés de nos jours, tellement qu'il a fallu dicter un grand nombre des dispositions pour régler leurs transactions, et ces dispositions portent toutes, plus ou moins, l'empreinte des principes économiques.

En résumé, l'Économie, comme dit parfaitement Renouard [1], prend une part toujours croissante dans la préparation des lois et dans l'étude de leurs conséquences sociales, de sorte que cette science et celle de la législation ne sauraient rester étrangères l'une à l'autre, sans que toutes les deux en souffrent et s'affaiblissent.

On adresse à l'Économie une autre accusation plus grave que les antérieures, celle d'être hostile à la Religion, et d'entraîner les âmes vers des objets indignes de leur sublime essence, en offrant aux hommes un idéal de bonheur qui ne saurait être réalisé sur la terre. Mais pour peu que l'on refléchisse, on voit le manque de fondement de cette assertion.

«L'Économie politique, dit Molinari [2], apparaît au contraire comme une science essentiellement religieuse, en ce qu'elle donne, plus qu'aucune autre peut-être, une idée sublime du suprême ordonnateur des choses. Permettez-moi de faire à ce sujet un simple rapprochement. Il y a deux ou trois siècles, on se méfiait de l'Astronomie, on ne voulait pas entendre parler du système de Copernic, et l'on condamnait Galilée comme ayant porté atteinte aux vérités religieuses, parce qu'il soutenait *l'hérésie* de la rotation de la terre. Or, je le demande, l'Astronomie, au point où l'ont portée les travaux des Kepler, des Copernic, des Galilée, des Newton, ne nous donne-t-elle pas de la puissance divine une idée plus vaste et plus haute que celle qui ressortait des croyances erronées

---

[1] Dictionnaire de l'Économie politique, art. Législation

[2] Cours d'Économie politique, leçon I.

et des hypothèses plus ou moins saugrenues des astronomes de l'Antiquité? Les anciens n'avaient, vous le savez, aucune idée précise de l'éloignement et de la dimension des étoiles; ils croyaient que la voûte du ciel était solide, et les plus hardis supposaient que le soleil était une masse de fer chaud, grande comme le Péloponèse. Leur hardiesse scientifique n'allait pas au-delà. Eh bien! quand les astronomes modernes ont reculé les limites du ciel, quand ils ont découvert, dans ses profondeurs jusqu'alors inexplorées, des millions de mondes inconnus; quand ils ont reconnu les lois en vertu desquelles ces mondes se meuvent dans un ordre éternel, n'ont-ils pas contribué à donner une idée plus sublime de l'intelligence qui préside à l'arrangement de l'Univers? N'ont-ils pas agrandi l'idée de Dieu? N'ont-ils pas du même coup rabaissé l'orgueil humain, en réduisant à de plus humbles proportions la place que l'homme occupe dans la création? La terre a cessé d'apparaître comme le centre de l'Univers; elle n'a plus figuré qu'à un rang inférieur dans l'échelle des mondes, et l'homme a dû renoncer à l'orgueilleuse satisfaction de se croire l'un des personnages les plus importants de la création. Dieu est devenu plus grand et l'homme plus petit. Au point de vue religieux, était-ce un mal?

»Si l'Astronomie a mis sous les yeux de l'homme un tableau plus grandiose de la puissance divine, l'Économie politique à son tour me semble destinée à lui donner une idée meilleure de la justice et de la bonté de la Providence. Avant que les doctrines économiques ne se fussent répandues dans le monde, comment l'organisation sociale était-elle comprise? De quelle manière pensait-on que chacun pouvait prospérer, s'enrichir? On était généralement convaincu que l'antagonisme présidait aux relations des hommes. Dans l'Antiquité on avait coutume de dire: *homo homini lupus*, l'homme est le loup de l'homme. Plus tard Montaigne répétait avec ses contemporains: *le proucfît de l'un fait le dommage de l'autre*; et cette maxime apparaissait comme un axiome emprunté à la sagesse expérimentale des nations. On ne croyait pas que l'Auteur des choses se fût mêlé de l'organisation de la Société. On croyait qu'il l'avait abandonnée à je ne sais quel hasard malfaisant, et l'on considérait le monde comme une espèce de bagne, où la force et la ruse dominaient nécessairement, fatalement, quand le bâton du garde-chiourme n'y venait point mettre le holà. On pensait que les jouissances des uns étaient inévitablement achetées au prix des souffrances des autres, et l'on ne voyait parmi les hommes que des spoliateurs et des spoliés, des fripons et des dupes, des bourreaux et des victimes. Voilà ce qu'on pensait de la Société quand les économistes ont commencé à en étudier le mécanisme. Eh bien! qu'ont ils fait ces économistes, dont quelques esprits prévenus repoussent les doctrines au nom de la Religion? Ils se sont efforcés de démontrer que la Providence n'a pas abandonné l'Humanité aux impulsions aveugles du hasard. Ils se sont efforcés de démontrer que la Société a ses lois providentielles, lois harmonieuses qu'y font régner la justice, comme les lois de la gravitation font régner l'ordre dans l'univers physique. Ils se sont efforcés de démontrer que l'antagonisme n'est point la loi suprême des relations sociales; mais que le monde est soumis au contraire à une inévitable loi de solidarité; qu'aucun homme ne peut souffrir sans que sa souffrance rejaillise, se répercute sur ses semblables, comme aussi que nul ne peut prospérer sans que sa prospérité profite à d'autres hommes. Telle est la loi que les économistes ont entrepris de substituer au vieil antagonisme de l'Antiquité païenne. N'est-ce pas, je le demande, une loi plus morale, plus religieuse, plus chrétienne? Ne nous donne-t-elle pas une idée meilleure de la Providence? Ne doit-elle pas contribuer à nous la faire aimer davantage? Si, en étudiant les œuvres de Kepler et de Newton, on voit s'agrandir la puissance divine, en observant dans les livres des Smith, des Malthus, des Ricardo, des J.-B. Say, ou mieux encore dans la Société même, les lois harmonieuses de l'Économie sociale, ne doit-on pas se faire une idée plus sublime de la justice et de la bonté de l'éternel ordonnateur des choses?

»Voilà quels sont, au point de vue religieux, les résultats de l'étude de l'Économie politique. Voilà comment l'Économie politique conduit à l'irréligion.

»Le reproche que l'on adresse aux économistes de flatter les appétits matériels des hommes, est-il mieux fondé? Ce reproche peut être adressé, non sans raison, à certaines écoles socialistes; mais il ne saurait s'appliquer à l'Économie politique. Car, si les économistes constatent que les hommes ont à satisfaire des appétits matériels, ce qu'on ne saurait nier, je pense, aucun d'eux n'a jamais enseigné que la prédominance dût appartenir à ces besoins inférieurs de notre nature. Aucun d'eux n'a engagé les hommes à s'occuper uniquement du soin de se nourrir, de se vêtir et de se loger. Aucun d'eux ne leur a conseillé de se faire un dieu de leur ventre. Tous ont tenu soigneusement compte des besoins moraux, et ils ont rangé au nombre des richesses les choses qui pourvoient à la satisfaction de ce genre de besoins. Les produits immatériels, tels que l'enseignement et le culte, ont été considérés par eux comme des richesses, au même titre que les produits composés de matière. Seulement, les économistes n'ont pas pensé qu'il fût raisonnable de jeter l'anathème sur ceux-ci, non plus que sur les besoins auxquels ils pourvoient. Tout en reconnaissant que l'homme est pourvu d'une âme, ils se sont dit qu'il possède un corps aussi, un corps qu'il est tenu de conserver en bon état, dans l'intérêt même de l'âme à laquelle ce corps sert d'étui.»

Mais, dit-on, cette ferveur qui s'est éveillé de nos jours pour les études économiques n'aurait-elle pas pour effet de renforcer la tendance vers les intérêts matériels, auxquels l'homme est par lui-même déjà trop enclin et dans ce siècle plus que dans les précédents? Ils suscitent dans la masse générale des ambitions et des désirs excessifs qui, ne pouvant trouver satisfaction, engendrent cette agitation inquiète, qui est un des caractères de l'époque où nous vivons et la principale cause de révolutions. Voyez ces bandes d'ouvriers mettre à chaque instant en péril la tranquillité publique; voyez dans l'officine des économistes s'élaborer ces théories étranges qui voudraient refaire la Société à partir de sa base. Tout en imaginant pour l'avenir de riantes utopies d'une félicité impossible, ils menacent dans le présent de détruire les fortunes acquises et remplissent de terreur la société civile.

«Aux porteurs de cette accusation, dit Minghetti [1], nous accordons, si l'on veut, que parmi les appétits humains prévaut de nos jours celui des intérêts matériels. Mais prétendre que ce soit l'étude des lois de la richesse qui ait engendré cette tendance, et poser un lien nécessaire entre la science et les passions, c'est une assertion qu'au moindre examen on reconnaît dénuée de raison. Veut-on chercher les causes qui font que la cupidité est le vice le plus commun de notre époque, tandis que dans d'autres prédominèrent la férocité, la débauche, la superstition? On les trouvera facilement, pour peu qu'on étudie les événements et les doctrines philosophiques et politiques des trois derniers siècles. Il serait, donc, plus plausible de dire que la tendance générale vers les intérêts matériels a stimulé nombre d'esprits à la recherche des principes qui règlent la production, la distribution et l'accumulation de la richesse, et que cette tendance est plutôt cause et non effet des études économiques.»

«Et si quelques économistes ont donné à leur théorie favorite un siége plus élevé que celui qui lui appartient, en la mettant au dessus de la Morale et de la Politique, il est encore facile de répondre que les illusions et les erreurs des savants ne doivent pas être imputés à la science. On pourait dire la même chose des utopies socialistes, dans le cas où elles seraient émanées de l'esprit des économistes. Mais ici il en est autrement; je veux dire que les in-

---

[1] Loco citato.

venteurs de ces nouvelles formules de l'homme et de l'Humanité, n'ont jamais soulevé tant de haine que l'Économie.»

D'ailleurs c'est des socialistes que viennent précisément les plus terribles imprécations contre la science économique. Ils l'accusent surtout d'être fautrice des privilèges, alliée de la classe riche, et de tendre, sous prétexte du bien public, à opprimer la classe pauvre, à l'exploiter, et à river les chaînes de l'esclave et du serf de la glèbe.

«Rien de plus insensé, dit Minghetti [1], de plus confus que cette accusation. La pauvreté est un fait constant de tous les siècles et de toutes les nations. C'est la pierre de touche de tous les maux dont l'Humanité est travaillée, mais surtout des vices des hommes; elle peut s'atténuer par la prévoyance et la charité, s'éteindre probablement jamais. Et s'il reste beaucoup à faire pour la rédemption de la classe inférieure, si les maux moraux et physiques dont elle est tourmentée peuvent être grandement allégés, toutefois les panacées universelles, pour supprimer d'un seul coup la misère, sont des folies des visionnaires ou des secrets de charlatans. On les retrouve dans chaque siècle; mais après de vaines et tristes expériences, le discrédit en a fait justice. Le souvenir s'en est conservé impérissable, à cause de tant de larmes et de sang qu'elles ont coûté. Pour revenir à notre sujet, c'est une assertion puremment gratuite que la misère s'augmente chez les nations civilisées, à la manière des dunes du littoral de la Gascogne, qui, de jour en jour, envahissent le sol et répandent peu à peu leurs ondes de sable sur les champs cultivés. Le contraire est plus conforme aux faits et plus rationnel: à savoir, que les classes infimes ont aujourd'hui moins à souffrir que par le passé. Et si dans certaines périodes, pendant lesquelles une révolution s'acromplit dans l'ordre social, il y a nombre de tourments et de peines

[1] Loco citato.

cuisantes, il ne faut pas confondre les accidents temporaires avec les effets permanents. Enfin, si les écrivains, dans leurs recherches, ont mis à découvert beaucoup de maux, qui jusqu'alors sévissaient dans l'ombre, il est bien différent de décrire un fait que de le créer. La connaissance du mal est le premier pas pour le remédier. C'est précisément là le but des recherches de l'Économie, qui ne promet pas d'un ton arrogant des félicités impossibles, mais qui a grand souci d'adoucir les souffrances de l'Humanité, autant que cela est possible aux arts utiles. Chose singulière: jusqu'ici les préceptes et les conseils de la science n'ont trouvé que bien rarement accès dans les cours des princes et dans les parlements des peuples. Aussi peut-on dire que l'expérience ne commence que d'aujourd'hui, et qu'elle est restreinte à quelques pays seulement, tandis qu'au contraire toutes les histoires sont pleines des maux qu'on impute à l'Économie.»

On accuse enfin la science économique de dissolvente et d'anti-sociale, en supposant que ses prétentions de limiter les atributions de l'État au maintien de la liberté affaiblit le principe d'autorité, et que ses tendances individualistes relâchent les liens sociaux. Mais précisément l'idée que l'État peut tout faire est celle qui a donné lieu à la plupart des révolutions; précisément si l'Économie a quelque importance, c'est parce qu'elle conspire dans toutes ses théories à montrer le besoin qu'éprouve l'individu du secours de la Société, le rapport étroit qui existe entre l'un et l'autre et qui a inspiré à Bastiat son beau livre sur les *Harmonies économiques*.

«L'Économie politique, écrit Molinari[1], peut être encore considérée comme un instrument efficace de conservation sociale. Je viens de dire qu'avant que les notions économiques eussent commencé à se répandre, la croyance à l'antagonisme des intérêts était universelle. On était convain-

[1] Loco citato.

cu que ce que l'un gagnait, l'autre devait inévitablement le perdre; d'où l'on était amené à conclure que le riche n'avait pu faire fortune qu'aux dépens du pauvre, et que la richesse accumulée dans certaines mains était un vol fait au reste de la communauté. Cette fausse notion du mécanisme de la Société ne conduisait-elle pas droit au socialisme?

»S'il était vrai, en effet, que la Société se trovât abandonnée aux impulsions aveugles du hasard; s'il était vrai que la force et la ruse fussent dans le Monde les souveraines dispensatrices du bien-être, il aurait lieu assurément d'*organiser* une société ainsi livrée à l'anarchie. Il y aurait lieu de faire régner l'ordre à la place de ce désordre, la justice à la place de cette iniquité. Si la Providence avait omis d'organiser la Société, il faudrait bien qu'un homme se chargeât d'accomplir une œuvre si nécéssaire; il faudrait qu'un homme se fît Providence.

»Or, il n'y a pas au Monde, remarquons-le bien, d'œuvre plus atrayante que celle-là; il n'y en a pas qui puisse davantage séduire notre amour-propre et flatter notre orgueil. On parle souvent de la satisfaction orgueilleuse qu'éprouve le maître d'un grand empire en voyant tant de créatures humaines obéir ses lois et se courber à son passage. Mais cette satisfaction, si étendue qu'on la suppose, peut-elle se comparer à celle d'un homme qui rebâtit à sa guise, sur un modèle tiré de sa propre imagination, la société tout entière? d'un homme qui peut se tenir à lui-même ce langage superbe:—La Société est un foyer d'anarchie; la Providence n'a pas voulu l'organiser, ou peut-être même elle ne l'a pu! et depuis l'origine du Monde ce grand problème de l'organisation du travail est demeuré l'énigme du sphinx qu'aucun législateur n'a pu deviner. Eh bien! ce problème, moi je l'ai résolu; cette énigme, moi je l'ai devinée. J'ai donné à la Société une base nouvelle. Je l'ai organisée de telle sorte qu'elle ne peut manquer désormais de goûter une félicité parfaite. J'ai réussi par la seule force de mon génie à mener à bonne fin cette œuvre gigantesque. Il ne reste plus qu'à appliquer mon plan pour transformer notre vallée de misère en un Eldorado ou en un pays de Cocagne.

»L'homme qui croit avoir accompli une telle œuvre doit se regarder assurément comme un génie extraordinaire. Il doit s'estimer bien supérieur à tous les hommes qui ont paru avant lui sur la Terre, et presque l'égal de Dieu lui-même. N'a-t-il pas en effet complété, perfectionné l'œuvre de Dieu? Aussi tous les utopistes sont-ils possédés d'un orgueil incommensurable. Fourier, par exemple, n'hésitait pas à affirmer que tous les philosophes et tous les législateurs, sans parler des économistes, que l'Humanité avait commis la folie de prendre pour guides, l'avaient misérablement fourvoyée; que l'on n'avait rien de mieux à faire que d'oublier au plus vite leurs lois et leurs préceptes, et de jeter au feu les 400.000 volumes, remplis d'erreurs et de mensonges, dont ils avaient meublé les bibliothèques, à quoi il ajoutait, bien entendu, qu'il fallait remplacer ces livres inutiles ou malfaisants par ses propres livres. Fourier déclarait encore, naïvement, qu'il se considérait comme bien supérieur à Christophe Colomb, et il avait pris pour emblème une couronne impériale, convaincu que l'Humanité reconnaissante le proclamerait un jour l'empereur des génies. Plus récemment nous avons entendu Mr. Proudhon, après avoir découvert sa nouvelle formule d'organisation sociale, crier par dessus les toits que si le Monde avait tourné jusqu'alors d'Occident en Orient, il saurait bien, lui, le faire tourner d'Orient en Occident. Un autre jour, le même chef de secte portait un défi à Dieu lui-même, dont il dénonçait l'impéritie dans le gouvernement des affaires humaines, et comme on lui disait que Dieu se passait bien de son approbation, il répondait avec une magnifique outrecuidance: Peut-être!

»Voilà jusqu'où a été poussé le délire des réorganisateurs de la Société. L'orgueil s'est gonflé comme une verrue monstrueuse sur ces intelligences quelquefois si remarquables, et il les a rendues difformes et repoussantes. On me dira: ces hommes sont fous! Je le veux bien; mais d'où provient leur folie, et comment se fait-il que cette folie soit contagieuse? Leur folie provient de ce qu'ils sont convaincus que la Société est abandonnée à l'anarchie et qu'il y a lieu, en conséquence, de l'organiser. Cette folie est contagieuse, parce que la foule partage leur erreur; parce que la foule est imbue de la croyance que la Société se trouve livrée à un aveugle antagonisme; parce que la foule croit, comme Montaigne, que le profit de l'un fait le dommage de l'autre, et que les riches n'ont pu s'enrichir qu'aux dépens des pauvres.

»Mais cette ignorance de l'organisation naturelle de la Société, cette ignorance présente un danger sérieux. Supposons que les masses fanatisées par l'utopie reussissent à faire tomber un jour entre leurs mains le gouvernement des nations: supposons qu'elles usent de leur puissance pour mettre en vigueur des systèmes qui blessent les conditions essentielles d'existence de la Société: qu'en résultera-t-il? C'est que la Société se trouvera profondément atteinte dans sa prospérité, dans son bien-être. C'est qu'elle courra les mêmes risques, c'est qu'elle endurera les mêmes souffrances qu'un malade qui aurait confié le soin de sa santé à un marchand de vulnéraire. Je sais bien que la Société possède une vitalité assez énergique pour résister aux drogues les plus malfaisantes; je sais bien que la Société ne saurait périr; mais elle peut cruellement souffrir et demeurer logtemps comme si elle était atteinte d'une langueur mortelle.

»Remarquons encore ce qui arrive au sein d'une société que menacent les désastreuses expérimentations de l'utopie, appuyée sur l'ignorance. Il arrive que les sources de la prospérité publique se tarissent par avance. Il arrive que la peur du mal devient presque aussi ruineuse que le mal même. Alors les intérêts qui se savent menacés s'exaspèrent après s'être alarmés, et on les voit se résoudre parfois aux sacrifices les plus durs, pour se débarraser du fantôme qui les obsède. Pour se préserver du socialisme, on subit le despotisme.

»Voilà pourquoi il est bon d'enseigner l'Économie politique. C'est le seul moyen d'écarter ces terreurs qui servent de prétexte au despotisme et peut-être, disons tout, qui le justifient. Lorsque les masses connaîtront mieux les conditions d'existence de la Société, on cessera de craindre qu'elles n'usent de leur puissance pour y porter atteinte. Elles en deviendront, au contraire, les meilleures gardiennes. On pourra confier alors à leurs lumières ce dépôt sacré des intérêts généraux de la Société, dont leur ignorance et leur crédulité compromettraient aujourd'hui l'existence. On pourra leur accorder des droits dont il serait imprudent de les gratifier au moment où nous sommes. Alors aussi la Société deviendra véritablement inexpugnable; car elle disposera, pour se défendre, de toutes les forces qu'elle recèle dans son sein.»

---

# XII.

## CONCLUSION.

Nous voilà arrivé au terme de notre tâche. Nous avons examiné le concept philosophique de l'Économie, sa définition, sa dénomination, ses rapports directs et immédiats avec les autres branches du savoir humain, la qualification que, comme une de ces branches, elle mérite, la place qu'elle occupe au milieu de toutes, la méthode qu'elle emploie dans ses recherches, l'origine et les procès historique de ses connaissances, les diverses écoles qui se sont produites dans son sein, les jugements, enfin, que la critique a portés sur elle.

Nous croyons avoir ainsi fait connaître, comme c'était notre propos, la science économique dans sa structure générale, dans son aspect ou sa physionomie, dans ses conditions extérieures ou esthétiques, sans pénétrer nullement dans son organisme ou sa constitution intime, dans le développement logique et l'application de ses doctrines.

Nous croyons avoir démontré que l'Économie est une

science autonome, indépendante des autres sciences, quoique s'y rattachant par bien de côtés, avec des principes propres, universels, fixes, applicables à tous les temps et à tous les pays, soit avec des lois générales et constantes, avec la conscience de soi-même, avec une parfaite connaissance de son objet et de son contenu, susceptible sans doute, comme toute œuvre humaine, de perfectionnement, mais qui est déjà définitivement constituée et très avancée dans la voie du progrès, qui renferme de grandes et utiles vérités, et qui a exercé et exercera encore une influence considérable sur le bien-être, tant physique que moral, des individus et des peuples, en proclamant la liberté et la solidarité humaines, en combattant tous les priviléges et toutes les tyrannies, en resserrant les liens sociaux, si longtemps rompus ou relâchés entre les hommes et entre les États.

Et pour cette démonstration nous n'avons fait que reproduire les idées, souvent même le langage, des grands maîtres de la science, des physiocrates, de A. Smith, de J.-B. Say, de Rau, de Storch, de Ricardo, de Malthus, de Rossi, de Dunoyer, de Bastiat, de Minghetti, dont nous nous avouons l'humble disciple et le défenseur convaincu contre la troupe des utopistes qui les méconnaissent, et surtout contre cette nouvelle secte de pseudo-économistes, dits socialistes de la chaire, qui, en affectant pour eux un certain respect, ont dirigé tous leurs efforts à les défigurer et les décrier.

Il résulte, encore, ce nous semble, de notre travail que l'Économie est, comme nous le disions au commencement, la science mère de la liberté, de cette liberté dont jouissent les nations modernes, et qui consiste, non pas précisément dans le droit de changer à leur gré les formes du gouvernement, ou de nommer et de destituer les représentants du pouvoir suprême, droit déjà reconnu et pratiqué dans les anciennes républiques de la Grèce et de Rome, mais dans la faculté accordée à tous les citoyens d'exercer leur activité, selon qu'il leur conviendra, c'es-à-dire de travailler, de produire, de s'approprier, d'échanger et de consommer les biens, en un mot d'administrer, sans des tutelles spoliatrices ni de ruineuses impositions, leurs intérêts, tant matériels que de l'esprit, tant collectifs que simplement individuels.

Car, en effet, le principe de la liberté informe, comme nous l'avons vu, toute la science économique, et toutes les défiances, toutes les antipathies, toutes les accusations dont cette science est ou a été l'objet, viennent des ennemis de la liberté, de ceux qui en craignent les manifestations ou qui n'ont pas de foi dans leur efficacité, des absolutistes et des autoritaires de toutes les écoles et de tous les partis.

Protectionnistes, sectaires de List, adeptes des écoles critique, philantropique et historique, socialistes radicaux, socialistes éclectiques, socialistes de la chaire, tous combattent la liberté en combattant l'Économie, et on peut dire que le monde économique, comme le monde politique, est divisé en deux camps seulement: libéraux et autoritaires, économistes et anti-économistes.

Nous militons dans le premier: nous sommes libéraux, et c'est pour cela que nous sommes économistes.



FIN.

# TABLE ANALYTIQUE DES MATIÈRES.

## VI.

### QUALIFICATION DE L'ÉCONOMIE.



## VII.

### CLASSIFICATION DE L'ÉCONOMIE.

### § 3.—*École économico-socialiste.*



## XI.

### CRITIQUE DE L'ÉCONOMIE.



## XII.

### CONCLUSION.

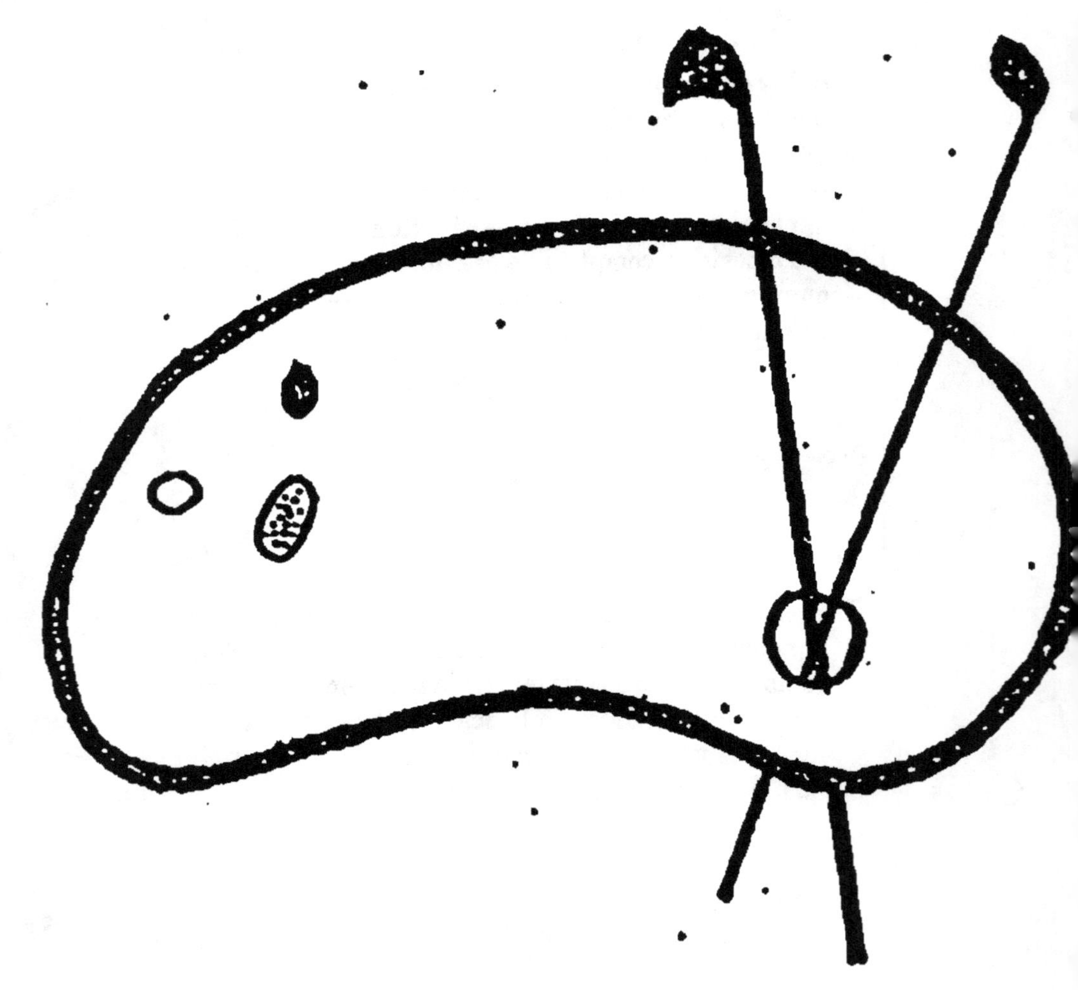

www.ingramcontent.com/pod-product-compliance
Lightning Source LLC
Chambersburg PA
CBHW061123220326
41599CB00024B/4142

*9782012762381*